国民阅读经典

菊与刀

〔美〕鲁思·本尼迪克特 著
胡新梅 译

中華書局

图书在版编目(CIP)数据

菊与刀/(美)鲁思·本尼迪克特著;胡新梅译. —北京:中华书局,2018.8(2021.7重印)
(国民阅读经典)
ISBN 978-7-101-13366-0

Ⅰ.菊… Ⅱ.①鲁…②胡… Ⅲ.民族文化-研究-日本
Ⅳ.K313.03

中国版本图书馆 CIP 数据核字(2018)第 161882 号

书　　名	菊与刀
著　　者	〔美〕鲁思·本尼迪克特
译　　者	胡新梅
丛 书 名	国民阅读经典
责任编辑	马　燕
出版发行	中华书局 (北京市丰台区太平桥西里 38 号　100073) http://www.zhbc.com.cn E-mail:zhbc@zhbc.com.cn
印　　刷	北京市白帆印务有限公司
版　　次	2018 年 8 月北京第 1 版 2021 年 7 月北京第 3 次印刷
规　　格	开本/880×1230 毫米　1/32 印张 8½　插页 6　字数 180 千字
印　　数	12001-15000 册
国际书号	ISBN 978-7-101-13366-0
定　　价	26.00 元

出版说明

在二十一世纪的当代中国，国民的阅读生活中最迫切的事情是什么？我们的回答是：阅读经典！

在承担着国民基础知识体系构建的中国基础教育被功利和应试扭曲了的今天，我们要阅读经典；当数字化、网络化带来的“信息爆炸”占领人们的头脑、占用人们的时间时，我们要阅读经典；当中华民族迈向和平崛起、民族复兴的伟大征程时，我们更要阅读经典。

经典是我们知识体系的根基，是精神世界的家园，是走向未来的起点。这就是我们编选这套《国民阅读经典》丛书的缘起，也因此决定了这套丛书的几个特点：

首先，入选的经典是指古今中外人文社科领域的名著。世界的眼光、历史的观点和中国的根基，是我们编选这套丛书的三个基本的立足点。

第二，入选的经典，不是指某时某地某一专业领域之内的重要著作，而是指历经岁月的淘洗、汇聚人类最重要的精神创造和知识积累的基础名著，都是人人应读、必读和常读的名著。

第三，入选的经典，我们坚持优中选优的原则，尽量选择最好的版本，选择最好的注本或译本。

我们真诚地希望，这套经典丛书能够进入你的生活，相伴你的左右。

中华书局编辑部

二〇一八年五月

目录 CONTENTS

引 言

鲁思·本尼迪克特是美国当代著名文化人类学家，民族学家，诗人，1887年6月5日生于纽约。1909年毕业于瓦萨尔学院，获文学学士学位,次年赴欧洲游历。1919年进入哥伦比亚大学，在选修美国文化人类学之父F.博厄斯的课程时，对人类学产生了浓厚的兴趣，从此专攻文化人类学，并于1923年获得博士学位，之后留校任教。1936年F.博厄斯退休后，她出任该校人类学系代理主任，成为美国人类学研究领域十分活跃的学者。她是美国文化人类学的开创人之一，其代表作《文化模式》被公认为文化人类学的经典著作。第二次世界大战期间，她致力于对罗马尼亚、荷兰、德国、泰国等国进行民族性研究，而《菊与刀》就是其对日本进行研究的杰出成果。战后，她继续在哥伦比亚大学参加“当代文化研究”，于1948年9月病逝。

鲁思·本尼迪克特是文化人类学中文化模式论学派的创始人，也是文化与人格理论(心理人类学)的重要代表人物。本尼迪克特认为，人类文化各有其不同的价值体系和特征，呈现出多样性。文化模式是文化中的支配力量，是给人们的各种行为以意义，并将各种行为统合于文化整体之中的法则。文化之所以具有一定的模式，是因为各种文化有其不同的主旋律，即民族精神。人们的行为是受文化制约的，在任何一种文化中，人们的行为都只能有一小部分得到发挥并受到重视，而其他部分则受到压抑。因此，文化研究应把重点放在探索和把握各种行动和思考方式的内在联系，即文化的整体结构上，重视文化对人格形成的影响。本尼迪克特的理论对文化人类学，乃至对文化与个性领域的研究都产生了深刻的影响。

第二次世界大战后期，德日败局已定，美国迫切需要制定战后的对日政策。当时所面临的主要问题是：日本政府会不会投降？盟军能不能用对付德国的办法来对付日本？如果日本投降，美国要不要保留日本政府机构及天皇？这一系列的问题都亟待解决。于是，在二战临近结束时，美国战时情报局委托本尼迪克特对日本进行研究，她运用文化人类学的方法，通过采访当时生活或被拘禁在美国的日本人，观看日本影片，大量阅读有关日本的文献资料以及在旅日学者的帮助下完成了这份报告。报告指出：日本政府会投降；美国不能直接统治日本；要保留并利用日本原有的政府机构。因为日本跟德国不同，不能用对付德国的办法来对付日本。战争结束后，她的意见和建议被采纳，事情的发展也进一步印证了她的预见和推断。因此，可以说这份报告是美国改造日本、分析日本的重要参考文献，文中的观点极大地影响了战后的美国对日政策，并且取得了预期的效果。

1946年，本尼迪克特把这份报告整理成书出版，1949年初被译成日文，立刻在日本引起强烈反响。菊是日本皇室家徽，刀是日本武士道文化的象征，“菊”体现着日本民族谦和、文雅的一面；“刀”却代表着日本民族精神中嗜血、好战的另一面。因此，融合了菊与刀的日本民族，形成了矛盾的双重性格——日本人生性好斗又和善；尚武又爱美；傲慢又懂礼；顽固又善变；驯服又桀骜；忠诚又叛逆；勇敢又懦弱等等，所有这些矛盾都共存于日本文化中，造就了其独特的民族文化。在这部著作中，本尼迪克特将在研究部族社会过程中形成的文化模式和文化与人格理论，应用到分析近代日本社会，通过对其等级制度、战争观与名誉观、情感世界、受恩与报恩以及子女教育等方面的分析和考察，指出日本人的双重性格都是由其童年教育和成人教育的不连续性造成的，并从结构上深入探讨了日本人的价值体系，分析了日本人的外部行为以及深藏于其行为之中的思考方法，即日本文化的各种模式，得出了日本文化是不同于欧美“罪感文化”的“耻感文化”的结论。1951年，《菊与刀》被列入日本《现代教养文库》，被称做现代日本学的鼻祖，研究日本民族性的必读之作，同时也是社会科学研究直接运用于政治实际操作的杰出例证。

自《菊与刀》问世以来，历经半个多世纪，依然受到各国读者追捧，书中所提及的关于日本文化的基本理论和观点，对于理解当代日本文化以及日本人的行为方式仍具有重要的参考价值。尤其近年来中日关系不断成为国人关心的话题，作为一本分析日本人思维习惯、行为模式以及精神与文化生活的典范之作，更值得我们关注。

胡新梅

2014年4月

第一章 战时任务：研究日本

在美国全力对付的敌人中，日本人是最令人琢磨不透的。由于日本人的思考与行为方式与我们截然不同，我们必须充分考虑到这种差异，慎而待之。这和此前（1905年）沙皇俄国在对日作战中所遇到的情况一样，我们所面对的是一个不属于西方文化传统，但又全副武装、训练有素的民族。很显然，西方国家所普遍接受的战争惯例对日本人是行不通的，这使得太平洋战争变得异常艰难，不仅要面对一系列的岛屿登陆作战、后勤补给问题，更重要的是要了解敌人的特性，以便更好地对付他们。

要想做到这点并非易事。自日本国门被打开的75年间，由于日本人的矛盾性格，人们总是会用一连串的转折词，比如“但”或者“又”来形容他们，而从来不用这些词去描绘其他民族。一个严肃的学者在描述其他民族时不会说这个民族既彬彬有礼，但又粗野蛮横；既顽固不化，又乐意接受极端的变革；既谦卑温顺，又不愿受制于人；既忠心耿耿、心地宽厚，又背信弃义、睚眦必报；既勇敢善战又生性怯懦；既善解人意又不愿愧对内心；既纪律严明又难以管束；既兼容并蓄又固步自封；既醉心于菊花的美，又崇尚刀剑和武士的无上荣誉。

所有这些矛盾都共存于日本文化中，就像菊花与刀构成了一幅完整的图画。日本人生性好斗又和善；尚武又文弱；傲慢又知礼；顽固又善变；驯服又桀骜；忠诚又叛逆；勇敢又懦弱；保守又开放；敏感又刚强；士兵们恭顺服从又高傲不屈。

目前我们迫切需要了解日本文化，因此我们必须深刻思考日本人的这种矛盾性格，这对日后的战争走向以及战后问题的解决都至关重要。随着事态的发展，一系列问题接踵而至。日本人接下来会采取什么行动？有没有可能不入侵日本本土就能迫使他们投降？我们该不该轰炸皇宫？如何对待日本战俘？对日本士兵及对日本国民做怎样的宣传才能减少美国人的伤亡并且能动摇日本军队战斗到底的决心？熟知日本文化的人对于这些问题的回答可谓是仁者见仁、智者见智。和平到来后，是否要对日本人实行永久性的军事管制？我军是否要与那些负隅顽抗的敌军战斗到底？在国际和平到来之前，日本本土是不是也会爆发一场法国或俄国式的革命？谁会领导这场革命？或者是消灭日本人？对于这些问题我们需要做出准确的判断。

1944年6月，我受命研究日本。我可以利用所有文化人类学家所能利用的手段来研究日本的民族特性。那年初夏，我们发动了对日本的大规模反攻。当时，美国很多同胞认为这场战争将会持续三年，也许十年，或许更长。但是日本人却认为这场战争将持续一百年。他们认为虽然美国人取得了战争的局部胜利，但新几内亚和所罗门群岛距离日本本土还有几千英里。日本的官方公报拒不承认其海军的失利，日本民众也认为他们在打胜仗。

但是6月以后整个反法西斯战争形势发生了逆转。随着欧洲第二战场的开辟，最高司令部两年半以来对欧洲战场的军事优先考虑也初见成效，对德战争的胜利已指日可待。而在太平洋战场上，我军在塞班岛的胜利登陆也预示着日本的战败。自此，双方展开了肉搏战。通过新几内亚、瓜岛、缅甸、阿图岛、塔拉瓦和比亚克战役，让我们真正见识到了日本军队的强大与可怕。

因此，到了1944年6月，我们迫切需要回答有关日本的很多问题，不管是军事问题还是外交问题，不管是高层决策的要求，抑或是向日军前线散发宣传单的需要，我们的意见都至关重要。在这场对日的全面战争中，我们不仅要了解日本当权者的目的和动机，日本的漫长历史，对日本经济与军事上的统计数据，更重要的是要知道日本政府想让他的民众做什么。我们还得了解日本人的思维习惯及模式，以及产生这些行为的深层次原因。我们还得抛开美国人的思维习惯，并不能想当然地认为我们会做的事，他们也会那样做。

我的任务很艰巨。在战争期间谴责对方很容易，但要弄清楚敌人的所思所想却很难。但我必须迎难而上。当前所要研究的问题是日本人将如何行动，而不是用我们的思维方式判断他们会怎样做。由于无法对日本本土进行实地考察研究，我只能利用日本人战时的行为来理解他们，而这并不能成为我研究的障碍。我要把他们在战争中的行为方式当作文化问题而不是军事问题来研究。无论战时还是和平时期，日本人的行为都有其独特性。他们独特的思维与生活方式又是怎样影响战争进程的？他们的领袖又是怎样鼓舞士气，怎样安抚民众，怎样在战场上点兵遣将，所有这些都能暴露日本人的作战方式。我必须认真研究作战细节，以便更好地了解日本人在战争中的表现。

可是目前两国正在交战，这使得我不得不放弃对日本的实地考察，这对我的研究非常不利，因为实地考察对文化人类学家来说是一个非常重要的研究方法。我无法到日本去，和他们生活在一起，亲自体验他们的生活，更无法亲眼验证对他们的判断。我也无法观察到他们是怎样做出决定的，他们又是怎样抚养教育孩子的。约翰·恩布里（John Embree）的《须惠村》，是唯一一本经过实地考察撰写出的有关日本村落的书籍，很有参考价值，但是，在这个非常时期我们所面对的很多问题书中不可能涉及。

作为一个文化人类学家，尽管困难重重，我仍然相信我可以通过一定的技巧和手段来进行研究。最起码我还有一个有利条件，就是可以利用目前居住在美国的日本人，对他们的生活经历进行调查，弄清楚他们是怎样判断事物的，以填补我们在知识上的很多空白。我相信这种方法对了解任何文化都是必不可少的。其他的社会科学家研究日本时倾向于利用图书文献，分析历史事件或统计资料，以及研究日本的宣传文字。我深信他们所要寻求的答案都隐藏在日本文化的规则之中，只有通过接触那些真正生活于其中的人才能找到满意的答案。

这并不是说我就可以不阅读文献，或者说不需要那些曾经在日本生活过的西方人士的帮助。相反，这两者对我的研究都有很大帮助。有关日本的大量的文献资料以及曾经在日本生活过的优秀学者都为我提供了详尽的资料。这是在亚马逊河发源地或新几内亚高原等地研究原始部落的人类学家所没有的优势。由于这些部落没有自己的文字，他们的生活也无法记录下来，这就导致西方人对他们的评论少之又少，甚至可以说是非常肤浅的。没有人知道他们的历史。因此，一些实地调查者在没有任何参考的情况下只能孤身作战，努力去探寻他们的经济生活方式，社会等级的划分以及他们的宗教最高信仰。对于日本研究，我是后来人，在我之前已经有很多前辈对日本人的生活做了细致的研究。曾在日本生活过的许多欧美人士在书中详细叙述了他们的生活经历，而且更令我欣慰的是，日本人也非常喜欢把自己的一些事情记录下来。跟许多东方人不同，日本人愿意自我表露，在这些文字中，既包含他们琐碎的生活细节，也有他们的全球扩张计划。他们的坦诚实在令人吃惊。当然，他们不可能完全展露自己，任何民族都如此。日本人在描绘日本时会略去许多他们熟悉的东西。美国人写美国时也会如此。尽管这样，我们仍然认为日本是一个表达欲很强的民族。

在阅读这些文献时，我会特别留意一些无法从表面了解的事情，就像达尔文当初创立其物种起源理论一样。怎样才能理解日本国会演说中的纷杂思想？他们为什么有时候会对一些蝇头小事大肆谴责，却对骇人听闻的暴行轻易饶恕？是什么造成了他们的这种态度？我边读边不停地问自己：“日本人为什么会这么怪异？”怎样做才能了解这些现象的背后？

我还看了很多日本人创作和拍摄的电影，包括宣传片、历史片以及表现当代东京生活和乡村生活的影片，然后我会与看过同样影片的日本人进行讨论。他们对影片中男女主角以及反面人物的看法和我有很大不同。当我看得一头雾水的时候，他们却看得津津有味。对电影的情节以及创作动机我们的理解也不同，但他们的解释听起来却言之有理。就像读日本小说一样，我的理解和土生土长的日本人会有很大不同。对于日本的一些特有习惯，日本人内部的态度也截然不同。有些人会急于为日本的习惯进行辩护，有些人则痛恨日本的一切。很难说哪一种人使我学到更多。无论他们是热爱生活抑或是憎恶生活，但他们所描述的生活场景却很相似。

如果人类学家只是通过这种方式来获取资料，那么他所做的工作和所有旅居日本的西方学者有什么不同呢？如果他们只能做到这些，也就无法对此项研究做出更多的贡献。但是，作为文化人类学家，我相信自己有这个能力，通过一定的方法为该领域做出自己的贡献。

作为人类学家，我了解亚太地区的很多文化。日本的很多社会习俗和生活习惯同太平洋岛屿上的原始部落有很多相似之处。比如，马来西亚、新几内亚、波利尼西亚等。当然，据此推测在远古时期他们中也许有过移民或相互接触的研究是很有趣的。然而，对于我来说，了解这些文化的相似性，并不在于他们之间有何种历史关联，而在于通过他们之间的相似与差异，去找寻研究日本人生活的线索。我对亚洲大陆的暹罗、缅甸和中国有所了解，因此，我可以把日本与这些邻国进行比较，毕竟他们的文化有很多相似性。这种比较研究对于人类学来说意义非凡。一个部落的习俗可能与其邻国大致相同，但他们也会做些变更，以形成自己的生活方式和价值观念。在变更过程中，他们也许会抛弃一些习俗，尽管只是很小的一部分，却能使这个民族朝着不同的方向发展。研究这种具有很多共性的民族之间的差异，对于人类学家来说是大有裨益的。

人类学家还必须适应自身文化与研究对象文化之间的差异，对于这个问题，他们需要改进自己的研究方法。经验告诉我们，文化不同，处理问题的方式也不同。例如，在一些北极乡村或热带沙漠地区，他们会遇到以血缘关系或以金钱交换为基础的部落习俗，这些习俗是他们无法想象的。他们不仅要研究这些血缘关系或金钱交换的细节，而且要弄清楚这些习俗对部落成员的行为产生怎样的影响以及这种习俗是如何代代相传下来的。

这种差异性研究方法，同样也适用于日本研究。我们深知，美国与日本有着根深蒂固的文化差异。美国民间还流传着这样一种说法：凡是我们做的，日本人一定会反其道而行之。如果就此认为我们无法深入了解日本，那么这种想法就很危险了。经验表明，客观的一些差异并不能阻碍对一个民族的研究与了解。与其他社会学家相比，人类学家能够更好地利用这种差异。尽管表面上看来这个民族很怪异，但我们所要探寻的是这种现象得以存在的一般社会条件。在研究部落生活时，我们不能忽略细微之处。一个不懂得比较研究的人，在研究民族文化时，总是会忽略日常生活中那些细小但具有整体性的生活习惯，而正是这些细小习惯影响着一个民族的未来，其作用远远超过了外交官们所签订的条约。

人类学家应该学会研究日常琐事，尽管这些事情看起来很普通，却不那么简单。当他试图去理解一个部落的穷凶极恶或者是另一个部落的胆小怕事时，当他试图描绘在某一特定情境下这些人会有怎样的反应与感受时，就会发现，他平时对一些琐事的细微观察有多必要。他有充足的理由相信这些琐事的重要性，也懂得如何去发掘他们。

在研究日本时我们应该尝试使用这种方法。因为只有充分观察一个民族生活中的日常琐事，才能认同人类学家所说的前提条件：任何原始部落或先进民族中，人类的行为都是从日常生活中学来的。不论其行为或想法有多怪异，他的感觉和思维方式总是与他的生活经历息息相关的。我越是对日本人的某种行为感到不解，就越认为在日本人生活中一定有造成这种奇特行为的特殊因素。如果这个发现能够使我的研究进一步深入到一些日常交往的琐碎细节中，那就再好不过了。因为人正是在日常细节中获取经验。

作为文化人类学家，我刚开始还有一个假定，即认为那些最孤立的细小行为之间也一定存在着某种系统性的联系。我经常在想：那些纷繁复杂的单项行为是如何构成一个总体模式的呢？人类社会总是会为自己制定一些生活规则，作为处理问题以及评判事情的标准，一旦这些规则得到人们的认可，就成为普遍真理。即使面对再大的阻碍，他们都要把这些真理融合成自己的一套价值体系。人们一旦接受了某种价值体系，就会按照这个体系去思考和行动。在这个过程中，他们会努力追求一种更加和谐的状态。他们会尽力维护这种状态。对于一个完整的体系来说，一定程度的和谐是必要的，如果和谐消失了，这个体系也就不存在了。

这样，一个社会中的经济行为、家庭活动、宗教仪式以及政治目标都在这个体系的支配下相互交织、运作起来。他们之间相互作用、相互影响，维持着整个社会的和谐。在史前社会，人们追求权力统治，这种对权力的追求不仅表现在经济交往和与其他部落的关系中，更体现在其宗教活动中。一个有文字记载的文明民族，他们的教会自然会记录其千百年来的历史，但对于一些原始部落来说，由于没有自己的文字所以无法做到这一点。随着经济与政治的不断发展，教会的权力也在不断缩小，这体现在很多历史记录中。因为一个社会的宗教教义、经济活动和政治并不是孤立发展的，而是互相掺杂，互相影响。如果一个学者能够把自己的研究扩散到经济、性生活、宗教以及育儿等领域，他就会对社会中所发生的事情了解得更为透彻，并能从生活的各个领域获取资料，著书立说。同时，他还能够判断任何一个民族在经济、政治以及道德上的要求，因为这些要求都是该民族在社会经历中积累的习惯和思维方式的表现。因此，本书并非一本专门论述日本的宗教、经济、政治或家庭生活的书，而是考察日本人在日常生活中的一些固有观念，从而探讨日本民族特性形成的原因。

现在，我们对其他国家和民族的认识依然存在着偏见，这使得我们无法真正了解他们。不光是针对日本，也包括法国、俄国甚至我们自己。由于彼此缺乏认识，才会导致误解与纠纷。有时候只是一些很小的争端，最后可能会演变成不可调和的矛盾。由于不同的生活经历与价值体系，有时很难达成一致意见。很多时候，我们不去研究他们的习惯与价值观，如果我们真正去了解的话，他们的某些行为并没有我们所想象的那样邪恶。

我们不能仅仅依靠一个民族的自身描述来深入理解他。因为任何一个民族的作家都试图全面描述自己的国家，但这并非易事。由于视角不同，再加上人们在观察生活时都会不自觉地从自身的角度出发，因此对待同一件事，别人认为是理所当然的，我们有可能会认为是不可思议、难以理解的。就像一个戴眼镜的人从来不会自己去测量镜片的度数，他需要眼科医生的帮助。同样，在研究一个民族时，我们也不能单单依靠这个民族对自己世界观的分析，我们需要借助第三者，即通过社会科学家来研究。

要做好这项工作，首先应承认和尊重不同民族的差异，对于这一点，需要具有坚定和宽容的态度。有时所谓的善意人士会批判这种态度。这些信奉“世界大同”的鼓吹者们坚信并向各国人们灌输一种思想：无论“东方”和“西方”，黑人和白人，基督教徒还是伊斯兰教徒，他们之间都没有什么差异，想法也很相似。有时，这一观点被称为“四海之内皆兄弟”。我不能理解为何提倡天下一家就不能承认各个民族的特性呢，比如日本人有日本人的生活方式，美国人有美国人的生活方式。这些软心肠的人推崇各民族的共同性而抹杀差异性，这样做是很荒唐的，就如同一个人要求他的妻子和儿子和自己一模一样。而态度坚定的人会认同这些差异，并尊重差异。他们的目标是要建立一个兼容并包、求同存异的世界。在这个世界中，无论是美国、法国还是日本都能够各行其是而不威胁世界和平。不要妄想去阻止这种想法，也不要担心采取这种态度就会使世界停滞不前。鼓励文化上的差异是有利于世界发展的。英国在历史上虽然经历了伊丽莎白时代、安妮女王时代、维多利亚时代，这些时代都有着各自的特点，但它们依然保持着英国的民族特性。

对民族差异进行系统研究，既需要有坚定的决心，又要有宽容的态度。只有具有坚定的信仰，才能拥有宽阔的胸怀。只有这样，才能促进宗教学的比较研究。这些研究者有可能是耶稣会成员，或者是不信教的阿拉伯学者，但他们绝不会是宗教偏执狂。文化的比较研究也是如此，如果人们只是固守自己的生活并按自己的思维方式去处理问题的话，就无法进行研究。其实，对其他生活方式了解得越多，越能增强对自己文化的热爱。他们自我封闭，不愿接触外界丰富多彩的生活。由于太自我，他们必会要求其他民族接受他们的处事方式。抱有这种态度的美国人必然会把自己的原则强加给其他民族。我们无法用十二进制代替十进制来计算，也无法像东非某些土著居民那样用金鸡独立式的方法睡觉。同理，其他国家也不可能按照我们的方式去生活。

本书所要谈论的就是日本民族自身所固有的习惯和社会行为。比如，日本人什么情况下希望得到恭维，什么情况下又不想；什么时候会感到惭愧；什么时候会感到尴尬，以及他们对自身的要求等等。本书论述的内容都是日本普通人的生活经历。虽然书中说到的情况，他们不曾全部体验过，但他们会告诉你，如果他们处于那种情况下，会怎样做。这项研究的目的是描述日本根深蒂固的思维和行为方式。尽管很难做到，但依然是我奋斗的目标。

在这项研究中，我们很快发现对于他们的很多行为习惯我们不需要采访很多人来论证。比如，某人应该何时向谁鞠躬，就没有必要进行大范围的抽样统计。对于这些公认的行为习惯，只要任意选取一个日本人就可以得到证实。

日本人靠这种固有的习惯和行为来组织自己的生活，因此，研究者需要对这种模式进行深入的阐释，这比任何简单的统计论证都要难。他们还需要说明那些公认的行为和习惯是怎样影响日本人观察事物的。他们的阐释还要确保美国人也能明白，因为美国人用不同的视角来看待生活。因此，这项任务并不是普通日本人能胜任的，因为他们觉得这些事情对他们来说都是司空见惯的，根本不需要再做什么阐释。

美国人研究社会，并不会去关心那些文明民族文化得以建立的基础，他们认为这些都是不证自明的。社会学家和心理学家总是用统计的方法来分析数据。他们对大量调查资料、调查答卷、交谈者的回答、心理学的测定进行统计分析，试图从中找出某些因素的独立性和相关性。如果进行舆论调查的话，我们通常利用抽样调查的方法来进行民意测验，这种方法在美国已被普遍利用。它可以帮助我们统计出有多少人支持或反对某一公职候选人或某项政策。我们还可以对支持者和反对者进行分类：比如他们是来自乡村还是城市、低收入者还是高收入者、共和党还是民主党。在一个实行普选，并且由国民代表起草颁布法律的国家里，这种方法是最具有实践意义的。

美国人之所以用投票的方式进行民意调查并能理解其调查结果，是因为美国人拥有共同的固有的习惯和行为模式。民意调查的结果也为我们更好地解决问题提供了很大帮助。要想了解另一个国家就要对那个国家国民固有的习惯和观点进行系统的定性研究，在此基础上的统计才有可参考的价值。通过抽样调查，我们能发现有多少人支持或反对政府。尤其要弄清楚国民的国家观念，否则统计结果又有什么意义呢？我们只有弄明白他们对于政府的传统认识，才能真正了解各个党派的主张。一个民族的国家观念远比各个政党势力的大小重要得多。在美国，无论是共和党还是民主党都认为政府总是干涉个人自由。除了在战争时期外，政府官员并不比私营企业主地位高。这种国家观和日本人的国家观相去甚远，甚至不同于许多欧洲国家。我们首先要了解的是日本人的国家观念是什么。他们的观念主要体现在他们的风俗习惯、对成功的定义、历史神话传说以及节日的祝词中。如同我们在选举时要对赞成票反对票进行研究一样，一个民族在生活中所形成的基本观念以及他们解决问题的方式也值得我们去深究。日本就是这样的民族。当我们懂得西方人与日本人的生活观念有很大不同时，我们就能够理解他们那些看似矛盾的做法。我也慢慢理解为什么有时候日本人会在态度行为上发生巨大变化，这和他们的整个价值体系有关，我将会一一说明。刚开始与日本人一起工作时，会对他们的一些用词和想法感到奇怪，后来才发现这些词都寓意深刻并有一定的渊源。他们的道德观与罪恶观与我们的相差甚远。日本有着独特的价值观体系，既不属于佛教，又不属于儒教。这就是日本——优劣并存的日本。

第二章　战争中的日本人

每个国家和民族都有自己独特的战争观。西方国家对战争的认识有共同之处，尽管有些小小的差异。由于西方国家文化传统十分相似，所以他们在战争中的任何行动和表现都是可以预测的。比如，战争中，如何号召国民全力作战；战争局部失利时，如何让战士重拾信心；阵亡与投降人数的比例；如何对待战俘等。

日本人的战争观与西方人有很大差异，这些差异可以帮助我们深入了解他们的人生观以及他们的战争罪责。我们的目的是对日本的文化和行为进行系统研究，我们并不关心他们的战争观对军事产生什么影响，我们所关心的是他们的战争观是如何反映日本人的民族心理和社会文化性格的。

日本为其发动战争所进行的辩护理由就和美国截然相反，对国际形势的解释也不同。美国认为这场战争是以德、意、日为主的轴心国对于周边国家和整个世界的侵略战争。他们的野蛮行径严重破坏了国际和平。他们对伪满洲国、埃塞俄比亚和波兰的侵略进一步证明了他们已踏上了一条用武力欺压弱小民族的罪恶之路。他们违背了全世界应该遵循的最基本的国际准则，即“国与国之间互不干扰，不侵犯他人的生存权利和限制贸易自由”。日本人对战争原因持有不同看法。他们认为，只要各国拥有绝对主权，国际秩序必然混乱。日本有必要通过战争建立新的等级秩序，使每个国家都处于这个等级中适当的位置，因为只有日本才能真正建立起一个自上而下的等级制的国家，也只有他们最了解“各安其位”对于国际秩序来说是多么重要。日本人认为，自己国家已经实现了统一和和平，平定了叛乱，道路、电力设施以及钢铁企业也已兴建起来，青少年也接受了良好的教育。那么，根据其等级制度的设想，下一步要做的就是帮助其落后的邻国兄弟——中国，因为中国和日本同属于大东亚人种。他们划定了一个所谓的“大东亚共荣圈”，在这个共荣圈里，以日本为中心，提携各邻国。但应把美国、英国以及俄国从这个区域内驱逐出去，让他们“各得其所”。这样，所有的国家都在这个国际等级结构中找到了自己的位置，从而真正形成一个统一的世界。在下一章里，我们将探讨这种被日本人极度推崇的等级制在其文化中的含义。尽管日本人梦想着建立这种制度，却遭到被占领国的猛烈批判。即使最后战败，他也没有抛弃他的“大东亚”理想，甚至连日本战俘中最不好战的那些人也很少指责日本对亚洲大陆以及西太平洋地区的侵略行为。日本将会在很长一段时间里保持自己的一些固有观点，其中之一就是对等级制的信仰和信心。这与爱好平等的美国人的态度背道而驰。但是，我们必须了解在日本人心目中等级制度意味着什么，以及有何意义。

同样，日本人对于战争胜利的基础的认识也和美国人不同。他们宣扬日本必胜，精神一定会战胜物质。美国固然强大，军备充足，但那又算什么？所有这一切都在他们的预料之中，根本不值一提。日本的《每日新闻》曾刊登过这样一段话："如果我们害怕美国的实力，这场战争就不会开始。敌人的丰富资源并不是这场战争创造的。"

即使是在打胜仗时，日本的政治家、最高司令部以及士兵们也都强调：战争并不是军备的较量，而是美国人对物质的信念与日本人对精神信念的较量。当我们取得胜利的时候，他们不断地重申，精神力量必定会战胜物质力量。毫无疑问，在塞班岛、硫磺岛溃败时，这一信念很可能成为他们为自己开脱的借口。但这并不是他们专门为失败准备的借口，而是他们一直以来的信念，而且永远也不会改变。这是日本人获取战斗胜利的精神口号，早在偷袭珍珠港之前，这个口号就已深入人心。早在20世纪30年代，日本前陆军大臣、狂热的军国主义分子荒木贞夫大将在一本名为《告日本国民书》的宣传手册里写道：日本的"真正使命"是"将皇道宣扬四海发扬光大，力量悬殊有何忧，区区物质又何惧？"

当然，与许多备战的国家一样，他们也会有所顾虑。这些都表现在他的军事准备上。20世纪30年代，日本军费占国民总收入的比例直线上升。到偷袭珍珠港时，将近一半的国民总收入被用于陆海军的军备上，而民用支出仅占政府总支出的百分之十七。日本与西方国家的差异并不在于他们不重视物资装备，而是这些军舰和大炮只不过是不死的日本精神的外在表现，这就像是佩刀是武士道德品质的象征一样。

正如美国追求物质强大一样，日本追求精神强大。日本虽然也要像美国那样全力发展生产，但他们的观念和美国是不同的。他们认为，精神就是一切，是永恒的。物质当然是不可或缺的，但却是次要的、稍纵即逝的。日本的电台经常大肆宣扬说："物质资源是有限的，没有千年不灭的物质，这是永恒的真理。"这种对精神的依赖贯穿在整个战斗过程中。日军的战斗手册里有这样一句口号："以吾等之英勇对抗敌军之强势，以吾等之血肉对抗敌军之钢刀。"这句口号在他们心中早已根深蒂固，而不是这次战争的产物。打开他们的军事手册，我们会赫然发现"必读必胜"四个大字。他们的飞行员敢驾驶小型飞机撞击我们的军舰，就是精神战胜物质的极端事件。日本人称这些飞行员"神风特攻队"，因为13世纪成吉思汗入侵日本时一场被称为"神风"的飓风掀翻其船队，从而拯救了日本。

日本人甚至在日常生产生活中也强调精神对物质的决定作用。例如，连续工作了一天，加上整夜的轰炸，人们肯定会感到身心疲惫。这时，他们就会大肆宣传"身体越疲惫，意志就越坚强，精神越高涨"。"疲劳能锻炼一个人的意志"。冬天人们躲在防空洞里感到很冷时，大日本体育协会则会在广播里号召大家做保暖体操。他们宣称这种体操要比取暖设备和被褥好得多，甚至还可以代替匮乏的食物。如果有人反驳说，连肚子都吃不饱，哪有心思做什么体操？他们便会解释说："食物越匮乏，我们越要通过其他方式来解决食物问题，只有通过锻炼才能提高我们的体力。"美国人认为人的体力取决于一个人的睡眠质量、均衡饮食、保暖情况。日本人认为这种观点太物质化了，精神力量应该战胜物质力量。

战时日本的广播大肆宣传精神能够战胜死亡。一家广播电台曾播报过一个英雄飞行员战胜死亡的神话：空战结束后，日军战机开始陆续返回基地。一名空军上尉是最先返回的人员之一。他走下飞机后，站在那里一动不动，用望远镜注视着远方，并不停地数着返回的飞机。他脸色苍白，但神情却非常镇定。等到最后一架飞机着陆后，他完成报告，向司令部走去。到了司令部，向司令官作了汇报。然而，刚汇报完，他就颓然倒地。在场的军官大惊失色，急忙去施救，但为时已晚，他已经死了。经过检查发现他的身体是冰冷的，胸部中了致命的一弹。刚死的人不可能像这名上尉一样浑身冰冷。他肯定早就死了，是他的精神支撑他做完汇报。可以断定，正是上尉的这种高度责任感才使他创造了奇迹。

美国人当然会觉得这个故事太荒诞离奇，但日本人对此却坚信不疑。他们相信日本的听众在收听这一广播时也会相信这是真的。况且广播员一直在强调，是这个上尉创造了奇迹，人为什么不能创造奇迹呢？人的精神是可以修炼的，上尉就是自我修炼达到最高境界的代表。日本人坚信人的精神是不死的，难道一个责任心极强的上尉就不能使他的精神多停留几个小时吗？通过某种修炼，人的精神可以达到至高境界。很显然，上尉做到了这一点。

作为美国人，我们可能会鄙视日本人的这种极端行为。但是，如果我们真的这样做，就无法真正了解战时以及战后的日本。日本人的这些观念已经根深蒂固、深入人心了，只有深入了解这些信仰，才能明白他们在战败时的言论。比如，他们投降时会承认“单靠精神是不够的”，“想用竹枪守卫阵地也是不可能的”。在精神受挫之后，他们也会进行自我反省。比如，他们会承认在战争中低估了美国人的力量；在战败后也坦承，他们犯了主观主义的错误等。

日本人在战时的各种言论（包括等级制以及精神至上论），为比较文化学研究提供了很好的素材。为了不削弱日军的士气和国民的斗志，无论发生什么灾难，像平民遭到轰炸、塞班岛溃败或菲律宾失守等，日本政府都会告诉国民这些都在预料之中，没有什么可担忧的。同时，广播也在不停地进行宣传，使民众相信一切都在政府的掌控之中。"虽然美军攻占基什卡岛使日本暴露在美军轰炸圈内，但这是我们早已预料到的事，并做好了迎战准备"。"敌人肯定会海陆空联合向我们发起攻击，但这些都在我们的考虑范围内"。连那些悲观的战俘们也认为对日本的轰炸并不能削弱他们的战斗力。"因为他们早就做好了思想准备"。当美军开始轰炸日本城市时，飞机制造业协会副会长在广播里发表讲话说："大敌当前，我的同行们已经做好了充分的迎战准备，因此，没有什么可担忧的。"日本人坚信万事都在预料之中，他们所遭受的打击并不是被动的挨打，而是他们故意诱使的结果，没有人能强迫他们做什么。在国会演说中，海军大臣引用了著名的叛乱军首领西乡隆盛的遗言说："有两种机会，一种是偶然的，一种是自己创造的。面对困难，我们只有自己创造机会，才能获得胜利。"另据电台报道，当美军攻入马尼拉时，山下将军只是大笑道："敌人已经上了我的当了。""敌人在仁牙因湾登陆后不久，马尼拉迅速陷落。这些都在山下将军的预料之中，可以说，越是失败，越是符合将军的推算"。

像日本人一样，美国人也走极端，只不过走的是另一个极端。美国人只有遭到了攻击才会进行反击。在安抚民众时，我们绝不会说“珍珠港事件或巴丹岛溃败都在我们的预料之中”，而是说“既然敌人自讨苦吃，也让他们看看我们的厉害，他们要为自己的行为付出代价”。美国人总是时刻处于迎战的状态，而日本人却总是觉得一切都在计划安排之中，那么，他们最怕的就是未曾预料到的突发事件。

日本人在作战中的另一面也反映了他们的生活方式，他们总是认为全世界都在注视着他们。因此，他们必须充分发扬其大日本精神。当美军在瓜达尔卡纳尔岛登陆时，日军军官便下令说：“现在我们在全世界的注视之下，我们必须勇往直前，大日本精神永垂不朽。”日本海军官兵有一条戒令，在遭到鱼雷攻击被迫弃船时，他们必须镇定自若地逃到救生艇上，否则“会遭到世人耻笑，美国人会把你们的丑态拍成电影，拿到纽约去放映”。他们非常看重自己在外人面前的表现，这一点也深植于日本民族文化中。

日本人的态度中最值得关注的是他们对于天皇的态度。天皇到底有多大的权威呢？一些美国权威人士指出，在日本近七百多年的封建社会中，天皇就是个有名无实的傀儡。每个日本人直接效忠于他的领主，即“大名”，还要效忠于大名之上的幕府将军。对天皇效忠与否，并不重要。天皇生活在与世隔绝的宫廷中，其活动和仪式均受制于幕府，有严格的限制。即使一个封建大领主想要直接拜见天皇都被视为背叛，所以对于日本百姓来说天皇几乎就不存在。一些美国学者认为，了解日本应该从其历史入手，要弄清楚，为什么一向对天皇感情淡薄的日本民众会突然拥护天皇了。这些学者认为，天皇的地位是被日本评论家给夸大鼓吹起来的；而他们越鼓吹，越表明其言论不堪一击。因此，美国在制定对日政策时，不用特别顾虑天皇的影响。不仅如此，我们还要猛烈抨击其天皇至上的言论。天皇是现代日本国家神道的核心，如果我们能瓦解天皇的权威，整个日本也就随之崩溃了。

但是许多了解日本，并看过来自前线的有关日本的报道的美国人则持相反意见。他们认为，任何对天皇的蔑视和挑战都会刺痛日本人的神经，激发他们的斗志。在他们眼里，天皇并不等同于军国主义。他们拥护天皇，却痛恨军国主义。第一次世界大战后，日本举国上下都在呼唤民主，军国主义则成众矢之的，一些军人甚至都不敢穿着军装上街。但日本人对天皇的崇拜却丝毫未减。那些旅居在日本的美国人坚持认为，日本人对天皇的崇拜不能与德国人对希特勒的崇拜相提并论，后者是纳粹党蛊惑的结果。

日本战俘的证词印证了上述观点。与西方国家的军人不同，日本军人没有受过相关训练，所以一旦被俘，他们不会选择性地回答问题，而是随意应答。由于日本人奉行不投降政策，所以他们不会有此种训练。直到战争结束前的最后几个月，这种状况才有所改变，但只限于少数军队。这些战俘的证词值得我们重视，因为它们具有代表性，并且反映了日军普通士兵的态度。大多数的日军战俘都不是因为士气低落而投降，他们被俘时，几乎都身负重伤并失去了知觉。

那些顽抗到底的日军战俘认为这场战争是对天皇意志的效忠。他们在“尊奉圣意”，“让天皇无忧”，“尊奉圣令而献身”，“天皇率其子民作战，服从是军人的天职”。然而，反对这场战争及日本未来侵略计划的人则把和平的理想也归于天皇。厌战者称“天皇爱好和平，反对战争，他是被东条英机欺骗了”。“在满洲事变时，陛下是反对军部的”。“战争开始时，天皇并不知情，也没有批准战争。他反对战争，所以也不会让国民卷入战争。对于自己的士兵在战争中受到的虐待，他毫不知情”。这些证词和德国战俘完全不同。德国战俘认为尽管希特勒的手下将军和高级指挥官们背叛了他，但他仍然是煽动这场战争的终极源头。而日本战俘却认为军部才是发动战争的罪魁祸首，对天皇的效忠要完全和侵略与军国主义分开来，天皇不必为战争负责。

对他们来说，天皇和日本是密不可分的。“没有天皇也就没有日本”。“天皇是日本民族的象征，是日本宗教文化的象征，是超宗教的信仰对象”。战争失败并不是天皇的责任，政府和军部应该受到谴责。即使最后战败，所有的日本国民依然会全力效忠天皇。

美国人对日本人的这种对于天皇绝对的效忠感到怀疑，难道他们对于天皇没有任何的不满吗？但事实是，即使战败，天皇都没有受到任何指责。那些审问战俘最有经验的美国人也认为没有必要审问所有人，因为审问的笔录上都写着“拒绝毁谤天皇”，就连那些愿意与盟军合作、通过广播向日军传话的战俘都拒绝批评天皇。在所有审问战犯的记录中，只有三个人委婉地表达了自己的看法。其中一人说：“让天皇继续在位将是一个错误。”另一个人说：“天皇意志薄弱，只是一个傀儡而已。”第三个人只不过推测说：“天皇也许会让位于皇太子，如果日本废除君主制，日本妇女也许会像美国妇女那样获得自由。”

军国主义者正是利用国民对天皇的忠心发起了这场侵略战争。为了笼络人心，在战争中，他们会把“天皇恩赐”的香烟分赏给部下；在天皇诞辰时，他们会带领军人面向东方三叩首，并高呼“万岁”。“在部队遭到日夜轰炸时”，他们则会和部下一起早晚吟诵天皇亲自在《军人敕谕》中向军队颁布的“圣旨”，“吟诵声响彻丛林”。军国主义分子千方百计要士兵效忠天皇。他们号召部下“实现天皇意愿”，“为天皇分忧”，“向天皇报恩”，“为天皇献身”。但是，让日本军部想不到的是，如果天皇宣布停战投降，日本军人就会立刻放下武器。正如许多战俘所说，“只要天皇有令，哪怕只有竹竿，我们也会毫不犹豫地投入战斗。如果天皇命令停战，我们会立刻停止战斗”。即使是最好战的满洲关东军也会放下武器。只有天皇的圣谕才能使日本国民接受战败，并为重建家园而苟活。

日本人可以无条件地服从天皇，但对于其他人完全是爱憎分明。在日本的报刊杂志或战俘的供词中，随处可以看到他们对政府和军部领导人的批判。对于在前线不能与部下共患难的军官，尤其是那些自己驾机逃跑而丢下士兵浴血奋战的军官们更是深恶痛绝。他们通常称赞一些军官，痛斥另一些军官，他们完全具有分辨善恶之能力。连本土的报刊杂志也批评“政府”。他们呼吁更强有力的领导，更好地协调军民关系。最令他们不满的是政府对言论自由的限制。1944年7月，东京的一家报纸刊登了一篇关于言论自由的会议记录。参会者包括报刊编辑、前任议员以及极权主义政党领导人。其中有位发言者说：“我认为要唤醒日本民众有许多方法，但最重要的是他们要有言论自由。近几年来，日本国民不能畅所欲言，他们害怕自己的某些言论会引起事端。他们畏首畏尾，胆小怕事。这样下去，国民的斗志会大大削弱。”另一位发言人补充说道：“几乎每天晚上，我都与选区的民众交谈，就许多事情征求他们的看法，但他们都沉默寡言。连言论自由都丧失了，也就无从谈起如何激发他们的斗志问题了。在《战时特别刑法》和《治安维持法》的管制下，国民变得像封建时代那样怯懦，怎么能够充分发挥他们的战斗力呢？”

即使在战争期间，日本人也会对政府、军部以及他们的顶头上司进行批判。他们并不是完全认同等级制，但天皇是个例外。尽管天皇所获得的这种崇高地位只是近代的事情，但日本人会绝对地听命于他。是什么使他变得这样神圣不可侵犯？日本战俘曾说过，只要天皇一声令下，他们会战斗到死或立马放下武器。这会是真的吗？还是在故意误导我们？

从信奉精神至上到对天皇的态度，日本人的这些民族观念在日本本土以及前线都有所体现。还有一些观点是和军队相关的，那就是日本人对战斗力消耗的态度。当美国海军上将约翰·麦凯恩因救援被损毁的美国军舰并撤出台湾海峡而被授勋时，日本人感到非常震惊也充满了质疑。一家日本电台是这样报道的：约翰·麦凯恩上将授勋的官方理由竟不是他击退了日军，而是他拯救了两艘战损的美国军舰并将其安全地护送到基地。这则消息真不可思议！我们之所以如此关注是因为确有其事。我们并不否认麦凯恩上将的确救了两艘军舰，我们惊讶的是他们竟然会因为这点小事而授勋。

美国人乐于参加一切救援行动，他们愿意帮助那些陷于困境、需要救助的人。救助伤残者的行为被视为英雄壮举。相反，日本人却蔑视这种行为。就连我们为B-29轰炸机和战斗机安装救生设备都被他们斥为“懦夫之举”。日本的报刊和广播也反复强调，要坦然接受生死考验，一切预防措施都是多余的。这种态度直接决定他们怎样对待伤员和疟疾患者。在他们眼里，伤员就是残缺的物品，所以，日本人在战场上并不配备太多的医疗设施，医疗服务连正常的战斗都无法满足，救助伤员更无从谈起。但这并不是最根本的原因，日本人对物质的极大蔑视在这件事情中起到了很大作用。他们的士兵被灌输的思想是：死亡本身就是精神的胜利，战死则是伟大的英雄。对伤员的救助就好比在轰炸机上安装救生设备一样，阻碍了他们成为英雄。在日常生活中，日本人也不像美国人那样经常光顾医院，他们更相信精神的力量。我们美国人对伤病患者的怜悯胜过对其他福利事业的关心。就连那些在和平时期来美国旅游的欧洲人对此都大加赞赏。日本人绝不会这样做。战争期间，日本军队从来没有一支专业的救护队能够抢救战火中的伤员并实施急救。在前线以及后方也没有正规的医疗体系，更没有远离战场的康复医院。他们对医疗救助的漠视真是令人咂舌。在某些紧急情况下，他们干脆把伤病员杀掉。尤其是在新几内亚和菲律宾战役中，日军经常不得不仓促地从有医院的地点撤离。他们从来不预先转移伤员，只有在执行所谓的“有计划的撤退”时，或是敌人将要攻占医院时，他们才会想到如何处置伤病员。那么，军医在撤退前要么枪杀伤员，要么让他们选择自尽。

日本人对待自己的同胞都如此，他们对待美军战俘的态度就可想而知了。对于我们来说，日本人无论是对他们自己的同胞，还是对我们的战俘都非常残暴。前菲律宾上校军医哈罗德·格拉特里作为战俘在台湾被监禁三年。他说："美军战俘所得到的医疗护理要比日军好得多。俘虏营中的盟军军医可以照顾盟军俘虏，而日本人却一个军医都没有。很长一段时间里他们仅有的医务人员是一名下士，后来换成了一名中士。军医很少露面，一年也只能看到一两次。"

日本人最为极端的表现便是宁死不降。西方军队在经过艰苦卓绝的苦战后仍没有任何获胜的希望时，他们都会选择投降。投降后，他们仍然认为自己是光荣的军人，而且根据国际协议，他们的家人会接到通报，知道他们还活着。作为军人、公民或者对于他们的家人并不觉得为此而丢脸。但日本人的看法却截然不同。他们认为，光荣意味着战死沙场。深陷绝境时，要么选择自杀，要么与敌人同归于尽。如果因受伤昏迷而被俘的话，对于他们来说，简直生不如死。

当然，这和日本的军规密不可分。但这已成惯例，日军会严格遵守军令，以至于在北缅战役中，被俘和阵亡者的比例是142∶17166，也就是1∶120。而在这142个被俘的人中，绝大多数是受伤昏迷后被俘的，一个人单独投降或两三人集体投降更不多见。西方的军队如果阵亡人数达到全部兵力的1/4或1/3时，他们通常会选择投降。西方军队投降人数和阵亡人数的比例大约是4∶1。日军第一次大规模的投降是在霍兰迪亚战役中，投降者和阵亡者的比例为1∶5。相对于北缅战役中的1∶120，这已经是很大的进步了。

对日本人而言，投降的美国士兵就是美国人的耻辱，这些战俘即使没有受伤、没有感染疟疾或痢疾也和“废人”没有什么区别。许多美国战俘曾提到，在战俘营里不要让日本人听到笑声，因为这样会激怒日本看守。他们会认为美国人不知羞耻，令人难以忍受。许多美国战俘必须遵守的规定也是日本军官要求看守必须遵守的。在战俘营中，经常会遇到急行军或将战俘塞进密不透风的战船中进行转移的情况。美国战俘还提到，在战俘营里，日本哨兵要求他们要学会掩饰自己的违规行为，一旦战俘公然地违反规定，就必定受到严厉惩罚。按照规定，战俘们白天出去修路或去工厂做工不得从村子里带回任何食物。如果带回来的蔬菜和水果不被哨兵发现则罢，一旦被发现则难逃厄运。因为这是对哨兵的公然冒犯，决不饶恕，哪怕只是一句辩解，也会受到严惩。顶嘴是日本人最厌恶的事情，在日常生活中，他们也严厉地对待顶嘴，更何况军营中。战俘营中确实存在很多虐待战俘的暴行。我们分析日本的文化习惯并不意味着我们会饶恕他们的罪行。

尤其是在战争初期，日本士兵认为敌人一定会残忍杀害或虐待战俘。日军中曾广泛流传着一个谣言，说美军将瓜达尔卡纳尔岛上的战俘活活用坦克碾死。也有一些日本士兵试图主动投降，但考虑到也许其中有诈，我们都审慎地把他们杀掉了，后来证明我们的判断是正确的。试想一个垂死挣扎的日本兵经常以与敌人同归于尽为荣，怎么会轻易投降呢？正如一个日军战俘所说：“既然已下定决心战死，如果不是壮烈牺牲岂不是奇耻大辱。”日军的这种行为使我们提高了警惕，我们必须审慎地对待他们的投降，这也使得他们的投降人数大大减少了。

投降是可耻的，日本人对此已铭记于心。他们的思维习惯与我们的战争惯例格格不入。当美国战俘要求把自己的名字通报本国政府以便让家人知道自己还活着时，日本人感到非常震惊并对此嗤之以鼻。巴丹半岛战役中，日军上下都认为美国人肯定会誓死抵抗，但没想到他们竟然投降了。他们真的无法理解，为什么美国人不把投降看成一种耻辱。

日军士兵和西方士兵有很大不同，但最让人感到离谱的是，日军战俘竟然愿意与盟军合作。他们被俘后，不知怎样去适应新的生存环境。被俘已经让他们感到颜面丧尽，活着已没有什么意义。直到战争结束前的几个月，才有少量战俘要求回国，他们并不关心战争结果如何。有些战俘要求赐死，并表态说："如果你们没有杀死战俘的习惯，那我只能全力为你们效劳了。"他们确实做到了。有些老兵和曾经的极端民族主义分子帮盟军寻找弹药库，认真地描述日军兵力配置情况，为盟军做宣传，甚至为飞行员做向导轰炸军事目标。好像他们要洗心革面、重新做人。虽然生活改变了，但他们依然保持着忠诚。

当然，并不是所有战俘都会这样。也有少数人冥顽不化、毫不妥协。不管怎样，都要提供些好处他们才愿与盟军合作。刚开始，美军军官非常谨慎，不敢轻易接受日军战俘表面上的合作，有些战俘营也不愿利用他们提供的情报，这当然可以理解。随着接触的深入，美军渐渐打消了疑虑，也慢慢对他们产生了信任。

美国人并没有料到日本战俘会有如此巨大的转变，这与我们的行为准则完全不符。但是，日本人确实会这样，他们认为选定一条道路就要全力以赴，如果失败，则另选他路。他们的这种行为方式，我们能不能在战后的对日政策中加以利用呢？

还是说这些行为只是个别士兵在被俘后的特殊行为呢？战争中我们还发现日本人许多其他独特的行为，这些迫使我们不得不去思考日本人怪异行为背后的整个生活方式、思维习惯以及行为准则。

第三章　各安其位

要想深入了解日本人，首先要明白他们所谓的“各安其位”是什么意思。他们信奉秩序和等级制，这与我们所倡导的平等和自由是完全相悖的。因此，我们很难把这种等级制度看成一种合理的社会制度。日本人对于等级制的信赖是他处理人与人、人与国家关系等一切关系的基础。只有对日本人的家庭、国家、宗教信仰以及经济生活有了全面了解，我们才能真正理解他们的人生观。

日本人用等级制的观念来看待国内问题，在处理国际关系问题上，他们也宣扬同样的立场。在过去的十年里，他们自认为已站在国际等级制金字塔的最顶端，而现在这个位置被西方国家所取代。他们不得不接受现状，并幻想着有一天能够恢复国际社会原有的等级关系，这一点我们可以从日本的很多外交文件中看到。1940年日本与德、意缔结为“三国同盟”。同盟条约的序言写道：“大日本帝国政府、德意志政府和意大利政府认为世界各国‘各安其位’乃持久和平之前提……”天皇在签订条约时所发布的诏书也重申了同样的观点：

> 弘扬大义于八方，统一乾坤为一宇，实乃我皇祖皇宗之大训，亦朕夙夜之所念。而今时局动荡不知何时止，人类蒙祸不知何极。朕惟愿早日平定祸乱，光复和平……兹三国盟约已成，朕心甚悦。
>
> 唯万邦各得其所，兆民悉安其业，此旷古大业，前途尚遥……

在偷袭珍珠港当天，日本特使向美国国务卿赫尔递交的声明中也明确提道：

> 使世界各国各安其位乃日本政府坚定不移之国策……我们断不能容忍现状之长期维持，这与帝国之根本国策背道而驰，力求现状之改变。

这项声明是对几天前赫尔的备忘录做出的回应。如同日本人对等级制的推崇，在备忘录中，赫尔也引用了美国人所尊崇的四项基本原则，即：各国主权及领土完整不受侵犯；互不干涉内政；通过合作与沟通解决国际争端；平等原则。无论是在处理国际事务中，还是在日常生活中，我们都严格遵守这些原则。平等是我们追求更美好生活的基础，是至高无上的。只有实现了平等，才能真正消除专制和压迫。这就意味着法律面前人人平等，人人都有改善生活的权利。平等是我们追求人权的基础。即使有一天我们违犯了这个原则，我们依然会拥护平等，鞭挞等级制。

美国自建国之初就确立了平等的价值观念，杰斐逊将其写进了《独立宣言》，而宪法中的《权利法案》也以此为基础。这种价值观之所以能被纳入宪法，是因为它反映了一种新的生活方式，一种不同于欧洲人的生活方式。19世纪30年代初，法国记者阿历克斯·德·托克维尔游历美国后写下了一篇论平等的著作《美国的民主》。在这部作品中，他对美国人的平等理念大加赞赏。后来这部著作成为国际社会报道美国的重要文献。托克维尔聪明睿智，他以赞许的眼光观察这个国度，所以能发现美国的很多优点。对于他来说，这是一个完全陌生的世界。年轻的托克维尔是在法国贵族阶层中长大的。在他那个时代，先是经历了法国大革命的强烈震撼，又遭到了新的激进的《拿破仑法典》的猛烈打击。他以一个贵族的眼光高度评价了美国人的这种陌生而又新奇的生活方式。书中预示着一个新世界的到来。他相信，美国始终处在时代发展的前沿，因此，欧洲人将会争相效仿，继而进行一定的变革。

因此，他对这个全新的世界进行了详尽的描述。在这里，人们才能真正感受到平等。人与人之间关系和谐，没有等级优劣之分。美国人从不要求别人遵守一些等级礼仪，当然更不这样要求自己。他们总是说自己做事坦荡从不亏欠任何人。这里没有古老的贵族式或罗马式的家族统治，也没有统治旧世界的社会等级制。他写道，美国人信奉平等胜过一切，甚至自由。现实中，他们有时会忽视自由，但绝不会忽视平等。

对于美国人来说，透过一个外国人的眼睛来描述一百多年前我们祖先的生活方式真是令人大受鼓舞的事情。尽管美国发生了很多变化，但基本理念没有变。我们从书中可以看到，

1830年的美国基本无异于今天的美国。在这个国家，虽然一直都有像杰斐逊时代的亚历山大·汉密尔顿式的偏爱贵族式社会秩序的人物，但他们也不得不承认，我们的生活方式绝不是贵族式的。

因此，在珍珠港事件前夕，我们向日本宣告了美国在太平洋政策中所推行的基本原则。我们相信，只要双方按照这个基本原则行事，就能大大改善紧张的国际局势。但日本人已完全习惯于等级制的思维习惯，他们坚持信奉“各安其位”。千百年来，不平等的观念已经深入日本人的内心，这也是他们最容易接受的观念。等级制对于他们而言，就如同呼吸一样自然。但这种等级制和我们所理解的西方独裁主义又有所不同。无论是统治者还是普通百姓，他们都按照与我们不同的行为模式生活。现在，既然日本人承认美国人处在等级制金字塔的顶端，我们就更应该深入了解他们的传统习惯，只有这样，我们才能预测出他们在当前情况下可能会采取什么行动。

尽管近代的日本受到西方化影响，但它仍然是一个讲究等级制的贵族社会。通过他们平时的问候与寒暄，我们就能判断出他们之间的地位差距。每当一个人对另一个人说“吃”或“坐下”时，他都要根据双方的熟悉程度、地位的高低使用不同的词语。在不同的场合要用不同的“你”，而且动词的形式也要有不同的变体。就像许多太平洋地区的民族一样，日本人要使用“敬语”。在使用“敬语”时还要配上恰当的鞠躬或跪拜。这些礼仪都有详细的规定和传统。比如，你不但要知道对谁鞠躬，而且要懂得鞠躬到什么程度。某种鞠躬对这个人来说是恰当的，但对另外一个人来说有可能就是一种冒犯，因为与后者的关系有细微的改变。鞠躬也有很多种，既有双膝跪地、额触手背的最高跪拜礼，也有只需要点点头，动动肩的简单行礼。日本人从小就要学会在不同的场合使用不同的礼节。

日本人的地位差别，不仅仅是阶级差别，同时也要考虑性别、年龄，家庭关系以及过去的交往等因素，而且不同的场合要有不同的表现。比如，同样两个人在不同的场合所采取的礼节也不同。两个相互熟悉的普通人见面不需要鞠躬，但如果对方穿上军装，就必须鞠躬。遵守等级制是一门艺术，需要综合考虑各种因素，在不同的情况下，要不断调整自己的礼节。

这些严格的礼仪形式对于美国家庭来说简直是天方夜谭。在美国，当我们回到家中和家人团聚时，一切礼仪都会抛诸脑后。但是在日本，家庭却是学习礼仪的最佳场所。母亲用背带背婴儿时就常常用手把他的小脑袋往下按，使其懂礼节。孩子蹒跚学步时的第一堂课就是要学会尊敬父亲或兄长。妻子要向丈夫鞠躬，孩子向父亲鞠躬，弟弟向哥哥鞠躬，而女孩子无论年龄大小都要向哥哥或弟弟鞠躬。鞠躬并不是徒具形式，而是有意义的。鞠躬者承认对方有权干涉自己的事，而受礼者也要承担相应的责任。以性别、辈分及长嗣继承制为基础的等级制度就是日本家庭生活的核心。

一直以来，日本人和中国人都视孝道为崇高的道德标准。早在公元六七世纪时，中国的佛教、儒家学说和传统文化开始传入日本。传入日本后的孝道被日本人稍作修改以适应他们的家族特点。在古代中国，实行宗族管理制度。宗族里的每一个人都必须对宗族尽忠，现在依然如此。一个大家族可能有成千上万人，宗族成员可以参与宗族事务，同时也要遵守家规。

中国地域辽阔，各地的情况也不尽相同，但在大部分地区，一个村庄的村民基本同属一个宗族。在中国的四亿五千万人口中，只有四百七十个姓氏，同姓的人在某种程度上都认为他们属于一家人。一个地区的居民，可能同属于一个宗族。在人口众多的广东地区，宗族成员们通常联合起来共同维护一个大祠堂。每逢祭日，族人们会一起祭拜他们的共同祖先。每个宗族都有自己的财产、土地以及寺庙，并设有资助有前途的宗族子弟的教育资金。大约每十年他们会修改一次族谱，增添一些新成员，然后分发给分散各地居住的族人。各个宗族有祖传的家法，如果宗族成员犯了国法，而宗族与当局达不成一致意见时，他们会拒绝交出本族犯人。在封建帝制时期，这些半自治的宗族名义上由朝廷管理，派去管理这些宗族的官员通常都被视为外人，所以他们很少参与宗族的家族事务。

日本却不同。直到19世纪中期，日本的贵族和武士家族才可以使用姓氏。而在中国，姓氏是宗族存在的基础，没有姓氏宗族也无法发展。一些宗族里的族谱就起到了类似姓氏的作用。但是在日本，只有上层阶级才能持有族谱，而且族谱的记录方法就像“美国革命妇女会”那样，是从现在往上追溯，而不是从古至今地记录同一祖先繁衍的所有后代。这和我们的记录方法完全不同。另外，日本是个封建制国家，人们效忠的对象并不是整个大宗族，而是封建领主。领主是该地的最高统治者，这和中国派去管理宗族事务的官员有很大区别，因为他们没有任何实权。在日本，人们最看重的是一个人属于萨摩藩还是肥前藩，这直接决定着一个人的身份和地位。

日本人通过在神社或圣地祭拜远祖或氏族神的方法来使其

氏族制度化。没有姓氏或族谱的日本平民也可以参加祭拜。在祭祀神社时，并非来自同一个祖先的全体村民可以一起参加。他们称这些人为祭祀神的“孩子”，因为他们都住在这个神的封地上。当然，日本村民大多有亲属关系，因为他们世世代代都生活在同一村落里，但他们并不是一个祖先的后代。

与神社里的祭神不同，日本人通常在家里客厅的神龛前祭拜祖先。神龛里供奉着六七位新近逝去的亲人的牌位。日本各个阶层的人每天都要在神龛前行礼，摆放食物以便祭奠已故的父母、祖父母及近亲。但是，即使墓地里曾祖父母的碑文已经模糊不清，他们也不会重新篆刻。三代以上的祖先更是早已被遗忘。日本人疏远的家族关系和西方人很相像，也许与法国的家族最相似。

因此，日本的孝道只限于家庭内部。这就意味着家庭中的每个成员都要按辈分、性别和年龄来确定自己的地位。具体来说，这些成员主要包括父亲、祖父、伯父、伯祖父及其后代。在一些豪门望族中，由于家族很大，所以他们通常会把整个大家族分成几个分支，除了长子外，其他儿子都各自另立门户。在这个亲属小团体中，每个人都必须各安其位、各尽其责。长者在正式隐退之前，家人对他们都要绝对服从。时至今日，一个父亲，即使自己的儿子都已成年，他也不能擅自做出任何决定，必须向自己的父亲请示以得到许可。即使孩子已三四十岁，他们的父母也要包办他们的婚姻。父亲作为一家之长，吃饭要先吃，沐浴要先入，家人对他深鞠躬时，他也只需点头应之。日本有一则流传甚广的谜语，大致可以翻译如下：“为什么儿子向父母提意见就如同和尚要留发一样？”（和尚必须剃度）谜底是:“根本不可能。”

“各安其位”不仅表现在辈分的差别上，也表现在年龄差别上。日本人在形容长幼不分的混乱局面时，经常会说“非兄非弟”，就像我们所说的“不伦不类”。在日本人看来，兄长就要有兄长的样子，就像鱼儿应该待在水里一样。长子是一个家族的继承人。到过日本的人曾说：“在日本，长子自幼就表现出一种责任感。”长子在很多事上享有父亲的特权。在过去，弟弟会很依赖自己的长兄。如今，尤其在一些乡镇或村庄，依照惯例长子要留在家里管理家事，而他的弟弟们则要出门闯荡。这样，他们便有可能接受更多的教育，获得更多的收入。尽管如此，古老的等级制观念仍然根深蒂固。

日本人甚至将这种长兄特权意识运用到政治领域。1942年春，陆军省的一位中佐发言人在论述其大东亚共荣圈时说：“日本是兄长，东亚各国是我们的兄弟。各占领区的人们都要清醒地认识到这一点。如果对他们过分关心的话，他们就会产生依赖心理，进而对我们要求更多，这将影响我们在这些地方的统治。”换句话说，兄长知道哪些事情对弟弟有益，做事时，不用顾忌太多，弟弟要完全听从兄长的安排。

不论年龄大小，一个人在等级制中的地位取决于你的性别。女人要跟在丈夫身后走，当然地位也就低一等。即使偶尔妻子穿上西式服装可以和丈夫并排走路或进门时走在他的前面，但一旦换上和服，她就必须走在丈夫身后。在日本家庭中，男孩子会得到父母的礼物、享受父母的关爱以及接受良好的教育，而女孩子则要学会去适应这种生活。尽管有些高等学校专为日本的年轻女性开放，但所设课程大多是有关礼仪和言行举止的训练，更谈不上像男孩子那样学到些文化知识。曾有一位女子学校的校长建议中上阶层出身的女孩子应学些欧洲语言。这样，她们就能帮丈夫整理好书架而不至于把书放错位置。

然而，与其他亚洲国家的妇女相比，日本女人已经享受很大的自由了，这并不完全是西化运动的结果。日本女人不用像中国古代的妇女那样裹足。甚至现在的印度妇女仍然羡慕日本妇女能够自由地出入商店，在街上行走也不用把自己裹起来。日本妇女负责日常的采购并掌管家庭财务。如果经济紧张，她们有权挑选家里的物品进行典当。她们可以支配佣人，在孩子的婚姻大事上也有很大的发言权。一旦当上婆婆，她们就会变得很严厉，好像从来没有当过受气的媳妇一样。

在日本，由辈分、性别以及年龄决定的特权很大。但是，享有这些特权的人并不能独断专行，而更像是一个受托人。父亲或兄长要对所有的家庭成员负责，包括活着的、死去的或尚未出生的。他必须做出重大抉择并保证其实施。但他并不拥有绝对权威。他的行为必须符合家族荣誉。在保证儿子及弟兄们牢记家族传统的同时，也要让他们把家族的遗产发扬光大。即使是一个农民，也会承担起祖先遗留的责任。家族地位越高，承担的责任则更重。家族利益总是高于个人利益。

当遇到重大事务需要抉择时，各个家族的一家之长都要召开家庭会议进行商讨。比如遇到订婚事宜，家族成员无论远近都要赶来参加。会上，每个人都能发表意见。有时兄弟或妻子的建议也能起决定作用。如果这个家长总是一意孤行，不听取家族其他成员的意见，就会置自己于很尴尬的境地。当然，最终决定有可能会遭到当事人的强烈反对。但是，长辈们会毫不示弱，不断以家族惯例施压，直到他同意。这种裁决方式与普鲁士家庭中父亲对妻子儿女的专制权力有所不同。普鲁士家庭中父亲的专制权力是受到法律和习俗认可的，而日本家庭并不要求子女服从专断权威。他们只是为了家族的共同利益而服从，并不是服从某一个人的权威。

日本人首先在家庭中形成等级制的观念，然后将其运用到经济以及政治生活中。他认识到应对“各安其位”中所有比自己地位高的人毕恭毕敬，哪怕他们没有实权。即使丈夫受制于妻子，兄长受制于弟弟，他们也会得到应有的尊重。各个等级之间的界限不会因为少数人的越权而打破，等级制关系依然牢不可破。日本人从家庭生活经验中了解到只有符合家族共同利益的决定才能得到认可，任何人都不能强制执行，包括一家之长，日本的家长更像是全家人的物质和精神财产管理人。家族人员为了维护共同的财产而服从某项决定。日本人反对在家里使用暴力权威，但他们仍然会维护家族共同利益，仍然会为了共同利益而听从长者的安排。即使家庭中的年长者很少行使自己的专断权威，等级制依然会继续存在。

上面对日本家庭中的等级制进行了粗略的介绍。对于持有不同人际交往原则的美国人来说，很难理解日本家族成员间的这种强大约束力。日本家庭如何获得如此强大的凝聚力也是本书所要探讨的问题之一。因此，只有理解了日本人在家庭中是如何形成其等级制习惯的，才能真正了解他们在政治以及经济领域中的等级制要求。

日本各阶层之间的等级制关系与家庭中的等级制一样森严。历史上的日本一直都是一个等级森严的社会。千百年来，这种等级制对于日本来说有利有弊。在有文字记载历史以来，大概是从公元7世纪以来，日本人一直将等级制作为其生活准则。他们不断从无等级制的中国引进先进文化，然后加以改进以适应其等级制文化要求。7、8世纪时，日本天皇及宫廷人员不断致力于从中国引进高度发达的文明来丰富自己的文化。中国高度发展的文明让日本使节大开眼界。从此，日本热情昂扬地开始了他的引进之路。在这之前，日本甚至没有自己的文字。公元7世纪，日本人引用中国的象形文字并加以改变形成了自己独特的文字。此前日本国内有一种宗教，他们信奉世上由四万个神来掌管大自然的万事万物，并能给人类赐福。这种民间宗教历经数代变迁，一直延续至今，成了日本的国教——神道教。7世纪时，日本开始大规模引进中国的佛教，认为佛教能够福佑日本。在此之前，无论政府还是个人都没有兴建过宏伟的永久性建筑。于是，历代天皇不断效仿中国，以中国的京城为模型建造了其首都奈良城。另外，按照中国的样式还兴建了许多金碧辉煌的佛教寺院。天皇还根据从中国回来的使节汇报，制定了日本的官阶和律令。作为一个君主制国家，日本能如此有计划、大规模地引进外来文化，这在世界历史上也是绝无仅有的。

然而，从一开始，日本就不可能完全模仿中国无等级的社会模式。在中国，官位是授予通过科举考试的行政官员的。而在日本，官位却授给了世袭贵族和封建领主。这种官位制成了日本等级制的一个特点。日本由很多半独立的封地组成，各个封地领主为了争权夺利互相争斗，因此他们的社会制度的建立总是以如何分配领主、家臣以及侍从的特权为基础的。尽管日本人非常热衷于引进中国文化，但他们的等级制永远也不可能被中国的生活方式所取代。比如，中国的行政官僚制度以及集不同行业的人于一体的庞大宗族制度。他们也无法采用中国世俗的皇帝观。日本人称皇室成员为“高居云端之上的人”，而且只有皇室的人才能继承皇位。中国朝代不断更迭，而日本却不是。在日本，天皇永远神圣不可侵犯，皇室成员也受人尊敬。毫无疑问，那些把中国文化引进日本的天皇和宫廷大臣们无法想象中国是怎样安排这些制度的，也无法猜测这些制度会产生什么样的变化。

尽管日本不断从中国引进先进文化，但受这种新文化影响，日本的世袭领主与家臣间为争权夺利战火不断。公元7世纪末，贵族藤原氏掌握了大权，天皇成了傀儡。后来，藤原氏的统治遭到了领主们的反对，全国陷入一片混战之中。群雄争战中，著名的领主源赖朝打败了所有的对手，确立了将军的幕府统治。将军的全称为“征夷大将军”。根据日本的传统，只要其后代能够控制其他封建领主，源氏家族就可以世袭此称号。这时，天皇已成为名副其实的傀儡。他的主要作用是为将军举行册封仪式。天皇没有任何实权，真正的权力掌握在由将军组成的幕府手中。通常幕府通过武力来征服不服管教的领主。每个封建领主，即大名，都有自己的家臣即武士。武士们完全听命于大名。一旦发生战乱，他们会拼死保卫大名，并向敌对的大名甚至是将军发出挑战。

公元16世纪，日本国内战乱不断。经过几十年的争夺，著名的武将德川家康击败所有对手，于1603年成了德川幕府的第一代将军。从此德川家族开始了两个半世纪的统治。直到1868

年天皇与将军的“双重统治”被废除，德川家族的统治才宣告结束。漫长的德川时代在许多方面都是日本历史上非常值得重视的时期之一。直到最后崩溃，德川家族用武力维护了日本国内的和平，并有效地实施了以德川氏为中心的中央集权制。

德川家康曾经面临一个难题，很难找出一个好办法解决。一些实力雄厚的领主一直在内战中与其作对，直到最后战败才勉强认输。这些领主被称为“外样大名”。为了维护他的统治，他给这些外样大名充分的自主权，他们可以拥有自己的领地和武士，享有高度的自治。但他们却无法享有德川家臣的荣誉，而且不能在幕府中担任重要职务。所有的要职都留给其“亲藩或谱代大名”，即其嫡系亲属或在内战中他的支持者们。为了解除内患，德川家康设法阻止这些外样大名积聚力量并防止一切可能的联合以维护其政权的稳定。为了维护国内的和平以及德川家族的统治，日本的封建体制不但没有被废除，反而进一步强化了。

封建社会的日本，阶层划分非常细化。每个人的身份地位都是由世袭决定的。德川幕府时期又强化了这种体制，并对每个阶层的人的日常行为做了具体规定。每户的家长都要在门口标明其身份地位以及与其地位相符的行为规范。比如说，可以穿什么衣服，可以吃什么样的食物，可以居住什么样的房屋等。在皇室与宫廷贵族以下，日本社会被分为四个等级，即士、农、工、商。四等之下的则是贱民。贱民中人数最多、最为人熟知的是“秽多”，即那些从事禁忌职业的人。比如垃圾清理工、掩埋死囚者、剥取死兽皮及制造皮革者。他们在这个国家没有任何地位，甚至连通过他们村庄的道路都不计算在里程之内，仿佛这片土地及居民根本不存在。他们极度贫困，虽然获准从事他们的职业，却永远被排除在整个社会之外。

商人在日本的封建社会中仅仅高于贱民。尽管这种状况对美国人来说是多么不可思议，但在封建社会中这却是现实。商人阶级总被看做封建制度的破坏者。他们一旦受人尊敬、生意兴隆，封建制度就会衰落。17世纪时，德川幕府颁布了当时世界上最严酷的锁国令来制约商人的发展。日本曾在中国和朝鲜沿海海域进行过海外贸易，使得商人阶级不断发展壮大。为了控制商人的活动，德川氏颁布法令，禁止建造大型船只，否则处以极刑。这样，一些小的船只根本无法航行到大陆或运输商品，海外贸易随之终结。同时，国内贸易也受到严格限制，德川氏要求各个藩国边界均需设立关卡，严禁商品进出。他又颁布其他一些法令来进一步削弱商人的地位。《取缔奢侈令》对商人的花费做了详细的规定。比如，他们应该穿什么衣服，带什么样的伞以及婚丧的费用限额。商人不能与武士住在同一个区域。受到武士的欺辱，他们也得不到法律的保护，因为武士是特权阶层。德川幕府对商人的这种限制注定要失败，因为当时的日本是靠货币经济运转的。但德川幕府却一意孤行。

日本的武士和农民这两个阶层最有利于维护封建社会的稳定。因此，德川幕府对他们做出了严格的规定。在德川家康平定内乱时，著名的军事将领丰臣秀吉就颁布了著名的《刀狩令》，将武士和农民这两个阶层彻底区分开来。法令规定收缴农民的武器，只有武士才有佩刀的权利。而武士也不能务农、务工或经商。即使地位最低的武士也不能从事生产。这样，他们就变成了寄生阶层，他们的俸禄则来自于农民每年缴纳的赋税。大名掌管着这些俸禄并按份额分发给每个武士。武士也就无须担心自己的生计，他们完全依赖自己的大名。在日本历史的早些时期，大名和武士在连年不断的战事中结成稳固的同盟。但在德川幕府统治的和平时期，他们之间更多的是一种经济利益关系。日本的武士与中世纪欧洲的骑士不同，他们既没有自己的领地和家奴，也不是富裕的军人。他们完全依靠俸禄生活，俸禄的多少取决于自己的家世。他们的俸禄并不多，据日本学者估计，武士的平均俸禄和农民的收入差不多，只够维持基本生计。如果将这有限的俸禄分给多个继承人，生活就会变得非常拮据了。为了解决这个难题，他们只能严格控制家族人口。他们最感到厌烦的就是利用财富和炫耀来获得威望。他们总是将节俭视为最高美德。

在日本，武士的地位要高于农、工、商。这三个阶层也被视为“庶民”，而武士却拥有自己的特权。对于武士来说，佩刀是他们身份和地位的象征，而不仅仅是个装饰，他们有权对庶民动武。早在德川幕府统治之前，他们就有这项权利。当时的法令规定：“凡是对武士无礼或对上级不敬的庶民可以立即斩首。”德川家康不希望武士与庶民之间建立互相依靠的关系，所以用这种严格的等级制来限制他们。这两个阶层都直接效忠于大名，但他们又各自具有一套属于自己的法令、法规和义务。他们之间具有无法跨越的障碍。即使在某些情况下，这种隔阂被打破，但也只是短暂的交流。

在德川时代，武士已不再是舞刀弄剑的武夫。他们摇身一变成为领主的财产管理人或精通古典戏剧和茶道的专家。他们还负责帮助领主处理一些礼仪文书，并替领主出谋划策、执行密令。在德川幕府统治的两百多年来，社会比较安定，因此，刀剑对于武士来说没有太多用武之地。在相对和平时期，武士们也转而研习各种艺术。就像当时的商人，尽管社会对他们有诸多限制，但他们依然去追求高雅舒适的生活方式。

尽管农民遭到武士的欺辱时不能反抗，又承担着繁重的苛捐杂税并且受到各种限制，但他们仍然享有一定的保障。他们拥有土地所有权，而土地是一个人威望的象征。在德川幕府统治时期，土地不允许永久转让。这条法令的颁布是为了保护农民，而不是其封建领主。这与当时欧洲的封建主义完全不同。由于对土地拥有永久的耕种权，使得农民更加珍视土地，世世代代辛勤耕作。然而，他们就像是希腊神话中身负重任的阿特拉斯神[①]一样，要养活约两百万的上层寄生阶级。其中包括：幕府机构、大名集团以及享受俸禄的武士。每年农民都要向大名上缴一定比例的实物税。在另一个水稻农业国暹罗（泰国的旧称），传统的赋税是10%；而在德川统治时期，农业税是40%，有些封地竟高达80%。沉重的徭役也让农民苦不堪言。和武士一样，农民也限制家庭人口，这使得整个德川时代的数百年间，日本人口总数基本未变。在一个处于长期和平的亚洲国家，这种人口的停滞足以表明当时的政权统治状况。对于武士和生产阶级，他们都受到了斯巴达式的严格限制，但在主从之间仍存在一定的依赖关系。每个人都清楚自己的权利、地位和义务。一旦自己的利益受损，连最贫穷的农民都会起来反抗。

在苛捐杂税的重压下，极度贫困的农民不仅反抗封建领

① 阿特拉斯神（Atlas），是希腊神话中的大力神。

主，也会反抗幕府将军。在德川家康统治的两个半世纪以来，农民起义多达上千次。他们所抗议的大多是额外的附加税，而不是“四成归王公，六成归农民”的传统重赋。在忍无可忍的情况下，农民就会集体游行向领主表示抗议。但他们的请愿和最终的裁判程序都是有序进行的。首先他们将拟好的正式请愿书递交给领主的侍从。如果请愿书被扣押或领主对他们的请愿置之不理，他们就会派代表到京城向将军递交诉状。在一些有名的起义中，为了确保诉状能到达幕府手中，他们会趁幕府高官上街出行时，拦轿请愿。尽管这样做会冒很大的风险，但只要请愿书到达幕府手中，他们会立即审查，其最终判决多半都是对农民有利的。

尽管农民的反抗诉求得到了有利于自身的判决，但根据法律以及等级秩序，他们是不准许这样做的。他们的诉求也许是合理的，政府也会尽量满足他们的要求，但起义领袖却违反了严格的等级制。不管判决是否对他们有利，他们都违反了对主人效忠这条基本法律，这一点不容忽视。因此，他们必须被判处死刑。他们诉求的正义性和处决无关。甚至连农民也认为这种处决是不可避免的。被处死的人是他们的英雄，他们会赶赴法场为其送行。死刑犯经常会被热油烫死、砍头或被钉死。在刑场上，群众不会发生暴动。这就是他们所认可的法律和等级秩序。他们会在事后为死者修建祠堂，把他们供奉为烈士，但他们会接受这个判决，因为这是他们赖以生活的等级制度的重要组成部分，他们必须严格遵守。

将军会致力于巩固各领地内部的等级结构，使每个阶级都依靠封建领主。大名在各自的领地中拥有最高地位，对其侍从可以行使特权。将军最大的任务是要控制大名。他想尽一切办法阻止他们结盟或发动政变。各封地间设置关卡，对来往人员要查验证件，严防“女人出境，武器入境”，以免大名偷偷联姻或私运武器。未经将军许可，各大名间不得通婚，以防产生危险的政治联盟。同时，通过严格控制各领地之间修筑桥梁来限制通商贸易。另外，将军通过密探来了解各地大名的财政状况，一旦哪个大名库存充裕，将军就会下令其耗费巨资修建各项公共基础设施，以此来削弱其经济实力。其中最有名的一项规定是大名每年都要在京城居住半年，当他返回领地时，妻子必须留下作为将军掌控的人质。幕府通过各种方式来维护自己的统治，并确保他在等级制中至高无上的地位。

当然，幕府并不是这种等级制度的核心，因为他的统治是以天皇的名义进行的。天皇及其世袭的宫廷贵族们被孤立在京城，并没有任何实权。天皇的财力还比不上地位较低的大名。宫廷礼仪也要严格遵守将军的规定。但是，即使德川将军大权在握，他也没有要废除皇位，结束这种双重统治的局面。这对日本人来说，早已是习以为常的事。自12世纪以来，大将军就以天皇的名义执政，而天皇则被剥夺了统治国家的权力。一段时间以来，天皇与将军的职权分化严重，天皇把实权授权给一位世袭的幕府首领，这位首领又把权力下放给自己的世袭顾问。权力就这样不停地被分化。即使在幕府统治的最后岁月里，我们的海军指挥官佩里将军都没有意识到天皇的存在。1858年，美国的首任驻日使节汤森德·哈里斯在与日本人议定通商条约时，才慢慢意识到将军的幕后还有天皇。

事实上，日本人对天皇的概念与太平洋上的一些岛国类似。天皇是神圣的首领，可以参加政务，也可以不参加。有些太平洋岛屿上的首领参与政事，有些则把权力委派给下属。但他本人总是神圣不可侵犯的。在新西兰的一些部落中，首领绝对神圣不可侵犯，他们吃饭时必须有专人伺候，而且要保证给他喂食的汤匙绝不能碰到他神圣的牙齿。出门时必须有专人抬着，因为一旦他的圣足踏到某块土地，这片土地就成为圣地，都要归他所有。他的头尤其神圣，任何人都不许碰触。他的言语能直达部落神明。在某些太平洋岛屿，比如萨摩亚、汤加等，神圣首领是不干预世俗生活的。世俗首领掌管一切政务。18世纪末，詹姆斯·威尔逊造访东太平洋的汤加岛，他对当地政府的评价是“他们的统治方式和日本的最相像，神圣的皇上陛下简直是军事首领的政治犯”。汤加岛的神圣元首不参与公共事务管理，但要履行仪式职能。只有等他摘下果园的第一个果实并主持完仪式后，其他人才能采食。神圣元首去世时，他的悼词通常是“来自天堂的召唤”。尽管不参与任何政务，但他去世时却享受最高待遇，不仅葬礼庄严肃穆，连陵墓都巍峨壮观。

尽管天皇没有任何实权，如同“军事首领的政治犯”，但他依然处于等级制的最高地位。天皇对世俗事务的干预程度并不是衡量其地位的标准。在征夷大将军统治的几百年里，天皇的宫廷始终被保留并受到人们的景仰。也许在西方人的眼里，这个天皇实在是多余。但日本人却不这样认为，他们已经习惯了等级制中的各个角色定位。

上至天皇下至贱民，日本封建时期的等级制都做出了详细的规定，这对近代的日本也产生了很大的影响。毕竟，这种封建体制仅仅在75年前才被废除。那些已经根深蒂固的国民习惯不可能很快被遗忘。在下一章里，我们就会看到，虽然近代的日本要经历激进的变革，但一些政治家们总是处心积虑地想保留这种封建体制。与其他主权国家相比，日本人更习惯生活在行为准则被细化，地位被明确的社会中。在过去的两百多年间，幕府通过铁腕政策维护了社会的法律和秩序。因此，日本人已经习惯了这种等级秩序，只要他们按照行为规则办事，就能够得到安全保障。只要他们恪守本分，履行应尽的义务，他们就会得到应有的保护。盗贼不再猖獗，大名间的内战得到制止。如果他们的权利受到侵犯，可以投诉，就像农民受到剥削后会起义一样。尽管会有些风险，但起诉是得到认可的，大多数情况下，也是值得的。德川幕府中有些贤明的将军甚至设立了“投诉箱”，任何人都可以把自己的投诉请求放进这个箱子里，而且只有将军本人才能开箱。如果有人敢违背既定的行为准则，则会受到惩罚。只有好好遵守这些行为准则才会产生一种安全感。一个人的勇气和正义完全取决于你的言行是否符合社会既定的规则，而不是你要去打破或违背这个规则。虽然生活中要遵守各种繁琐的细则，但对日本人来说，只有这样，他们的生活才能有序进行，才会有一种安全感和归属感。这些行为规范并不像摩西十诫里的道德准则那样抽象，而是非常详细和具体的。比如说，在不同场合应该有什么不同表现；武士应该遵守什么，而作为平民应该遵守什么；兄长应该怎样做，弟弟们应该怎样做等等。

在这种体制下，日本人并没有变得恭顺服从，这一点并不像其他生活在铁腕等级制下的民族。我们不得不承认，日本的各个阶层都能得到一定的保障。甚至贱民也被授予永远从事其特殊职业的权利，而且他们享有充分的自治。虽然每个阶层都受到严格的限制，但生活却能安全、有序地运行。

日本的等级制虽然严格但也有一定的灵活性，这一点和印度不同。日本人在不违背传统惯例的情况下，可以采取一些变通的方法来改变自己的地位。这些方法有很多种。比如，在货币经济体制下，日本的放贷人和商人很快成为富有阶层，却没有地位。因此，他们想方设法来改变现状，通过各种传统手段来跻身上层阶级。他们通过买地或租赁的方式成为“土地所有人”。尽管在日本，农民的土地是不准许转让的，但地租很高。因此，让农民继续留在土地上耕种对这些土地所有人来说是非常有利的，他们只需要收地租就可以了。这种土地所有制让这些人不但获利而且拥有了威望。另外，他们还可以通过子女与武士阶层通婚的方式来获取贵族身份。

在等级制中，另一个变通的方法就是过继和收养。其实，这就为商人购买武士身份提供了一个很好的途径。尽管德川幕府有许多严格的限定，但这些商人依然会变得很富有。他们会想方设法将自己的儿子过继给武士家庭做养子。但根据日本传统，很少有人收养子，大多是招上门女婿。这种上门女婿被称为“赘婿”。结婚以后，赘婿就成为岳父的继承人。为此他们也付出了很高的代价。因为所有上门女婿都要取消父家户籍，而转入妻子家户籍。他还要跟随妻姓，与岳父母一起生活。但是这种付出总是值得的，代价虽高，却获益颇多。从此，富商的后代成了武士，而贫穷的武士通过与富商联姻也能获得巨大的经济支持。等级制并没有遭到破坏，而富商却通过这种变通的方式跻身上层阶级了。

日本的等级制并没有要求通婚必须在同一等级内进行，只要采取一些特定的方式就能实现不同阶级之间的通婚。比如上段所提到的商人与武士阶层之间的通婚。通过这种方式，富商得以跻身上层阶级，这也是日本与西欧的不同之处。随着欧洲中产阶级力量不断发展壮大，导致封建体制不断瓦解，中产阶级则成为近代工业的主导力量。但在日本，这种强大的中产阶级没有发展起来，是因为商人和放贷人通过买卖土地等方法获得了上层阶级的身份，并与下层武士结为联盟。当各国的封建体制都面临解体时，日本竟然能容许两个差距巨大的阶层联合起来，真是令人感到震惊。他们显然要比欧洲大陆的封建制度灵活多了。日本的阶级流动性强，这样上层阶级和中产阶级就能联合起来，而不像欧洲的一些国家经常发生阶级斗争。

我们不难看出，这两个阶级的联合对双方都有利。法国以及西欧的一些国家也曾出现过类似的情况，但像日本这样两个阶级之间能如此和平共处真是少见。欧洲的阶级关系非常僵化，阶级间的斗争甚至使得法国贵族的财产被剥夺。在日本却不同，他们和平相处、结为联盟。当年商人与武士组成联盟共同推翻了腐朽的幕府统治。如果没有阶级之间的流动也就没有近代日本依然保留的贵族体制。

日本人愿意生活在各项行为准则都被细化的社会体制中是有其原因的。他们认为只要你的行为方式符合这些规则的要求，你的安全就能够得到保障。如果你的利益遭到侵害，你可以进行抗议并提出自己的合理要求。人人都要履行各自应尽的义务。当19世纪上半叶德川幕府面临瓦解时，没有一个政治集团主张废除这些行为规范。日本既没有发生像法国那样轰轰烈烈的大革命，也没有发生类似于1848年的二月革命。但德川幕府的统治已到了崩溃的边缘，整个社会怨声载道。从一般平民到幕府将军，各个阶层都不得不向商人和放贷者借钱来维持生计。庞大的寄生阶层以及巨额的财政开支使得幕府陷入严重赤字的局面。财政拮据的大名也无力支付手下武士的俸禄，整个日本陷入绝境。大名们想通过增加农民的赋税来解决财政困境。由于要提前征收几年的赋税，这样就使得农民陷入了极度贫困之中。将军也纷纷破产，无力维持现状。1853年当美国海军司令佩里率领舰队到达日本时，日本已匮乏到极点。在强行打开日本国门之后，日本被迫于1858年与美国签订了《日美通商条约》。当时的日本早已不堪一击，没有任何抗拒的能力了。

这时，日本举国上下都在呼唤“一新”，意在恢复旧制。这个口号是逆历史而行的，是与革命完全相反的主张。与当时“王政复辟”同样深得人心的另外一个口号是“攘夷”。大多数日本国民都希望回到以前闭关锁国的鼎盛时期。只有少数人认为这条路是行不通的，他们试图进行新的变革却遭到暗杀。我们很难相信日本这个很少进行变革的国家会学习西方模式，更难想象的是五十年后的日本竟然能与西方国家相抗衡。然而，日本人却做到了这一点。日本人运用其自身优势朝着一条新的道路迈进，并实现了自己的迅速崛起，这一点是所有人都始料未及的。如果19世纪60年代的西方人能够预见未来，他们绝不会相信眼前所发生的一切。没有任何迹象表明日本日后会经历暴风雨的变革。然而，不可能的事终究发生了。这些落后的、深受等级制束缚的日本民众毅然选择了一条新的道路，并坚定不移地走下去了。

第四章　明治维新

随着“尊王攘夷”的战斗口号打响，日本也正式步入了近代。“尊王攘夷”意即“恢复王权，驱逐蛮夷”。其目的是摆脱外来压迫，重新回到10世纪以前天皇和将军双重统治的鼎盛时代。当时，最希望发动政变的是朝廷中的保皇派。他们一心想驱逐和羞辱外国人，恢复日本的传统生活方式，并对改革派进行压制。强大的外样大名是倒幕派的领军人物，他们想通过恢复王权来取代幕府统治，从而建立一个有利于自己的新政权。农民只希望减轻自己的负担，并不支持变革。武士们则希望保障自己的俸禄，能够冲锋陷阵取得更大的荣誉。商人们则为倒幕派提供经济支持，并希望将来能推行重商主义，但从未打算推翻封建体制。

1868年倒幕运动取得胜利，结束了天皇与将军双重统治的局面。当时的西方人士普遍认为日本一定会推行保守主义政策。但上任伊始，新政府就进行了一系列大刀阔斧的改革。在不到一年的时间里，就取消了大名在自己封地的征税权，收缴了土地登记簿，并要求原来农民交给大名的四成税上交政府。

在收缴的同时对大名也做了一定的补偿。比如，政府分给每个大名相当于他正常收入一半的补贴。另外，大名不再为武士发放俸禄，也不必承担公共基础设施的开支。同大名一样，武士直接从政府领取俸禄。在随后的五年里，政府不断推行新政，努力改变日本社会等级制下各种不平等现象。例如，代表不同等级的徽标以及不同的服饰要求被废止，甚至要求他们剪掉代表旧思想的传统发髻，贱民获得解放，禁止土地转让的法令被废除，各封地间的关卡被撤除并取消了佛教的国教地位。1876年，政府向大名和武士一次性预付了相当于原来五到十年的俸禄。俸禄的数额则以其在德川时代所获得俸禄的额度为准。这笔钱旨在帮助大名和武士有能力去兴办实业。“这一举措对于早在德川时代就已取得联盟的商业金融巨头以及封建贵族来说意义非同一般”。

然而，这些具有非凡意义的变革措施并没有得到人们的拥护。在1871至1873年间，民众对侵略朝鲜的热情远远高过任何一项改革措施。但是，明治政府依然进行激进的改革，并取消了征朝的计划。这一行为激起了当初为建立新政府而奋斗的人们的激烈反对，以至到1877年，在反对派的最高领袖西乡隆盛的带领下发动了一场大规模的反政府叛乱。叛军希望恢复以前的封建制度，可明治政府在执政的第一年就辜负了他们的期望。很快政府招募了一批由平民组成的义勇军，平定了这次叛乱。但是，这次起义却表明了人们对新政的不满。

农民对新政同样感到不满。在明治统治的第一个十年间，就爆发了一百九十多起农民起义。直到1877年，新政府才考虑到要减轻农民的重负，难怪会令农民感到大失所望。此外，农民还反对兴办学校、征兵制、丈量土地、剪发令、贱民平等制度、限制佛教、历法改革等，这一系列举措都遭到了他们的极力反对，因为这些都改变了他们原有的生活方式。

到底是政府中什么样的人物在推行这种激进却不受欢迎的改革措施呢？这是由商人和下层武士组成的独特联盟，早在封建时期，这种联盟就已形成。武士作为大名的贴身管家及侍从，不断从大名那里学到一些治国之道。同时，他们还负责经营矿山、纺织、造纸等各种垄断企业。而购买了武士身份的商人则把一些经商之道传授给武士阶层。因此，从商人和武士的联盟中不断涌现出一些才华横溢、自信干练的有志之士。他们负责拟定新政并促进政策的实施。我们所要探究的并不是他们来自哪个阶级，而是他们为什么会如此精明能干、讲求实际。19世纪后半期，日本刚刚从中世纪过渡过来，国力之虚弱犹如今日之暹罗。然而日本虽然国力孱弱，却能孕育出如此具有政治头脑、有谋有略的政治家，实属难得。这些领袖人物的优缺点都源于日本独特的民族性格。本书所要讨论的就是这种民族性格的过去及现在。这里，我们先来弄清他们是如何实施这些改革措施的。

这些政治家们并非想进行一场意识形态的革命，他们的任务就是要建立一个新的国家。他们的梦想是要把日本建成一个世界强国。他们并不想打破人们的传统信仰。既不痛斥封建阶级也不剥夺他们的财产，而是利用丰厚的俸禄来吸引他们转而支持新政府。他们最终也改善了农民的生活。虽然十年后才对农民实行减税政策，但这更多是由于明治政府早期财政困难，而非由于阶级矛盾。

然而，那些掌握明治政府实权的政治家们反对一切废除等级制的想法。“王政复古”运动简化了旧有的等级制度，将天皇推到了至高无上的地位并废除了幕府。此后，他们又废除了藩地，以此来解决效忠藩主与效忠国家的矛盾。这些改革措施并未废除原有的等级制习惯，只不过在等级制内进行了一些调整。为了更好地实施他们的新政，这些政府的精英人士们还加强了中央集权。他们通过恩威并用的方式来巩固自己的统治。但对于公众所提出的反对改革历法、反对兴办学校、反对解放贱民等观点都不予睬之。

1889年，日本天皇给予其臣民的恩惠之一是颁布了《日本宪法》。《宪法》赋予人民在国家中的地位，并设立了议会。这部《宪法》是日本的政治家们在大量参考了西方各国的宪法后拟定而成的。但是宪法的制定者们却“采取了一切可能的预防措施来杜绝民众以及舆论干扰”。起草《宪法》的机构是隶属宫内省的某个局，当然也被视为神圣不可侵犯的。

明治政府的政治家们目标明确。19世纪80年代，负责拟定《宪法》的伊藤博文公爵派遣木户孝充侯爵前去英国，就日本改革中所遇到的问题请教斯宾塞。经过长时间的交谈，斯宾塞给伊藤博文写了一封信。对于日本的等级制，斯宾塞认为，这种传统的体制有利于日本的发展，应予保护与发扬。另外，在信中他还提到日本人对长者的传统义务以及对天皇的义务都是日本独特的文化。日本将在“长者”的带领下避开那些崇尚个人主义国家所面临的一些不可避免的问题。明治政府的这些政治家们对斯宾塞的答复非常满意，也进一步坚定了他们的信念，要在现代社会中继续保留这种“各安其位”的良好社会状态，无需改变传统的等级制习惯。

在政治、宗教及经济领域，明治政府都对国家和人民之间“各安其位”的义务做了明确规定。日本的整个政治体系的设置与英美国家相差甚远，令他们感到不解。在这里，强权政治从不受公众舆论的限制。国家政权掌握在等级制中的上层人士手中，这些人士并不包括经过选举产生的官员。对于执政者来说，人民没有任何发言权。1940年，日本政府高层包括：天皇的近臣、天皇的顾问以及天皇玉玺盖章任命的官员。其中，天皇任命的官员有内阁大臣、府县知事、法官、各局长官及其他高官。那些通过选举产生的官员是无法拥有这样的地位的。比如说，在选择或通过内阁大臣、财务部或交通部的部长人选时，这些经过选举产生的议员是毫无发言权的。通过普选产生的下议院是国民意愿的代表，他们拥有对政府高官提出质疑和批评的特权，但在任命官员、做出决策以及拟定预算等重大事务上却没有实权，同时他们也没有立法权。下议院还要受上议院的制约，上议院不通过选举产生，其中议员的一半是贵族，另有四分之一是由天皇亲自任命。上议院和下议院对法律几乎具有同样的批准权，这进一步拉大了两院间的等级差距。

因此，政府通过这种方式保障了最高层的地位。但这并不意味着在“各安其位”的政治体系下没有自治的组织。在所有的亚洲国家中，尽管政权不同，但都存在地方自治，有时地方自治会和统治权威产生矛盾。各国自治权的主要差别在于民主化的程度、担负的责任大小、地方官员是维护公众利益还是以牺牲公众利益为代价来保证地方少数权贵的利益等。与中国一样，德川时代的日本以五到十个家庭为一小组，也就是我们现在所称的“邻组”。它是日本最小的社会单位。每个“邻组”的组长负责组内事务，保证组员行为规范，报告一切可疑的行为，并维护当地的治安。刚开始，明治政府废除了这一组织，但后来又恢复了，并称之为“邻组”。城镇政府有时也积极扶持它们，但现在农村里的“邻组”已经起不到什么作用了。“小村庄”则取而代之成为更重要的社会单位。这种村庄虽然没有被废除，但也未被纳入正规的行政单位，因此也不受国家权力的制约。“小村庄”由十五户左右人家组成。直至今日，他们依然通过每年轮换村长的方法来管理这个群体。村长主要负责“管理村庄财产；监督丧款与灾款的发放情况；为农耕、建房以及修路安排日程；节假日则以特殊方式告知民众”。与其他亚洲国家不同的是，村长并不承担收税这样的国家责任。他们只是在民主范围内行使自己的职责，所以并不会产生利益纠纷。

近代日本政府正式承认了市、町、村三级地方行政单位的地位。经当地选举产生的长者们共同选举一位村长作为本地区的代表就各项事宜与地方官员及中央政府进行交涉。被选举出的村长通常是村里的老居民，并拥有自己的土地。尽管担任村长一职在经济上会有些损失但威望却很高。村长与长者们共同管理村中各项事务，比如，财政、公共卫生、兴建学校、居民财产登记以及个人档案管理等。村里设有村公所，事务繁忙，主要负责国家下拨给各个小学的教育经费管理，筹集教育经费，管理经费开支，公共财产的管理和租赁，土地改良、植树造林以及财产交易记录。任何财产买卖必须在村公所登记过后才算合法。凡是本地区的正式居民，村公所都要负责更新其户籍信息，其中包括家庭住址、婚姻状况、子女的出生及领养情况、违法记录等其他一些个人信息。这和户籍本上的信息大致相同。所有个人信息都将在此记录在案，无论你身居何处。身居外地的人如果在求职应聘，接受审判前或遇到其他情况需要出示身份证明时，都可以致函或亲自到自己的户籍所在地索要一份副本提交给有关部门。因此，人们都非常重视档案信息，不愿为自己增加不良记录。

因此，市、町、村都承担着相当大的责任，要对公众负责。到了20世纪20年代，日本产生了第一个全国性的政党。这对于任何国家来说都意味着执政党和在野党的交替执政。但在日本，情况却不同。地方行政机构没有受到任何影响，他们的负责人也不会像政府那样进行政党轮换，依然由长者们带领管理各项事务。但地方行政组织并不享有全部自治权，他们在法官、警察和教师三个领域没有自治权，这些领域的人都是由国家直接任命的。由于大多数的民事案件都是通过仲裁或中间人调停解决，因此，法院对地方行政的影响微乎其微。相比而言，警察则更重要些。每逢公众集会，警察必须到场维持秩序。但这种任务也只是偶尔有之，他们的主要任务则是登记居民的个人信息以及财产情况。为了防止警察与当地政府勾结，政府会不断地将警察调换岗位。学校的老师也是这样被调来调去。国家对学校有各种各样的规定，比如，他们要求日本所有的学校都要在同一天用同样的教材上同样的课，这一点和法国很相似。另外，各个学校都要在每天早晨的同一时间里做同样的早操。可以说，地方对学校、警察或者法院没有任何自治权。

可见，日本政府的各个方面都和美国有很大不同。在美国，民选产生的领导人行使最高立法权和行政权，而地方的事务则由地方警察和法院负责。但是，日本的这种体制与荷兰、比利时等西方国家相似。例如，和日本一样，荷兰的法律由女王的内阁成员起草，国会并不行使立法权。女王可以直接任命市长和镇长，这样就扩大了其权力范围，从而能够对地方事务进行干预。尽管这些人由地方来提名，但最终的任命权却掌握在女王手中。荷兰女王具有如此广泛的权力，就连1940年以前的日本政府都无法与之相比。另外，和日本一样，荷兰的警察和法院都直接对君主负责。所不同的是，荷兰的学校可以由宗教团体来兴办，日本的学校制度则与法国极其相似。在荷兰，例如开凿运河、围海造田、各地的开发建设等都由地方各个社区负责，而不是由政府任命的市长或其他行政官员来负责。

日本政府与西欧政府的真正差别并不在于其形式上，而在于其职能上。长期的封建等级制统治造就了日本人恭顺服从的性格。只要当权者能够在自己的职位上尽职尽责，就会得到国民的尊重和赞许。他们之所以能够得到国民的支持，并不是由于其制定的政策有多么合理，而是由于他们能够做到“各安其位”，从不越权。最高决策者并不需要民众发表意见，而是要求他们成为决策的服从者。即使政府有时越权去插手地方事务，他们也不会去反对，只是顺从地接受。对于美国人而言，很难接受这种统治。但日本人却对这种体制感到很满意。

有时，日本政府在一些公共事务问题上比较尊重民众的意愿。即使政府的决策是有利于民众的，他们也要征求民众的意见并获取他们的支持。比如，负责国家农业发展的官员们在改进农业生产技术时，他们会像美国爱达荷州的官员们那样从不强行要求民众接受。如果政府想要建立由国家担保的农村信用社或农村供销合作社时，总是要同地方政要先交流磋商，并尊重他们的决定。地方的事务主要由地方来解决。日本人普遍认为，拥有一定权力的同时也要受到一定的限制。与西方文化不同的是，在日本人的观念中，“上级”就意味着享有更多的特权，受到更多的尊重，有时甚至需要下属无条件地服从。但同时他们必须要管好自己，严守自己的本分。日本人最信奉的就是：“万事万物，各安其分，各得其所。”

同日本的政治相比，明治政府对宗教领域的改革则更加具有特色。“各安其位”同样适用于宗教领域。日本政府要求全体民众都要崇拜信仰一种宗教，并将该宗教视为国家统一和民族优越性的标志，国家对其进行全面管理，这种宗教被称为国家神道。同时，国民还可以自由信仰其他宗教。由于被视为日本民族文化的象征，因此民众对国家神道非常敬重，就像美国人敬重他们的国旗一样。从某种意义上来说，国家神道已经超越了宗教的范围，成为全民崇拜的对象。因此日本政府可以要求全体国民信奉国家神道而不违反西方人的宗教信仰自由理论，这就好比美国人要向星条旗致敬一样，只是表达了一种忠诚而已。因为日本国民没有将神道视为一种宗教，所以他们可以在学校里传授国家神道而不怕遭受西方人的批评。学校中对国家神道的学习主要包括了解神话时代以来日本的历史以及对天皇的崇拜和敬仰。日本政府支持并负责管理国家神道。而对于其他宗教的信仰，如神道的分支教派、佛教、基督教等则完全取决于个人意愿，这点颇像美国的宗教信仰自由政策。由于地位不同，政府在行政上以及财政上对他们都实行不同的管理。国家神道归内务省神祇局管理，其神职人员、祭祀仪式和神社的一切开支都由国家负责。神道的分支教派、佛教以及基督教则由文部省宗教局管理，其经费主要来源于信徒的捐献与资助。

由于神道教在日本人心目中的特殊地位，我们不能简单地称之为国教，但起码可以认为它是一个庞大的组织。全国大大小小的神社超过十一万座。规模巨大的如祭祀天照大神的伊势神宫，规模小的如一些地方神社只有在举行特殊的祭拜仪式时才有人打理。神道中的神官拥有和政治官员一样的等级制。从被称为“阁下”的最高层神官起，依次是郡、市神官，府、县神官以及最底层的神官。这些神官只是代表民众做祭祀，而不是带领他们进行祭祀活动，和我们所熟悉的去教堂做礼拜完全不同。由于日本人并不认为神道是一种宗教，因此，法律上是禁止神官在祭祀中宣扬教义的，所以不可能出现西方人所理解的教堂礼拜仪式。在祭祀日里，村民们则选出代表参加祭拜。这些代表们通常会站在神官面前等待着神官用一根扎着麻绳和纸条的小棍在他们面前来回摆动为其驱邪。接着，神官会一边高声呼唤着神灵一边打开神龛的内门，召唤众神享用供品。神官祈祷时，各参拜者则按身份依次排列，然后毕恭毕敬地奉上日本人钟爱的圣物：上面装饰着白纸条的圣树枝。随后，神官高声呼唤，将众神送走并关上神龛内门。在国家神道的大祭祀里，天皇则亲自主持祭拜仪式，政府部门放假休息。与地方神社的祭祀以及佛教的节日不同，这种祭祀并非公众性的大节日。与国家神道不同，地方神社以及佛教的祭祀都不受政府的干预，是比较自由的活动。

除国家神道外，政府对其他宗教祭祀活动都不干预。这样各地民众就可以自由地按照自己的教派和节日举行自由的祭祀活动。日本的佛教信徒众多。佛教又分为许多不同的宗派，这些宗派遍布各地，活动频繁，各有各的教义和祖师。神道除了包括国家神道外，还有其他很多分支教派。其中，有些神道教教派早在20世纪30年代政府推行民族独立主义之前，就已宣称推崇民族独立主义了。有些教派则推崇信仰疗法，他们宣称只要信徒具有坚定的信仰，就可以战胜一切病魔，这个教派经常被比作西方的基督科学教。有的信奉儒家学说，还有一些教派则热衷于朝拜圣山神社活动。这些在民间广为流传的祭祀活动都不属于国家神道。一到祭日，人们便涌向神社，人人都要先漱口来净化自己，然后通过摇铃或击掌的方式来祈求神灵降临赐福，然后对之鞠躬行礼，礼毕时再摇铃击掌将神灵送走。祭祀一结束，他们就开始光顾神社里的小摊位，买些小玩意，品尝小吃，观看相扑表演，欣赏神乐舞，人人都不亦乐乎。一位曾旅居日本的英国人说，每次观看日本的祭祀节日，就让人想起威廉·布莱克的一首诗：

> 如果教堂能赐予我们一杯美酒，并点燃照亮灵魂的圣火，我们将终日祈祷，永远跟随主，与主永不分离。

除了少数献身宗教事业的僧侣外，日本的宗教信仰并没有对民众进行过多限制，所以他们感觉宗教信仰是一件快乐的事，根本谈不上清苦。他们热衷于参拜圣地，观看热闹的神社仪式以及街头表演。参加这些祭祀活动使他们感到精神愉快，身心得到放松。

明治政府对国家职能以及宗教领域中的国家神道教的职能都做出了明确的划分。他们在其他领域赋予了人民一定的自主权，但在处理国家重要事务、关系国计民生的大事时，他们必须要保证自己在新等级制中的决策权地位。政府在创建军队时也遇到了类似的情况。如同其他领域一样，他们在军队中也废除了旧的等级制，这种废除要比民众日常生活中的等级制的废除更彻底。他们甚至禁止在军队中使用敬语，当然，一些旧习惯不可能很快就被完全改掉。军官的晋升也完全取决于个人能力，与家庭出身无关，这种改革力度是在其他领域中所没有的。也正因为如此，军队在日本人中享有很高的声誉。当然，这也是新军队赢得民众好感的最佳方法。而且，军队中排和连的士兵们都是由同一地区的乡邻们组成，在和平时期，他们都在离家不远的部队中服役，这就加强了地方军民的联系。另外，在服役的两年间，军队中只有军官与士兵、老兵与新兵的关系，而不存在旧社会中武士与农民、富人与穷人的等级关系。从某种意义上说，日本军队是真正的民众军队，他们是民主的拥护者，这与其他国家有很大不同。在大多数国家中，军队都是用来维护国家政权、社会安定的强有力工具，是统治阶级利益的代表。而在日本，军队同情小农阶级，甚至多次替民众请愿反对大金融家和企业家对农民的残酷剥削。

其实，日本的政治家们并不完全赞同建立这样一支人民的军队。为了能够掌控军队，他们在政府的最高层采取措施，以此来保证军队在整个国家等级制中至高的地位。这些措施没有被写入宪法，而是继续遵循传统惯例：日本军部独立于政府。例如，陆海军大臣与外务省及内政各省大臣不同，他们可以直接觐见天皇，并以天皇的名义强制执行自己的方案。这些都无须与内阁文官大臣商量，也无须征求他们的同意。此外，军部有时还干涉内阁事务。如果他们不信任内阁，就可以想办法阻止内阁的成立。比如，他们可以拒绝委派陆海军将领担任内阁中的职务。由于日本的文官或退役军官不能担任陆海军大臣，因此，如果军部不委派现役的高级将领担任陆海军大臣，新内阁就无法成立。同样，如果军部对内阁的行为感到不满，他们就可以召回自己的内阁代表，从而使内阁解散。在权力的最高层，无人能够干涉军部的最高决策。而且他们的特权在宪法中也有所体现，宪法规定："如果政府提交的预算没有在议会中通过，则要继续沿用上一年的预算方案。"另外还有一例，当外务省一再保证不入侵满洲时，关东军却目中无人地强行侵占了满洲。军部总是利用内阁成员意见不一的时候贸然强行采取行动。如同在等级制中的其他领域，人们对于军部的做法通常采取接受服从的态度。并不是因为他们赞同这些做法，而是他们早已习惯了这种等级关系，也不赞成逾越特权界限。

在工业领域，日本政府所采取的工业发展策略完全不同于西方国家。同样，是由这些"阁下"们统筹安排、制定规则。他们根据自己的需要，利用政府资金建立并扶持重工业企业。由政府委派人员管理并经营这些企业。他们不断从外国引进技术人员并派人到国外学习先进技术。当这些企业步入正轨或他们感到时机成熟时，政府就以所谓的"极低价格"卖给金融寡头，即以三井和三菱两大家族为首的著名大财阀。这些政府高层们深知工业的发展对日本的经济将起到至关重要的作用，因此，他们不会让这些企业的发展完全受市场供求关系或自由竞争规律的支配，在关键时刻，他们总要出手相助、加以干预。但是日本政府的这些政策并不具有社会主义性质，受益的并非普通民众，最终获利的仍是那些大财阀们。最终，日本政府以最小的投入和支出，逐渐建立起一批政府发展需要的支柱产业。

日本政府在工业领域采取的一系列措施使我们认识到日本的工业发展道路和西方资本主义国家的工业发展道路是完全不同的。比如，通常来说，一个国家首先要发展轻工业产品，而日本却首先发展重工业。其中，兵工厂、造船厂、钢铁厂、铁路建设等得到了优先发展。同时，技术水平也得到了不断的提高。但是，政府不会把这些企业都卖给大财阀，一些大型军工企业仍然牢牢掌握在政府手中，政府向其提供财政拨款。

日本政府只对一些优先发展的企业进行扶持，对于一些民生行业则交给一些中小企业甚至是家庭作坊来运转。正如其他领域一样，日本的工业领域中也存在自由领域。在这些领域中，政府对他们的生产经营不加干涉，因此，这些民生行业中的商人们享有一定的自由度。他们的经营模式通常是投入最少的资金、利用大量的廉价劳动力来维持生产经营的正常运转。这些行业并不需要现代技术做支撑依然能够运转得很好。在美国，我们称这些小企业为“家庭血汗工厂”。通常情况下，一个小生产商购进原材料后将其委托给一个家庭作坊或只有四五个工人的小工厂进行加工，然后将半成品收回再转给其他工厂进行再加工，最后将成品卖给经销商或出口商。20世纪30年代，日本大约有53%的工人是在这种由不到五人组成的小工厂或家庭作坊里工作。他们中大多数人都是学徒工，雇主对他们实行家长式的管理，另一些人则是在大城市中带着孩子做工的家庭妇女。

对于日本政府来说，在工业领域建立双重制与在政治宗教领域中建立的双重制一样重要。因此，日本的政治家们认为需要在工业金融领域也建立一个贵族阶层，从而能与其他领域中具有相同地位的阶层建立联系。为了达到此目的，他们首先建立一批重要产业，然后对那些具有政治前途的商人委以重任，这些商人们也就理所当然地获得了工业金融领域中的高层地位。这样，在日本的工业领域中就形成了与政治、宗教领域中相同的等级制，政府高层也就实现了他们与大财阀的联盟。在政府的保护下，这些大财阀不但获得了巨额的财富，同时也拥有了很高的社会地位。但是这些金融贵族们却受到了对金钱和利润的看法比较传统的日本民众的指责，政府则总是用公认的等级制观念对他们施加保护。尽管拥有政府的支持，但他们仍然遭到了少壮派军官和农民的不断攻击。然而，受到日本民众攻击最多的是"成金"，而非那些大财阀。"成金"常被译作"暴发户"，也许这个解释并不能完全表达日本人对"成金"的理解。在美国，暴发户常常被称作"新人"。由于这些人不善交际，举止不够文雅，因此常常受到人们的嘲笑，但对他们勤劳致富、白手起家的创业精神敬佩不已。他们原先都是小商小贩甚至一无所有，靠着吃苦耐劳的精神，最后一跃而成为石油巨头。但日本人对"成金"的理解却不同。"成金"一词来自日本的将棋，意指"小卒"摇身一变为"女王"。这个小卒在棋盘上横冲直撞、耀武扬威，简直把自己当成了不起的“大人物”，其实他们在等级制中一点地位都没有。而且，日本民众认为他们的财富主要是靠欺诈和剥削得来的，所以非常鄙视他们。这一态度，与美国人对待“白手起家的人”的态度迥然不同。尽管日本政府为这些大财阀们在等级制中争取到一定地位并与他们结成联盟，但他们违背本阶级利益而取得的不义之财，同样会遭到舆论的猛烈抨击。

因此，日本人的世界观总是以这种等级制为基础的。无论是在家庭生活中还是在人际交往中，他们的言行都要和各自的年龄、辈分、性别以及阶层相符。同样，在政治、宗教、军队以及工业领域中，他们也要严格遵守等级制的规定。无论职位高低，都要安守本分、不可越权，否则就会受到惩罚。只要人人都能做到“各安其位”，他们就会获得一种安全感。由于受到等级制的各种束缚和限制，从某种意义上来说，他们有时应该会感到不自由、不安全，但这些情绪只是稍纵即逝的，因为他们早已对这种制度带来的好处和弊端习以为常。他们对于等级制的信奉，如同美国人信奉自由和平等一样。

日本人梦想着把这种“安全模式”应用到其他国家去，让其他国家也信奉这种世界观，最终受到了致命的打击。由于日本人从小就开始树立等级制观念，因此他们早已习惯了这种生活模式，如果想把这种模式强加给其他国家的人们，那是不现实也是不可能的。其他国家对日本人的这种狂妄的想法更是深恶痛绝。尽管遭到排斥，每占领一个地区时，他们仍然大肆宣传该主张。当日军进驻占领区时，他们竟然会对当地居民的不友好感到震惊，因为他们觉得既然已经给了这些居民一定的地位了，尽管地位很低，但他们应该知足才是，怎么还会有如此表现呢？日军曾拍摄过很多关于中国人热爱日本的战争宣传片。影片大多描述的是穷困潦倒的中国女孩与日本士兵相爱后，过着幸福的生活。这和纳粹的征服手段有很大不同，但最终也难逃失败的命运。他们总是把自己的标准强加给别人，而又想当然地认为别人也会接受，这可就大错特错了。其他国家不可能接受其“各安其位”的等级观，因为他们从来就没有这种观念，这是日本社会独有的产物。很多日本作家在描写这种道德观时，都没有进行过多的阐释，因为他们认为没有必要赘述。但是，对于我们来说，只有了解了这种道德观，才能真正地了解日本人。

第五章　受恩者

在英语里，我们经常将自己称作“历史的继承人”，但两次世界大战的残酷爆发以及严重的经济危机的出现使我们不再那么自信。但经历这么多的变化后，我们并没感到对历史有太多的亏欠，因为世事难料，谁也无法预见将来会发生什么。但东方人却不这么认为，他们认为自己是历史的受恩者。他们那些崇拜祖先的习俗并不是我们所理解的简单崇拜，也不是完全表达对自己祖先的崇拜，而是用仪式来祭奠所有过去得到的恩情。而且，他们认为不但受恩于过去，就连平时与人交往中他们也不断得到恩惠。因此，他们就要在日常生活中通过自己的行为来偿还这种恩情。因为西方人很少注意到社会对自己的恩赐，比如自己能够享受到良好的医疗条件、教育、社会福利以及能够平安地来到这个世界上等等，日本人就会对我们的行为感到不理解，认为我们没有一颗报恩的心。和美国人不同，那些品德高尚的日本人从不说“谁的恩情都不欠”。他们从不忽视过去。日本人认为，每个人都应该时时刻刻怀有一颗感恩的心，因为你时常受恩于人。

东西方之间的差异说起来简单，但在生活中却很难辨识。只有了解了日本人的这种负恩的心理，才能明白为什么日本人在战争中会表现出极端的自我牺牲精神，以及为什么会因为一些小事招来他们的怨恨。欠别人人情的人很容易被激怒，而时时刻刻怀有报恩的心理又让日本人肩负着沉重的责任。

我们无法用英语中的“obligations ”（恩惠、义务）一词来准确表达汉语与日语中所说的“恩”。他们所说的“恩”包含很多层含义，不是一个词能够概括的。日语中的“恩”涵盖生活中所有的恩情，无论是来自于社会的还是个人的，都可以称之为“恩”。如果用英语来解释其含义的话，我们可以用一系列的词，比如，“义务”、“忠诚”、“关心”、“爱”来解释，但这些词都不能准确地表达其意。如果它等同于“关心”或“爱”的话，那么我们就可以说日本人对自己的孩子有恩，但这样说有些欠妥。“忠诚”也不能完全表达日本人所说的恩情。他们所说的“恩”大抵可以理解为一个人所要承担的责任义务、对别人的亏欠以及对恩情的回报。一个人可以心安理得地接受上司或长辈施予的恩情，却无法接受晚辈甚至地位相同的人的恩情，这会让他们感到难为情甚至感到很自卑。当日本人说某人“对自己有恩”的话，意思就是说“我对此人负有义务”。因此，这个对他们施恩的人就是他们的“恩人”。

“铭记恩情”其实是一种真情的流露。日本小学二年级阅读课本中有一篇《不忘恩情》的小故事，是讲给上德育课的小孩子们听的。

哈奇是一条可爱的小狗。刚一出生就被人抱走了。那人非常疼爱它，就像疼爱自己的孩子一样。在主人的悉心照料下，原本瘦弱的哈奇日渐强壮。每天主人上班的时候，它都会送主人到车站，傍晚主人下班时它又去迎候。

后来，主人去世了。也许并未意识到主人的离世，它依然每天去车站等候主人归来。每当电车一靠站，它总会立刻迎上去在人群中寻找主人的身影。

时光流逝，一晃很多年过去了，人们依然能够看到老哈奇每天出现在车站前，苦苦寻觅自己的主人。

这个故事寓意着忠诚和奉献，就是这种“恩”的反映。这就正如儿子要记住母亲的恩情，就是说他要对母亲忠诚，就像故事中哈奇对它的主人那样忠贞不渝。这个“恩”不仅仅是指儿子要爱母亲，而是要记住母亲为儿子从小到大所做的一切牺牲和奉献。既然有恩情就需要报答，就需要付出爱。从某种意义上说，日本人认为“爱”其实就是一种应尽的义务，一种对恩情的回报。而美国人却认为“爱”是一种真情的自然流露，是自愿给予的、不求回报的。

在日本，最高的“恩”就是“皇恩”。对于天皇的恩情，人人都应叩拜接受，并以自己的无限忠诚作为报答。他们认为，没有天皇的恩典，怎么会有安定的社会局面以及幸福的生活呢？从古至今，日本人眼里最大的恩人就是其最高领袖。这个最高领袖在不同的时代所指不同的人，比如，曾经是地方诸侯、封建领主或者是幕府将军，如今则是天皇。到底谁是这个最高领袖并不重要，难能可贵的是，几个世纪以来日本人“牢记恩情”的习惯一直延续至今。近代以来，日本人千方百计把这种恩情归于天皇，生活中也充满着对天皇的感激。战争期间，每一支以天皇名义分发给前线士兵的香烟都让人铭记天皇的恩典。出征前赐给士兵的每一口酒更体现了皇恩浩荡。因此，为了报答这种无边无际的皇恩，士兵们会选择浴血奋战、战死沙场。例如，战争中出现的神风队员自杀式的攻击就是在报答皇恩。那些为了守卫太平洋岛屿而战死的士兵也是在报答浩荡无边的皇恩。

除了天皇的恩典外，日本人也会接受其他恩典，首先就是父母之恩，这也是东方孝道的基础。因为父母对子女有恩，因此儿女必须尽孝报恩，也就是说必须服从父母的权威。日本的子女会很自觉地服从父母的安排，而德国人就不同。虽然德国的父母在儿女面前也享有权威，但有时他们需要强制子女服从。日本人对孝道的理解是很现实的，他们经常说“不养儿不知父母恩”，也就是说，父母为了照顾儿女健康地成长，付出了巨大的心血，没有什么能超过父母对自己的恩情。因此，在祭奠祖先时，他们首先想到的是照料过自己的人，那么首先需要祭拜的人就是自己的父辈，然后才是离自己较近的祖辈，至于其他亲属，则不被列入祭拜的行列。当然，我们必须得承认从呱呱坠地那天起，我们无时无刻都离不开父母的照顾，即使长大后也离不开父母的关心。因此，父母之恩深似海。日本人认为美国人在对待父母之恩上和他们有所不同。正如一位日本作者所言：“美国人所谓的不忘父母之恩就是要善待自己的父母而已。”日本人不光善待自己的父母，他们还会把不求回报地哺育自己的下一代作为一种报答父母养育之恩的方式。因此，人们会像父母当年照顾自己那样精心地去照顾自己的子女，以回报父母之恩。

日本人认为老师和主人对他们有一种特殊的恩惠，因为在自己的成长道路上他们给予了很大的帮助。因此，在他们遭遇困境时，一定要倾力相助，甚至在他们去世后，也要对他们年幼的亲属多加照顾。尽管时光流逝，却不能削减他们的报恩之情，这种强烈的感情只会与日俱增，就像银行的利息一样，越积越多。受人之恩，非同一般。日本人常说："滴水之恩，当涌泉相报"。恩情对于日本人来说就是一种重任，有时这种重任会超越一个人的意愿。

日本人之所以能够坚持自己的报恩行为，完全是由于他们首先承认自己受到了恩惠并且在回报别人的恩惠时无怨无悔。在上文中我们提到，日本的等级制观念业已渗透到其生活的各个领域，受这种传统思维的影响，他们能够严格履行自己的报恩义务，这是西方人所无法想象的。对于日本人来说，如果自己的上级总是善待自己，那报恩是再自然不过的事了。日语中"爱"这个词很有意思，它经常用来表达上级对下属的"爱"。日语中的"爱"翻译成英文是"love"。上个世纪的西方传教士们在翻译基督教中的"love"一词时，就译为"爱"，他们认为这个词是最贴切的。在翻译《圣经》时，通常用这个词表达上帝对人类的爱以及人类对上帝的爱。但在日文中特指上级对下属的爱。在西方人看来，上级对下属的爱应该是一种"家长式的爱护"，但在日文中它的含义不止于此，它还包含一种亲情上的关爱。当代日本，仍然可以用这个词来特指上对下的爱。但由于受到基督教用语的影响以及日本官方也在努力打破这种等级的界限，现在这个词也可以用来表达同级间的爱了。

日本人并非总愿意接受恩情，因为他们不喜欢欠别人的情。他们常说“让某人受恩”，这句话用英语可以翻译成“imposing upon another”。尽管英文中“imposing”有强加给某人的意思，但也可以用来表达日语中表示赠予某人某样东西或为某人提供帮助的意思，因为有时候日本人觉得别人的帮助会让他们感到很难为情，内心并不想接受这个恩情。日本人最怕突然接受陌生人的恩惠，他们会为这些人的恩惠而感到烦恼，因为在他们的思维中以及旧的等级制关系中，接受了别人的恩惠就必须要回报。如果与施恩者有点头之交或是地位相当，他们也会感到不快。因此，他们会尽量避免这种麻烦。在日本，街头发生事故时，他们也大多会袖手旁观，这并非是人情淡漠，而是因为他们知道任何非官方的干预都会让当事人背负人情债。明治维新前有条法律规定：“如果发生争吵或纠纷，旁人不得干预。”如果没有得到当事人同意就妄加干涉的话，会遭到别人的猜疑，以为此人另有所图。另外，受恩者也会觉得欠了别人很大的人情债。因此，在公共场合日本人会非常小心谨慎，不会轻易地给予他人帮助，从而不让自己卷入“恩”的麻烦中。甚至是接受陌生人的一支烟也会让他们感到不安，他们总是会很礼貌地说：“实在是过意不去。”一个日本人向我解释说：“这种情况下，你如果能够直接告诉对方接受他的恩惠会令你很为难的话，心里也许会感到好受些，因为你可能为对方做不了什么来报答他，所以你会感到很羞愧。”“过意不去”在此有多种含义，既可译作英文中的“thank you”（谢谢），意指谢谢别人的烟，也可译为“I’m sorry”（抱歉），因不能回报别人的恩情而感到抱歉。有时还可译为“I feel like a heel”（感到惭愧），因为别人的慷慨相助让你感到很惭愧。

但这些词都无法准确表达日语中“过意不去”的含义。

日语中有很多表达感谢的词，这些词都用来表达接受别人的恩惠时的不安心情。在日常生活中使用最广泛的，也就是在百货商店里店员经常用的“谢谢”这个词（日文用ありがとう），它的本义并不是谢谢，而是店员认为顾客的光临给他们带来了恩惠，表达了一种恭维的心情。当接受别人的礼物时或在其他很多场合都可以用这个词。另外还有几种表示感谢的词句，如“实在过意不去”（Kino doku），这是表示接受别人恩惠时的为难心情。小店店主经常说的是“すみません”（对不起、抱歉）。它的本义是：“这怎么得了呢？”在这里的意思是：“我接受了您的恩惠，但现在我却无法报答您，所以感到非常抱歉。”“すみません”（对不起、抱歉）在英语中通常被译为“Thank you”（谢谢）、“I' m grateful”（非常感谢）或“I' m sorry”（对不起）、“I apologize”（很抱歉）。比如在大街上，一阵风吹走了你的帽子，别人帮你捡了回来，在这种场合，你用这个词最合适不过了。当别人把帽子还给你时，出于礼貌你应当表达自己接受恩惠时内心的不安：“虽然从未谋面，但他却施恩于我，我却无以回报，内心深感不安，如果能对他表达歉意，心情才会好受些。”“すみません”也许是日语里最常见的致谢语。用这个词所要表达的意思是：“虽然我接受了他的恩惠，但接过帽子并不意味着我们的恩情结束。但我又不能为他做什么，毕竟我们是素不相识的人。”

在日本人看来，还有一个更能强烈表达人们负恩心情的词即“かたじけない”（愧不敢当）。这个词的汉字写作“辱ない”、“忝ない”，意思是“受辱、蒙羞、感激”。它在日语

词典中的解释是：你受到了特别的恩惠，而又觉得不配接受，这时你就会感到羞愧和耻辱。你用这个词来表明自己在受恩时感到特别羞愧。在下一章我们会讲到，这种羞愧（耻）感是日本人最难接受的。一些保守的店主在向顾客道谢时，仍会说“かたじけない”（受之有愧），顾客买货要求赊账时也喜欢说“かたじけない”。这个词在明治以前的小说中，是经常出现的。一个出身卑微的美丽姑娘在宫廷做侍从时被领主选中做妾时她会说：“かたじけない”，意思是说：“我不配受到如此恩宠，您的仁慈让我感到受宠若惊。”同样，在决斗中被当局赦免无罪的武士，也会说“かたじけない”，意思是说“深蒙您的大恩，我简直无脸见人。我对我的低劣行径感到十分懊悔，对您的宽宏大量表示深深的谢意”。

以上的例子充分显示出“恩的影响力”。人们在接受恩惠时往往具有矛盾的心情。在日本人的思维中，既然接受了别人的恩情就要努力去报答。欠别人的恩情会令自己感到很难受，有时也会引起怨恨的情绪。日本著名的小说家夏目漱石就在他的名著《哥儿》中把这种心理形象地描绘出来了。主人公哥儿在东京长大，首次来到一个乡下的小镇教书。很快他就发现自己与同事们格格不入，很难融洽相处。其中只有一位年轻的老师跟他合得来。一次外出时，这位新朋友请他喝了一钱五厘的一杯冰水，约相当于零点二美分。没多久，一个爱挑事的老师告诉哥儿说他的好朋友在背后讲他的坏话。哥儿相信了那个搬弄是非的人说的话，立刻为那个朋友曾经请他喝冰水而感到不安，心想：因为喝了他的一杯冰水而欠他的情实在是没面子。虽然只花了一钱五厘，但接受这种人的恩情，令我死不瞑目。

当初接受他的恩情，也是对他心存好感，相信他的人品。本来我可以自己付钱，却接受了他的恩惠，也向他表达了谢意，这种感情不是能用金钱来衡量的。尽管我无权无势，但我却有独立的人格，我能接受他的恩情，这比什么都可贵。虽然他为我破费了一钱五厘，却让我背负了巨大的人情债，这个代价太大了。

第二天，他就把那一钱五厘丢到了那位朋友的桌子上。因为只有先偿还了那一杯水的恩情，才能解决目前他俩之间的矛盾。也许他们会打一架，但必须首先了结之前的恩情，因为那已不是朋友间的恩情了。

在美国，为这些鸡毛蒜皮的小事而大动干戈的事，只会发生在拉帮结派的青少年或精神病患者身上。但在日本，这却被视为一种美德。没有多少日本人在处理问题时会像哥儿这么极端，他们认为多数人都不会太较真。在日本评论家眼里，哥儿是一个“性情刚烈、单纯直爽、正义凛然的人”。作者曾说，哥儿这个人物其实描写的就是他自己，评论家们也觉得哥儿的性格正是作者性格的真实写照。在日本人看来，这是一个歌颂美好品德的故事，因为故事中的哥儿认识到了别人对自己的恩情并不是能用钱来衡量的，并努力还清了人情债，让自己不再陷于受恩的烦恼中。他们只愿从正直或敬重的人那里接受恩惠。故事中，哥儿在愤怒中将这位朋友和关爱他的乳母对自己的恩情做了比较。多年来，乳母一直偏袒保护他，认为家人对他缺少关心，因此，经常偷偷给他一些糖果、彩色铅笔之类的小东西。有一次，竟然给了他三块钱。“她对我无微不至的关怀让我受宠若惊。虽然从乳母那接受三块钱感到有些羞愧，但我还是把它当做借款收下了，尽管至今未还”。那么，既然对朋友的一分一厘都很在意，为什么至今未还乳母的三块钱呢？哥儿自言自语道：“未还的原因是乳母总是让我把她当做自己人，我也非常敬重她，我能心情坦然地接受这份恩情。”因此，朋友的恩情和乳母的恩情是不能比的。由此我们可以看出日本人对恩情的不同态度。尽管他们对别人的恩情有着矛盾的心情，但只要施恩者是自己人，是志同道合、受敬重的人，就可以心安理得地接受他们的恩情。就像是在大街上帮他捡帽子的人，如果假定他们俩很谈得来，就不会把这点小恩放在心上。但是如果两个人之间没有很亲近的关系又发生了平白无故的恩情就会令人烦恼无比。哪怕是很小的恩惠，也会让人感到怨恨和苦恼。

日本人认为，在任何情况下，都不要轻易接受别人的恩惠，否则，你就会给自己带来麻烦。最近某杂志“咨询栏”上刊登的一封读者来信就是一个很好的例子。这个栏目相当于我们的“失恋之友”，专门为那些失恋者提供建议，它是《东京精神分析杂志》上的一个专栏。在这个栏目中，专家的解析并不是弗洛伊德式的，而是具有日本特色的解答。一位老先生写信求助道：

> 我有三个儿子和一个女儿。十六年前妻子去世后，为了儿女，我没有再婚，孩子们也一直很赞成我这么做，认为我很伟大。如今孩子们都成家了。八年前，小儿子结婚时，我搬到了离家不远的一栋房子里居住。说出来让人感到很难为情，三年来我一直跟一个娼妓交往。我对她的

不幸遭遇深感同情，所以就花了一小笔钱替她赎身，并将她带回了家，教她一些基本礼仪，让她住在这干些保姆的活。她很会料理家又比较节俭。但是，我的儿子、儿媳、女儿、女婿因为这事都看不起我，和我形同陌路。我并不怪他们：这都是我的错。

她的父母并不了解实情，再加上她又到了适婚的年龄，因此总是写信劝她回家。于是，我去看望了她的父母并解释了我们的关系。她们家非常贫穷，但她的父母却不是贪心的人。他们同意我们继续在一起并保证以后不打扰我们，权当没有这个女儿。她也愿意陪伴在我左右，与我相守到老。但我们的年龄相差过于悬殊，外人看起来还以为我们是父女，所以我也想过要放弃这一段情，把她送回家。但我的孩子们一直认为她是为了想占有我的财产才和我在一起的。

我疾病缠身，也时日不多了。希望你能为我指点迷津，我将感激不尽。最后我还想说的是，尽管这个女孩曾经由于生活所迫做过娼妓，但她品性不错，父母也不贪财。

专家认为老人把自己对子女的恩情看得过重了，所以才会对子女的反对感到如此不满。因此，编辑在给他的回信中写道：

你说的这件事很常见……

在我正式向你解答之前，请允许我先说两句。从你的来信可以看出，你希望从我这儿得到你所想要的答案，这实在是令我感到为难。我很敬佩你能为了孩子们一直单身未娶，但你不能因为自己的付出而让他们永远背负对你的恩情，并以此为你现在的行为开脱，这点我不赞同。我并不是说你城府很深，但你的确是个意志薄弱的人。你还不如直接告诉你的子女你确实需要一个伴侣，他们也许会理解你。但你不能老把对他们的养育之恩挂在嘴边，这会令他们很反感。当然人人都有情欲，你也不例外。但应尽力克服自己的欲望。同样，你的子女也不希望你被情欲打败，破坏了你在他们心目中的好父亲形象。然而，事实正好相反，你的行为令他们倍感失望，我完全能够理解他们内心的感受，尽管他们这样做有些自私。你肯定会认为，他们都结婚了，有了各自的家庭并满足了性欲，为什么却阻碍自己的父亲也享受同样的生活呢？这实在是太自私了。但你的孩子们却不这样认为，所以你们之间产生了矛盾。

你认为这个女孩和她的父母都是好人，那只是你自己这么认为。你要知道一个人的善恶取决于他周围的环境和条件。不能因为他们现在不贪图好处就认为他们以后也不会这样做。我认为她的父母能同意自己的女儿嫁给一个行将入土的老头做妾是很愚蠢的。既然他们这么做了，说明他们还是另有所图，只不过没有表现出来罢了。只是你一直把他们想得太好了，认为他们不会这么做。你的子女担心女孩的父母心怀叵测，这也不无道理，我也这么认为。这个女孩现在还年轻，也许没有这种想法，你能保证她的父母也没有这种想法吗?

你现在有两条路可走:

1) 做一个“完人”(无欲无求),和那个女孩一刀两断,这个你也许做不到,因为你的感情是不会允许你这么做的。

2)“做回常人”(不再掩饰自己的内心),说出自己的想法,不要太在意子女的态度,让他们忘掉你在他们心目中的光辉形象,让他们知道你也有正常人的需要。

至于财产,你应立即拟定一份遗嘱,明确规定子女们和那姑娘的份额各占多少。

最后你要记住,你现在已垂垂老矣。从你的来信中我可以看出,在好多事上你已经变得相当孩子气了。对待这件事也不能感情用事,要冷静思考。尽管你一再强调你是为了让这个女孩脱离苦海,但我觉得你实际是让她扮演一个母亲的角色。我们都知道婴儿没有母亲是生存不下去的,所以我劝你选择第二条路。

从这封信中我们可以看出日本人对待恩的态度。一个人如果给予别人很重的恩情,他自己也会遭受到痛苦,因为他总是认为别人亏欠自己,哪怕是对自己的子女施恩。除非他尝试去忘掉自己对别人的好,但这样做会令他感到很痛苦。而且,无论他以前对子女付出多少,都不要整天拿自己对他们的恩情来邀功论赏,更不能以此来为自己的行为辩护,否则就大错特错了。孩子们对他有怨恨情绪也很正常,因为他没有一如既往地做个好父亲,从某种程度上来说,他背叛了他们。如果做父亲的认为自己含辛茹苦地把孩子抚养成人，他们就应该格外照顾关心他，这种想法是愚蠢的，这只会让孩子们在接受你恩情的同时怨恨你。

美国人对待这样的事却是不同的态度。我们认为一个能为了照顾年幼的孩子而丧失自己幸福的父亲是多么的伟大，孩子们应该对他充满感激才对，怎么还会对他反感呢。为了弄清楚日本人的这种态度，我们不妨把这种恩情看成一种金钱交易，因为只有利用这种假设，我们才能理解他们。我们把父亲给予孩子的恩比喻成借钱给他们，当有一天，父亲不但要求他们还钱还要讨回利息时，孩子们当然会反感了。这样，我们就可以理解为何日本人在接受陌生人的香烟时会觉得过意不去，而不是直接表示感谢，因为他们觉得这样就欠了别人的人情而不能归还；我们也就能够理解为何对别人施恩反而会带来怨恨；为何哥儿会为了一杯冰水的恩情而大动肝火；但是我们美国人不会用金钱来衡量这些日常琐事，比如，请别人喝一杯冰水；父亲独自照顾年幼的子女而做出的牺牲以及义犬哈奇对主人的忠诚等。然而，日本人就是这样看待施恩与受恩的关系。对于我们来说，关爱、善心和仁慈都是真情的自然流露，不是能用金钱来衡量的，也是没有任何附加条件的。但日本人却不这样认为，他们认为只要你接受了别人的恩情就要背负人情债。正如他们的一句谚语所说："受恩需要有宽阔的胸怀。"

第六章　报恩

对于日本人来说，恩是一种债务，必须偿还，但是报恩却是一种美德，而且要尽一切力量来实现这种美德。日本人认为我们总是混淆恩与报恩这两个完全不同的概念，就像有时我们将责任和义务不分一样。对此，他们感到难以理解，犹如我们难以理解有些部落民族在金钱交易中对债权人与债务人两个概念不分一样。在日本人眼里，恩意味着一个人背负着债务必须偿还，而报恩则是一种积极的、主动的还债行为。一个人能够主动报恩是一种美德的体现。

为了更好地理解日本人的报恩行为，我们不妨将它比喻成一种金钱交易。如果你与别人签订了一份债务合同，合同到期你仍然没有履行自己的义务，就要接受一定的惩罚。同样，如果你欠了银行的债务，一定要连本带息地还清，没有任何可以推辞的理由。这种赤裸裸的交易和我们所说的爱国和爱家完全是两码事。我们认为，爱一个人是发自内心的，是自愿给予的，而不求任何回报。爱国主义就意味着视国家利益高于一切，但只有在大敌当前时我们才能谈得上去爱国，平时也只是喊喊口号。我们美国人并不像日本人那样，从一出生就要背负沉重的恩情债，我们认为孩子照顾年老的父母、丈夫爱护妻子以及抚养子女都是天经地义的事。这样的感情付出完全和金钱扯不上任何关系，也不会想到会获得任何报酬。而日本人却把这种爱与欠债还钱等同视之，如果在日本有恩不报就会像美国人欠债不还那样受到制裁。他们并不是只有在战争爆发才想到爱国，也并不是自己的父母病重时才想要报答父母的恩情，他们时时刻刻都想着报恩，就像纽约的农民时刻担心自己的抵押贷款，华尔街的资本家刚刚把股票脱手却发现股市大涨一样。

日本人把恩分成两种类型，一种恩是永远偿还不清的，另一种恩需要日后尽力去偿还。这种需要无止境偿还的恩被日本人称之为“义务”，也就是他们所说的“难以回报万分之一的恩情”。这种必须实现的报恩义务分为两种：一种是回报父母的养育之恩，即“孝”；另一种是回报天皇的恩，即“忠”。这两种义务都是具有强制性的，是每个日本人从出生那天起就需偿还的恩情。日本人将小学教育称为“义务教育”，因为没有任何词能够更好地表达这种教育的强制性。人生中也许偶然会发生一些小小的变故，但无论如何，义务永远伴随你左右，并不会因为一些小变故而消失。

日本人的恩与报恩一览表

一、恩情：恩情是指被动产生的义务。我们往往说一个人“受恩”、“背负恩情”，也就是说，“恩情”从接受者的角度看是一种被动的义务。

皇恩——来自天皇的恩惠。

亲恩——来自父母的恩惠。

主恩——来自主人的恩惠。

师恩——来自老师的恩惠。

各种恩——人的一生中与各种人交往所接受的恩惠。

注：所有对自己施恩的人都是自己的“恩人”。

二、报恩：人人都应偿还自己的人情债，也就是所谓的回报“恩人”的恩情。换言之，这是受恩者应该主动偿还的义务。

1.义务：无论怎样努力回报，无论经历多长时间，这种恩情都是无法全部还清的。

忠——对天皇、法律、整个国家应尽的义务。

孝——对父母及祖先（包括后代）的义务。

任务——对自己的工作应尽的义务。

2.人情债：这种恩情需要在一定的时间内对施恩者进行等量偿还。

（1）欠世人的情义，包括：

对领主的情义

对姻亲的情义

对那些施与自己恩惠的人的情义。比如接受他人的礼金、得到别人的帮助以及同事间的互助等。

对非直系亲属（如叔伯、姨舅、姑婶、表兄妹、堂兄妹等）的情义，并不是因为受了他们的恩，而是因为从共同的祖先那儿受到的恩。

（2）对自己名誉的维护与挽回。

当受到侮辱或遭遇失败时，人人都有责任和义务通过报复或复仇的方式来为自己“洗刷”污名（注：这里的反击、报复行为不应被看做是对他人的侵犯）。

不承认自己在工作中无知或无能。

人人都应遵守日常礼仪，行为要规范，在生活中不做与自己身份不符的事情，在不如意的时候要学会克制自己的感情等。

日本人的忠孝都是无条件的义务，这和中国人所说的精忠报国以及孝敬父母意义不同。自公元7世纪以来，日本就不断地从中国引进一些包括“忠”、“孝”在内的伦理道德体系，“忠”、“孝”这两个字都来源于汉语。但中国人并不认为忠、孝是无条件的义务。因为在忠、孝之上还有代表更高道德的“仁”，通常被译为“benevolence”（仁慈，博爱），它几乎代表了西方人眼中所有的美好人际关系。中国的忠孝是以“仁”为条件的，父母要“仁”，统治者要“仁”，如果君主或父母不仁慈，忠孝也就不存在了。对于不仁不义的君主，人民完全可以揭竿而起。因此，“仁”是忠孝的先决条件。统治者们能否坐稳江山完全取决于他们是否施行仁政。在中国的伦理道德体系中，“仁”是检验一切人际关系的标准。

日本人并不接受中国的仁义理论。著名的日本学者朝河贯一在谈及中世纪中日两国对待“仁”的差异时写道：“在日本，这种观点显然与天皇的绝对权威不相容。所以，即使是作为学术理论，我们也从未全盘接受。”事实上，“仁”在日本是被排斥在传统伦理道德体系之外的，它完全失去了在中国伦理道德中崇高的地位。在日语中，“仁”被念作“jin”（仍用中文的“仁”字）。“行仁”或“讲仁义”对于那些身居高位的人来说也不是必须具备的美德了。由于“仁”被排斥在日本的伦理道德体系之外，“仁”更多的时候是指做一些积德行善之类的事。比如投身于慈善事业、筹集善款、赦免犯人等。但这的确是分外之事，并不会要求每个人都这样做。

在日本，“行仁义”还有另外一种含义，它可指代黑社会、地痞流氓的行侠仗义行为，这种“仁义”是非法的。在德川幕府时代，那些烧杀抢掠的流氓经常以此为荣，他们认为这就是所谓的“行仁义”。这些人只能佩带单刀，而武士们却佩带双刀以示区别。如果一个逃犯向另一个帮派需求帮助，怕遭到他的同伴报复就会将其收留，这也是一种“行仁义”。到了现代，“行仁义”就更加具有贬义了。人们只有在谈及如何惩罚那些不良行为时才会使用这个词。例如，日本媒体曾这样报道：“这些低贱的劳工们还在到处行仁义，必须对他们进行严厉地惩罚，警察要确保制止这种猖獗行为。”报道中所说的就是黑社会中流行的“仁义”行为。特别是现在日本的小包工头们，他们就像本世纪初美国港口的意大利包工头那样，非法雇佣童工并从中牟取暴利，他们的这种行为也被称为“行仁义”。由此我们可以看出，中国的“仁”字几乎被他们完全曲解了。日本人就是这样大肆地篡改、贬低中国道德体系中的传统美德，这使得他们丧失了“仁”的约束。因此，孝道完全成为一种无条件的义务，不管父母的行为有多么可恨与不公，你都要包容并履行自己的孝道。只有当对父母的孝与对天皇的忠发生冲突时，才可以暂时放弃自己的孝道。无论父母是否值得你去行孝，抑或是他们会破坏你的幸福，你都必须去尽孝。

日本近代的电影中有这样一个故事：由于农村发生大饥荒，有些父母为了保住一家人的性命，不得不将自己的女儿卖去妓院挣点钱。有位乡村教师为了挽救这个学生，就向村子里的人筹集了一笔钱，想把这个女孩赎出来。没想到这笔钱被他的母亲发现并偷偷地给挪用了。其实，这位母亲一点也不穷，她自己经营着一家不错的餐馆。当这位老师知道钱是自己的母亲偷的之后，出于“孝道”，他必须自己承担这个罪责。他的妻子发现真相后，揽下了所有的责任并留了一封遗书，然后自己怀抱婴儿投河自尽了。后来大家都知道了这件事，却没有人去责怪造成这场悲剧的母亲。这位儿子尽了自己的孝道，随后只身前往北海道修养疗伤，以便能够更好地去面对未来的考验和磨难。他被称为日本人的道德楷模。在我看来，这场悲剧的罪魁祸首就是这位偷钱的母亲，但我的日本朋友却不这样认为，并强烈反对我这种美国式的判断。他说，孝道有时会和其他美德发生冲突，如果影片中的主人公足够聪明的话，他就能找到一条既能“尽孝”又能“无损于自己尊严”的好办法。但是，如果他因为这件事去责怪自己母亲的话，哪怕只是心里有这个想法，都是会受到良心谴责的。

在日本，年轻人一旦结婚就要严格履行尽孝的义务，我们可以在小说中或现实生活中发现很多这样的例子。除了少数思想开明的家庭之外，大多数传统家庭中孩子的婚姻都是由父母做主，通过媒人牵线来选择结婚对象的。在挑选儿媳这件事上总是家里人说了算，而不能由儿子自己来做主。这不仅仅关系到门第与财产问题，更重要的是，儿媳将来也会被载入他们的家谱，为他们传宗接代，因此媳妇的好坏直接影响下一代。通常是由媒人先安排一次非正式的见面，双方的家长也都参加，但男女双方在初次见面时并不交谈。有时父母会为儿子选择一桩利益婚姻，女方能够从这桩婚姻中获得财富，而男方则通过这种方式攀上名门望族。但有的父母为儿子挑选媳妇时则把人品放在第一位。为了报答父母的养育之恩，无论父母做出什么安排，儿子都会遵从父母的意见，尽管是自己的婚姻大事。婚后，他更要孝敬自己的父母。尤其是家里的长子，结婚后他还要和父母住在一起。不幸的是，婆婆和儿媳一向水火不容。婆婆总爱对媳妇百般挑剔，甚至会自私地把儿媳赶走，尽管儿子和儿媳非常恩爱，相处非常融洽，婆婆也会把他们拆散。在日本的一些小说和许多个人自传中，都细致地描写了妻子的苦难以及丈夫的痛苦。但是，儿子为了“尽孝”，不得不尊重父母的安排，只能选择结束自己的婚姻。

有一位现定居美国的日本妇女，由于接受了西方文化的熏陶，所以思想比较开明。她向我讲述了一个真实的故事。几年前她在东京时收留了一位年轻的孕妇，由于得罪了婆婆而被赶出家门，尽管她的丈夫很痛苦但也不敢吭声。当时她身体非常虚弱又伤心欲绝，但她从未因此责怪过自己的丈夫。随着孩子即将出生，她渐渐找到了心灵寄托。但孩子刚一出生，她的恶婆婆就带着那个懦弱的丈夫来要孩子。考虑到孩子是夫家的后代，她忍痛让他们把孩子带走了。但没想到这个狠心的婆婆竟然把孩子直接扔到了孤儿院。

以上这些例子都是在讲日本的孝道，无论子女有多么不情愿，他们必须尽孝，因为所有这些都是在报答父母的养育之恩。而在美国，这些都会被看做是外界对个人追求幸福权利的干涉。日本人并不认为这是一种干涉，因为他们认为报答父母的恩情是理所当然的事情，所以应对父母的建议言听计从。

他们的这种孝道就如同美国的故事中所描述的那些诚实正直的人那样，他们历经各种磨难，努力去偿还自己的债务。这些人被认为是品德高尚的人，他们为自己赢得了自尊，并能够勇敢地接受生活带给他们的磨难和挫折。虽然这种报答行为很崇高，但这些年轻人的心里总会有一丝幽怨。在形容自己的“痛恨之物”时，缅甸人认为是“火灾、洪水、小偷、官吏和坏人”；而日本人却认为是“地震、雷电、家长（一家之长、父亲）”。

日本人并不会像中国人那样还要对几百年前的先祖以及由共同的祖先繁衍下来的众多宗亲尽孝，他们只对近几代的祖先讲究孝道。每年他们都会重新撰写祖坟上的碑文，添上新近逝去的亲人，而对于那些在记忆中已经模糊的祖先的墓则很少过问，也不再为他们在家里的佛龛中供奉牌位。他们只会为眼前的长辈或者逝去不久还可以被记住的长辈尽孝。许多评论家都认为，和中国人比起来，日本人缺乏想象和抽象思维的能力，日本人的孝道观恰好印证了这点。然而，这种孝道观具有很重要的现实意义，即他们只为活着的人尽孝。

日本人与中国人的尽孝不仅仅是对父母或祖先的尊崇，他们认为抚养子女也是报答父母之恩的一种表现，然而，西方人则认为照顾子女是父母的本能。日本人却始终相信：对祖先“尽孝”的最好方法就是像父母照顾自己一样精心地照顾自己的子女。日语中没有特指“父亲对子女的义务”的专门词汇，因此父亲对子女的义务已经全部包括在对父母及祖父母的孝道中了。孝道要求一家之长承担很多义务，例如抚养子女；让子女接受教育；管理财产；向有需要的亲戚提供帮助及其他各种各样的类似的日常事务。但是，根据日本的孝道，这个人并不需要对很多人去尽义务。比如，如果儿子早逝，那么父亲有义务抚养他的遗孀和孩子，同样，对于早年丧夫的女儿，他也有义务去照顾她们一家。但是，他却没有义务去照顾丧偶的侄女或外甥女，如果这样做了，只能说明他很看重手足之情。抚养和教育自己的子女都是应尽的义务，如果他想抚养教育侄子或外甥的话，通常是把他们先过继过来成为养子，否则他没有义务这样做。

尽管他们对贫困的直系亲戚有救助的义务，但也不会像是对待自己的父母或子女那样充满敬意和慈爱。一个寄人篱下的年轻寡妇经常被称为“冷饭亲戚”，因为她只能吃些残羹冷炙。平时，家里的人可以随意使唤她，对于别人的一切决定她也必须服从。由于是穷亲戚，她的子女也会受到同样的待遇。有时，她们的境遇会好些，但并不意味着这位家长必须善待她们。兄弟之间也没有义务要互相关爱。当兄弟两人水火不容时，只要哥哥能够履行对弟弟的基本义务，他就会受到赞赏。

在日本的家庭里最大的矛盾来自于婆媳之间。媳妇在这个家里永远被看做外人，因此她要竭尽所能讨婆婆欢喜，按照婆婆的意思来办事，以求更好地融入这个家庭。有时，婆婆会故意挑剔媳妇，并公开宣称她配不上自己的儿子，这完全是嫉妒心使然。但是正如日本的谚语所说：“可恨的媳妇却能生出可爱的孙子”，因而婆媳间也是应讲孝道的。媳妇刚进门时总是会唯唯诺诺、温和顺从的，但随着时间的流逝，这些温顺可爱的小媳妇也会变成百般挑剔、吹毛求疵的婆婆。媳妇在年轻时并不敢表现出自己的不满，但这并不意味着他们就真的是温顺贤良的人。到了晚年，她们就会把多年积压的怨气一股脑地发泄到新媳妇身上。如今，很多日本女孩经常会说希望自己未来的丈夫不是家中的长子，因为她们不想和霸道的婆婆在一起生活。

在日本人眼里，尽孝是一个人的义务，并不一定会得到家人的赞扬。在有些文化中，一个人能为家庭做出牺牲是要受到整个家族的尊重与赞扬的，但在日本却不同。正如一位日本作家所说："日本人非常重视家庭的整体观念，对于家庭成员的个人利益则不会考虑太多"，因此，有些人总是在尽孝时产生怨恨的情绪。当然，并不是所有的日本家庭都这样，但大部分如此。他们强调义务和报恩，作为家中的长者，他们有责任监督年轻人，当需要这些晚辈们做出牺牲时，即使他们憎恨这样做，也必须要服从，否则就会被认为不孝。

日本人在尽孝时有一个典型的特点，即家庭成员间有时会有怨恨的情绪。但是对于天皇的忠就不会发生这种情况。因为日本的政治家们早已处心积虑地将天皇神化，并将其奉为远离世俗尘埃、不食人间烟火的神明，其权威神圣不可侵犯，只有这样，这个脱离世俗的神才能让全体国民团结在一起为其效劳。说天皇是国民之父是不够的，这是因为，尽管作为一家之长的父亲在家庭中履行各种义务，但他并不一定是位"值得尊重的人"。而天皇却不同，他应该是远离一切世俗杂念的圣父。效忠于天皇就是一种美好品德的表现，所有国民都应对这位"至善之父"万般敬仰。明治早期的政治家们在考察西方各国后这样写道："在这些国家中，统治者总是与人民水火不容，因此冲突不断，这与日本精神是不符的。"因此，回国后，他们在《宪法》中规定："天皇是神圣不可侵犯的，天皇对内阁大臣的一切行为均不负任何责任。"天皇只是国家的最高象征而不是行使权力的国家元首。既然天皇在近七个世纪的时间里都从未执掌过政权，因此，天皇可以继续充当这个幕后主角。明治的政治家们需要做的就是在日本国民心中树立天皇至高无上的崇高地位，对天皇绝对地效忠。封建时代的日本，"忠"主要是指对世俗首领即幕府将军效忠，但漫长的历史证明，这些忠都无法让全体国民实现精神上的统一。在过去的几个世纪里，将军既是军事首领又是最高行政长官，尽管下属都应对他"尽忠"，但试图推翻其统治乃至要加害于他的情况仍时常发生。对将军的忠经常与对领主的忠产生冲突，但由于要直接受制于领主，这种直接的主从关系使得对领主的忠更强烈，而对将军的忠则要冷淡些。因此，每当发生战乱时，他们都会拥护自己的领主与将军作战，并试图建立自己的政权。明治维新的先驱与领袖们以忠于天皇为口号与德川幕府进行了上百年的激烈斗争，而天皇则隐居幕后，每个人都可以按照自己的想象来塑造天皇的崇高形象。正是这种效忠于天皇的思想宣传使得他们取得了改革的最终胜利。明治维新运动就是尊王派的胜利，推翻了将军的统治，天皇成为至高无上的尽忠对象。因此，我们可以称1868年的政变为"王政复辟"，天皇继续隐居幕后，他将权力下放给各位大臣，不亲自管理政府和军队，也不亲自颁布政令，而是由一批经过精心挑选的顾问们来帮他执掌政务。而真正的变革发生在精神领域中，人人都应对这个神圣天皇进行无条件地报恩，因为他被推崇为国家统一、长治久安的象征。

根据日本的民间传说，皇室是天照大神的后裔。日本人所尽忠的对象能够如此轻易地从将军转移到天皇身上，这个传说起到了一定作用。但这个传说所赋予的天皇的神性并不像西方人想象的那样重要。事实上，即使是那些完全否定这种神学观点的知识分子也从未对必须效忠于天皇提出过任何疑问。对于那些信奉天皇神裔论的普通老百姓，他们对于天皇的效忠态度也是西方人所不能理解的。日语中的“神”（かみ），也就是英文的“god”，其本义是指“首领”，在此可译为等级制的顶点。与西方人不同，日本人认为人与神之间并没有太大的界限，他们认为人死后都会变成神。在封建时代，他们所效忠的对象是等级制的首领，尽管这些首领并不具备神性。日本人能转而效忠于天皇的另外一个重要因素就是，日本在历史上只有一个皇室，皇位也是世代相袭、一脉相承的。虽然西方人认为日本的皇位世袭制与英国、德国的不同，让人感到有些荒谬和不可思议，但这种评价却毫无意义。日本有其自身特点，皇室也一直延续着世代相袭的传统。日本历史与中国历史也有很大不同，中国在历史上经历了三十六个朝代更迭，可日本却没有这种情况发生。虽然经历了种种变迁，但其社会结构及模式从未改变过。在明治维新前的一百年间，反德川势力正是利用这种“万世一系”的理论，而不是天皇的神裔理论来发动群众的。他们认为，既然“效忠”的对象是等级制中的最高领袖，那么天皇就是这个高高在上、需要万民景仰的人。他们把天皇供奉为国家的最高祭司，但这种角色并不一定就带有神性。因此，天皇在日本国民心中的这种至高无上的地位要比简单的神裔理论影响更深。

近代的日本也在努力使天皇人性化，让全国的民众都能效忠于天皇本人。明治维新后的第一任天皇是一位德高望重的人，他在位多年，充分得到了民众的认可和爱戴，自然成为整个国家的最高象征。他很少在公众场合露面，每次露面都会举行隆重的庆典仪式。当民众向天皇行跪拜礼的时候，所有人都鸦雀无声，更没有人敢抬头直视天皇。而且任何人都不能从高处俯视他，因此，二楼以上的所有窗户都必须关闭。天皇召见他的顾问们也是有等级区分的。只有少数的内阁大臣有谒见天皇的特权，其他的执政官员根本没有面见天皇的资格。天皇一般不对有争议的政治问题发布诏书。他所颁布的诏书一般都是关于道德、节俭方面的，或者是宣布某项争议已解决以便安抚民心。当天皇即将驾崩时，整个日本几乎变成了一座寺庙，所有人都跪拜在地为他虔诚地祈祷。

通过以上这些方式，天皇成为公认的国家的最高象征。就像美国人对星条旗的忠诚超越一切党派之争一样，天皇在日本人的心目中也是神圣不可侵犯的。但我们对国旗的尊崇又和日本人对天皇的尊崇有所不同，我们对待国旗有一套严格的规定，不是常人所能想象到的。而日本人在尊崇天皇的同时又努力使其人性化，这样天皇作为一个人，心中惦念着国民，国民就会不顾一切地为天皇做出贡献。国民更会为天皇的眷顾而感到欣喜异常，为了替天皇分忧，他们宁愿牺牲自己的生命。日本的文化是注重“人”的文化，因此，天皇在日本人的心目中要比国旗重要得多。如果一个教师认为人的最高义务就是爱国的话，那么他有可能被认为是个不称职的教师，因为除了爱国外，应把对天皇的效忠报恩放在第一位。

臣民对天皇的“忠”通过两种方式来实现，一是臣民通过自己的实际行动来直接报答天皇，为天皇“分忧”；二是通过服从大臣传达下来的天皇的谕令来间接效忠天皇。“秉承天皇旨意”比任何命令都有号召力。罗里曾讲述过这样一个故事：在和平时期的一次军事演练中，带队军官下令，没有他的准许，任何人都不能喝水壶里的水。日本军队要求士兵们要在极恶劣的环境下连续行军五六十英里。在训练当天有二十多人由于口渴和疲劳而中途倒下，其中五人丧命。最后打开这些士兵的水壶一看，他们竟然连一滴水都没有喝。这是因为士兵们认为“军官的命令是秉承了天皇的旨意”。

在一些民政事务中，例如丧葬或赋税，国民都要受到“忠”的制约。税吏、警察和地方征兵官员都是国民效忠的对象，因为他们都是天皇的代表。日本人认为，遵纪守法是对天皇最好的报答方式。在这一点上，日本人和美国人的想法完全不同。对于美国人来说，任何新的法律——从街头交通标识到个人所得税，都是对个人自由的干涉，都会在全国激起民愤。至于联邦法律，更是遭到公众的双重质疑，因为它还干涉了各州的自由立法。而且，美国民众普遍认为联邦法律是华盛顿的官僚们强加到自己身上的，必须进行严正的抗议才能维护自己的自尊心。日本人认为美国人的这种做法简直目无法纪、无法无天。而我们则认为他们是缺乏民主观念的顺民。更确切地说，由于两国国民对待事物的看法不同，行为方式也就不同。美国人更加关注处理自己事务的自由，而日本人关注的则是如何报答皇恩。这两种处理事务的方式都各有其缺陷。对于我们来说，即使制定的法律有利于整个国家，也很难让民众接受；

对于日本人来说，他们一生都要为背负恩情所累。也许，每个日本人都能在守法的前提下找到释放压力的方法。他们有时会欣赏某种暴力行为，大胆的行动以及私下的报复，美国人却不这样。然而，尽管日本人有各种特殊行为，但对天皇的忠却是不容置疑的，忠对国民的约束力也远远超出了我们的想象。

1945年8月14日日本的投降充分显示了这种“忠”的力量。许多熟悉并了解日本的西方人士都认为日本是不可能投降的。他们坚持认为，幻想亚洲和太平洋诸岛上的日军能够和平地放下武器的想法简直是太天真了。许多日本军队在地方并未战败，而且他们始终认为发动这场战争是正义的。日本本土也到处是誓死顽抗的反动派，那么占领军派去日本本土上的先头部队人数就不能太多，否则一旦跨出海军战舰的射程保护之外，就有可能被残杀。在这场战争中，日本军队血腥残暴、极其好战。然而，美国的分析家却忘记了“忠”的作用。只要天皇一声令下，战争马上就会停止。在天皇还未宣布停战之前，那些反对投降的顽固派们还围住皇宫，试图阻止天皇宣布停战诏书。但一旦下诏，所有的日本人则马上服从。不论是满洲还是爪哇等地的前线指挥官，还是本土的东条英机都不再反对停战。因此，当美国军队在机场着陆时，竟然受到了当地人们礼貌的欢迎。一位外国记者曾这样写道：早晨着陆时盟军还是手不离枪，中午时就把枪放在一边，傍晚时则优哉地在街上闲逛采购纪念品了。日本人现在是遵照天皇和平的旨意来使“陛下安心”，而在一周前，他们还叫嚷着哪怕用竹枪也要誓死保卫国家、驱逐蛮夷，替陛下分忧。

日本人的这种巨大转变，使西方人感到不可思议，因为他们不能够理解日本人的情绪变化会如此之快。一些西方国家曾设想，如果有一天日本选择投降的话，只能是其遭遇灭国或发生革命后才会走这条路。但这两种设想如果是针对西方国家来说，也许是对的，但却不适用于日本，因为我们不能用西方思维来理解日本人的行为。在被和平占领了几个月后，日本人并没有任何反抗行动，因为他们并不认为自己被打败了。我们不能用西方的是非标准来评判日本，日本并不是西方。日本人也不会像西方人那样起来革命，也不会对占领军进行暗中破坏。日本人有自己的思维方式：他们认为自己的无条件投降是对天皇的效忠，只要是天皇的命令，他们就应绝对服从，哪怕是让他们投降。即使战败了，他们仍会把效忠天皇作为最高信仰。

第七章　难以承受的情义

日本人经常说，最难承受的是接受别人的情义。一旦欠了别人的情义，就要尽力去报答，就像是履行自己的义务一样。但这种对情义的报答和对父母以及天皇的报恩却有所不同。在英语中很难找到与日语“情义”相对应的词。情义这个概念，是日本人特有的概念，它所包含的特殊道德义务，令对世界文化了解很深的人类学家都感到很奇特。忠和孝是日本和中国共有的道德规范，尽管这两个概念在日本其涵义有所改变，但它们所包含的道德意义基本相同。而“情义”的起源既不是来自中国的儒教，也非来自东方的佛教，它是日本特有的道德规范，如果不了解日本人的“情义”是怎么一回事，就很难理解他们的许多行为。日本人在谈到自己做某事的动机、获得好的名声以及遭遇坎坷时经常会牵扯到他们所要报答的“情义”。

在西方人看来，日本人的“情义”包含很多内容（参阅第六章的《日本人的恩与报恩一览表》）：从报答恩人的恩情到替亲人复仇的义务。难怪日本人很少向西方人解释“情义”的含义，连他们自己的辞典中也很难找到对这个词的确切定义。

有一本日语辞典是这样解释的（我的翻译）：“情义”就是正道，做事应该遵循的规则，为了避免遭到其他人的非议而做自己不太情愿做的事。这个解释有可能会让西方人感到困惑，但“不太情愿”这个词却表明了“情义”与“义务”的差别。一个人的义务不管有多么艰巨，他都必须去勇于承担，因为这是对其近亲及其统治者应负有的一种责任，这种责任和义务是与生俱来的。尽管在履行某种义务时会有些情绪，但“义务”的定义中绝不会有“不情愿”做的意思。相反，人们在偿还“情义”时似乎内心充满了不快，这种人情债也通常让人感到难以承受。

情义又分为不同的两大类。一类姑且称之为“对社会的情义”，也就是向有恩于自己的人报恩；另一类可称之为“对自己名誉的情义”，亦即个人有责任维护自己的名誉不受任何玷污，类似于德国人的“荣誉”之说。“对社会的情义”大致可以描述为履行一种社会契约关系，是指一个人对自己姻亲所承担的责任和应报答的恩情，和“义务”不同，“义务”则是特指对自己直系亲属的义务，是一种与生俱来的责任。岳父或者公公被称作“情义”上的父亲，岳母或婆婆被称作“情义”上的母亲，而兄弟姐妹的配偶或者配偶的兄弟姐妹都被称作“情义上的兄弟”或者“情义上的姐妹”。在日本，婚姻的本质就是两个家庭之间的一种契约关系。因此，日本人要对配偶的家庭终身履行“情义”的义务。在履行这种契约性义务时，最沉重的恐怕是对双方父母的情义，因为婚事是他们安排的。尤其是年轻的儿媳对婆婆的“情义”最为沉重，正如日本人所说的那样，媳妇永远都是外姓人。丈夫对岳父母的义务有所不同，虽然不像媳妇对婆婆的情义那样沉重，但也并不轻松。因为当岳父母有困难时，女婿必须伸手相助，借钱给他们，同时还要履行一些其他的契约性义务。正如一位日本人所说：“儿子长大成人后孝敬自己的母亲，那是一种出于对母亲的爱，并不能称为情义。”凡是发自内心的行动都不能说是“情义”。然而对姻亲的义务完全就是在履行“情义”了。不论付出多大的辛苦，他们都要认真去完成，否则会遭到别人的指责：“这个人真是无情无义。”

日本人对待姻亲的态度最明显地体现在“入赘女婿”身上，由于他们是主动上门到女方家，因此他们所肩负的情义更重。在日本，如果一个家庭里只有女儿没有儿子时，他们通常会为其中的一个女儿招婿上门以延续香火。这样的话，该男子则要注销自己在原户籍中的姓，而改随岳父家的姓氏。由于是上门女婿，又要来到妻子家生活，他们对待岳父岳母则更要尽心尽力，甚至死后也要安葬在岳父家的墓地里，这就像把女儿嫁到别人家一样。有时招婿上门并不仅仅是因为家里没有儿子，很多情况下是双方家庭的利益需要，也就是所谓的“政治联姻”。有的情况是女方家比较穷但家世很好，这样男方在为女方家带来金钱支持的同时也提高了自己的阶级地位。有时是女方家比较富有，能够为男方提供更好的受教育机会，因此他入赘到女方家。还有一种可能的情况是女方的父亲想让自己的生意后继有人。无论是哪种情况，这种家庭关系带给女婿的情义责任都非常沉重，因为在日本，将自己改姓而入赘到别人家是一件很重大的事情。在封建时代的日本，这些婿养子或入赘女婿为了证明自己的忠诚，他们始终要与岳父并肩作战，甚至有时要杀掉自己的亲生父亲。而在近代的日本，情况也同样如此，这些“政治联姻”中的入赘女婿由于背负了沉重的情义包袱，所以他们不得不终生为岳父的生意或家族利益而效劳。尤其是在明治时期，这种安排有时会让双方家庭都受益。但是日本人是非常瞧不起入赘女婿的，他们有句古语说：“有米三担，决不入赘。”日本人之所以有这种厌恶的情绪主要还是由于“情义”的缘故。就像美国人所说的那样：“这不是堂堂七尺男儿做的事！”总之，人们在履行“情义”时总是感到很为难，感到不情愿，因而“情义”成为人们日常交往中所背负的沉重的心理负担。

日本人不仅要对自己的姻亲履行“情义”，同时还要对叔伯、姨舅、侄甥等旁系亲属承担“情义”的责任。对于中国人来说，这些人也算是近亲，但日本人并不把他们列入自己的孝道范围内，这也是日本与中国在家庭关系方面的一个重大差异。在中国，对于上面提到的这些近亲，甚至比这关系还要远的亲属他们都会一样对待。但在日本，这类亲属只能算是“情义”上的亲属，对他们也只是在履行一种契约式的义务。日本人认为，这些亲属对他们并没有什么恩情，帮助他们只是在报答他们共同祖先的恩情而已。虽然抚养自己的孩子是他们应尽的义务，但如果去照顾远房亲戚的孩子则完全是出于“情义”。当他们不得不去帮助这些远亲时，他们通常会像帮助自己的姻亲时那样很纠结，认为自己总是受困于这种摆脱不掉的“情义”中。

与对姻亲履行的情义比起来，日本人更重视另一种传统的“情义”关系，即武士对领主或对同伴的情义，因为日本人非常看重自己的名誉并忠于领主与同伴。很多传统的文学作品中都颂扬这种"情义"，将其视为武士的美德。在德川幕府尚未统一日本之前，人们认为这种情义比对将军的忠还要重要，当时人们的效忠对象是将军。12世纪时，有位大名私自庇护一个和他的将军作对的领主，将军知道此事后，命令他把这个领主交出来，大名感到非常为难，他不想为了将军而背叛自己的朋友。他对将军的这种非难感到非常愤慨，并拒绝违背情义，哪怕是冒着不忠的罪名。因此，他在给将军的回信中这样写道："对于您的要求，我感到无能为力，一个品行高尚的人应特别看重情义，我不能对自己的朋友背信弃义。"这封回信一直被保留至今。日本的很多历史故事中都描写了古代日本武士的这种崇高的德行，有些故事一直流传至今。这些故事后来还被改编成能乐剧、歌舞伎和神乐舞蹈。

这些故事中最著名的是12世纪一位名叫辨庆的日本浪人的故事。他身材高大，勇猛无敌，是一位没有主子，靠自己力量谋生的武士。除去拥有一身蛮力外，他一无所有，只好寄宿在一家僧院里，僧侣们都很惧怕他。他经常跟过路的武士比武过招，很多人都命丧他的刀下，他把收缴来的刀剑加以变卖，为自己购置了很多武士的行头。后来，他向一位相貌平平、看起来武艺一般的年轻领主挑战，没想到这次却遇到了真正的对手，两人功夫相当，几个回合下来，辨庆就被打败了。后来得知此人原来是源氏的后裔，大名鼎鼎的英雄源义经，当时正在筹划恢复其家族的将军地位。此时，辨庆甘愿向源义经俯首称臣，跟随其左右。为了报答主人收留自己的情义，辨庆在战场上英勇善战，立下赫赫战功。然而在一次交战中，由于敌我双方力量悬殊，两人不得不带领家臣撤退。为了躲避追踪，他们化装成为寺院化缘的游行僧。在逃亡的过程中，为了避人耳目，源义经装扮成了一个普通僧人，而辨庆则扮成了他们的头目。就这样，他们混过了很多关卡。每到一处敌人的关卡，辨庆就会拿出事先编造好的募捐簿诵念一番，都能蒙混过关。然而在到达最后一个关卡时，敌人对源义经起了疑心，因为尽管他装扮成一个普通僧人，但他那高贵的气质却无法掩藏。于是哨兵又把这些人叫回来审问。在这个危急时刻，辨庆心生一计，他上前给了源义经一个耳光，这下消除了敌人的怀疑。因为，根据常理，如果这位僧人是源义经的话，下人是绝不敢动手打他的，打主人耳光是违背情义，大逆不道的。辨庆的这个大不敬行为挽救了所有人。待他们到达安全之处，辨庆立即俯伏在地，请求赐死。源义经并不责怪他，而是慷慨地赦免了他。

这些古老的故事中所体现的情义是发自内心的、毫无抱怨的，对于现代的日本人来说，这种纯粹的、没有任何不情愿的情义关系早已不复存在，这只是在那个年代里人们的一种美好梦想。如果“情义”与“忠”发生冲突，人们会毫不犹豫地去履行自己的“情义”义务。在当时的封建社会下，“情义”是最受人们推崇和珍视的一种人际关系。一个有情有义的侍从就应对自己的主公忠贞不渝，哪怕献出自己的生命也在所不惜。而一个懂情义的主公，也应体恤自己的侍从，对他们倍加爱护。

当然，这只是一种理想化的状态。日本封建时代的历史中也出现过很多背叛的例子，有些“忠诚”的武士也会在战斗中被敌对大名收买。甚至，正如下一章所要讲到的，如果侍从受到了主公的侮辱，他们就会弃职而去，甚至会去投靠敌方，这没有什么不可能的。日本人既会赞扬誓死效忠的行为，同时也会对这种复仇行为津津乐道，因为这都属于情义的范畴，前者是对主公的情义，而后者则是为维护个人名誉而进行的复仇行动，同样也是一种“情义”。这种矛盾性始终存在于日本文化中。

然而，对于现代的日本人来说，这些关于忠诚的古老传说，只不过是一个梦想而已。现在所谓的“报答情义”已经不再是指对主人尽忠，而是指履行各种各样的义务。每当谈到“情义”时，人们通常会充满怨恨，认为这种义务是迫于舆论压力而不得不违背自己的意愿去做的事。因此，经常会听到人们这样说：“完全是出于情义才订的这门亲事”，“出于情义我才雇佣那个人的”，“出于情义我必须得见他”，等等。他们还常常会说“为情义所困”。这句话可译成“I am obliged to it”（我被迫这样做）。还有一种说法是“他用情义来强迫我”，“他用情义逼得我走投无路”。从以上言语中我们可以看出，他们在履行情义时是多么的不情愿，但由于以前接受过别人的恩惠，现在必须要报答，不管你多么不愿意这样做。无论是在农村，在小商小贩的交易中，还是在上层社会的大财阀圈里，甚至是在日本内阁中，人们都会“被情义所困”，“为情义所迫”。一个追求者可以利用两家的世交来向未来的岳父施加压力，从而迫使他把女儿嫁给自己。同样，有些人也会用同样的手段来强购农民的土地。这些迫于“情义”的人无论有多么不情愿，最终也会答应对方的要求。因为正如他们所说的那样："如果我不答应恩人的要求，我就会遭受无情无义的骂名。"这正像英语里所说的：for mere decency's sake。为了面子，他们不得不这样做。

对于日本人来说，欠别人情义必须要偿还，这是天经地义的事情，这和摩西十诫中所规定的道德准则不同。当一个人迫于"情义"时，他可以暂时放弃正义。因此他们常说："为了情义，我才行此不义。"而且，"情义"也和"爱邻如己"不同，"爱邻如己"要求发自内心地去关心爱护别人，而"情义"则是被迫的。他们认为：一个人必须要履行"情义"的义务，如果不这样做，他就会遭到世人诟病，会说他无情无义，他将感到羞愧难当。正是因为如此，人们才不得不遵守"情义"。的确，在英语中，"对社会的情义"常常被译为"服从公众的舆论"（conformity to public opinion）。"这件事只能这样做，因为这是对社会的情义"在词典中被译为"除了这么做，我别无选择"。

为了更好地理解日本人所谓的"情义"概念，这里我们不妨把情义比作我们所说的欠债还钱。如果美国人收到一封信或是接受了别人的一个小礼物，又或是接受了别人的建议，他们不会觉得应该立即对这些善意的行为进行回报，至少不会觉得像他们必须要偿还银行借款或付清利息那样急迫。在金钱交易中，如果美国人不能及时地偿还自己的贷款，他就会遭遇信用危机，也就是要面临破产，这是对欠债不还最严厉的惩罚。然而，日本人则把不能报答情义的人视为是人格上破产，这对一个人影响非常巨大。在日常生活中，与人交往就意味着随时都有可能产生情义，这样，日本人就会非常谨慎行事，尽量避免因为自己的某些言行而产生相应的义务。而美国人则不会把这些小事放在心上，即使接受了别人的好意，也不会考虑要不要偿还的问题。日本人则需要谨小慎微，唯恐自己被情义所困。

日本人的情义概念和美国人的欠债还钱还有另外一个相似之处就是，两者都需要等量的偿还。这一点则和“义务”完全不同。一个人应尽的“义务”是毫无止境的，无论你付出多少，都无法完全还清。而“情义”则不是无限度的。在美国人眼里，日本人总是抱着滴水之恩必将涌泉相报的态度，而日本人则不这样认为，他们认为自己对恩人的回报并不会像尽孝尽忠那样无限，而是与当初别人给予自己的恩情相当就可以了。另外，美国人对日本人的馈赠习惯也感到很奇怪。例如，每个家庭每年都会准备两次礼品来偿还六个月前所欠的赠礼。佣人也会每年给雇主送礼，以答谢其雇佣之恩。日本人很忌讳回礼比自己得到的恩惠多，因为他们认为这样做会让对方感到面上无光。说得难听一点好像是送礼的人想“用小鱼钓大鱼”似的。因此，在回报别人的“情义”时要慎重行事，要懂得情义相当的道理。

在日常交往中，不管是劳务往来还是物品往来，人们都会将这些往来明细记录下来，以便于以后找到合适的机会还礼。在农村，这些记录通常由村长来保管，有些则是由参与劳动的人保管，或者由家庭成员保管。若村中有人过世，亲戚们都会带上“帛金”前去送葬，另外还会带些祭幛。邻居们都会来帮忙，女的主要是来帮厨，男的则负责帮着挖墓穴或做棺材等。在须惠村，村长有一本账簿专门记录这些事情。对逝者家庭来说，这份记录非常珍贵，因为上面清楚地记录着左邻右舍都送了什么礼，帮了什么忙。这样，当其他的村民家里出了事的时候，这户人家就可以根据册子上的记录来还相应的礼。以上这些都是长期的往来记录。此外，还有一些像宴会那样的短期往来。比如帮助制作棺材的人通常由举丧的家庭款待饭菜，作为回报，他们则带些大米来答谢。当然，村长也会将这些大米记录在册。在参加宴席时，客人们会自带一些米酒作为部分酒资。不管是生老病死、婚丧嫁娶，还是插秧、盖房或是日常聚会，他们都要将这份“情义”详细地记录在案，以备日后进行回报。

日本人在对待“情义”上还有一点像西方的欠债还钱理论。那就是，如果逾期未还的话则会产生相应的利息，那么，报答拖延之后也应更多地回报人家。著名的生物学家埃克斯坦（Eckstein）博士曾谈起自己与一位日本制造商打交道的故事。这位商人出资让埃克斯坦博士去日本搜集有关野口英世的传记资料。埃克斯坦博士回到美国后将这些资料整理成册并将手稿寄给了那位商人。然而此信一去无回，仿若石沉大海、音讯全无。这令他感到很担心：难道是书中的内容冒犯了这位日本人？于是他又接连发出了好几封信，但仍然没有回音。转眼几年过去了，有一天，博士突然接到了这位商人打来的电话，说他正在美国，要去拜访他。果然，几天后，这位商人便登门造访，还带了几十棵日本的樱花树作为礼物。这份礼物太厚重了。但对于日本商人来说，这是理所应当的事，因为报答被拖延之后就要加倍补偿。这位日本人对埃克斯坦博士说：“您会不会觉得我当时没有立刻回报您是件好事呢？”

那些迫于“情义”的人通常会因为回报别人的时间被拖延

得过长而背负更多的人情债。比如，有人向一位小商人寻求帮助，而这人恰好就是这个小商人小学老师的侄子。这位学生由于在年轻时无力报答老师的恩情，因而这份“人情债”就会连本带息地不断增加。现在，无论有多么的不情愿，他都要答应老师侄子的要求，以此来偿还对老师的恩情。否则的话，他就会遭到世人非议，认为他是个无情无义的人。

第八章　澄清名声

对于日本人来说，“情义”的另一个重要内容就是要维护自己的名声，这与接受和回报别人的恩德不同，只是为了维护自己在别人面前的面子。所谓对名誉的“情义”，其实就是为了不让自己的名声遭到玷污而尽的义务。这种“情义”包含很多美德。对于西方人来说，这些美德有些时候是互相矛盾的，但日本人却不这么认为。维护自己的名誉是自己应尽的本分，并不属于“恩的范畴”。因此人们在保全自身的名誉时，不需要考虑以往别人对自己是否有恩。为了维护好自己的名誉，就要做到以下几点。首先要举止得体，按符合自己身份的各种礼仪的要求办事，在困境中表现出很强的忍耐力，努力维护自己的职业和行业声誉。履行对自己名声的“情义”还需要努力消除别人对自己的侮辱和诽谤，因为诽谤会玷污自己的名声，因而必须洗清。必要时会对诋毁自己的人进行报复，或者是选择自杀。除了这两种极端的方法外，人们还会采取其他的报复手段。但令他们最不能容忍的就是对这些诽谤一笑置之。

日语中并没有一个专门的词语来表达我所说的“对名誉

的情义”这个概念。他们只是将其描述为报恩以外的情义。因此，这种情义与对社会的情义有所不同，对社会的情义是指接受了别人的恩惠就应有回报的义务，而对名誉的情义则包含了一种为了维护名声而产生的一种报复行为。对于西方人来说，感恩和报仇是两个完全对立的概念，但日本人却不这样理解。他们认为，只要别人对我有恩，我就要加以回报，但并不意味着你对我有恩，将来有一天你伤害了我，侮辱了我的名声，我就能原谅你，不采取任何报复行动。因此，在他们看来，使用报复手段去维护个人名誉也是一种美德，是勇于维护自己名誉的美德。

在日本，这两种情义的回报都算是美德。一个正直的人不但会记住别人对他的恩惠，同时在遭到别人的侮辱时，他也会铭记在心的。所以这两种“情义”，他们都要回报，只不过回报的方式不同罢了。西方人认为，回报自己的恩人是对的，是一种正常的行为，但要报复别人则是一种侵犯行为。日本人并不像西方人那样把它们区分为侵犯和非侵犯。他们认为只有那些“情义”范围之外的行为才算是侵犯行为。所以为了替自己洗刷污名而采取的行动并不是侵犯别人而只是在算清旧账。只有把自己受到的侮辱、诽谤彻底算清了，这个世界才能恢复公正和平衡。正直的人有义务来维护这种正义，这也是一种美德，而不是人性的罪恶。欧洲历史上的某些时期也有过类似的美德，那时的人们也将感激和维护名誉等同视之。在文艺复兴时期的意大利，这种“情义”曾经盛极一时。在很多方面，它与古代西班牙人所推崇的勇敢el valor Espol（西班牙文）以及德国人所说的名誉die Ehre相似，甚至还有些像一百多年前欧洲流行的决斗行为。凡是视这种情义为美德的国家，无论是在日本，还是在西欧的其他各国，人们道德价值观的核心都是为了维护自己的名誉不惜牺牲物质上的利益。一个人越是肯为了“名誉”而牺牲自己的财产、家庭甚至生命，他就越会被人们视为品德高尚的人。这也是他们所提倡的精神价值的基础。这种名誉观确实让他们遭受到巨大的经济损失，但我们却不能以简单的得失来衡量他们的行为。这种做法和美国人为了经济利益而进行的残酷竞争形成了鲜明的对比。在美国，人们会为了获得政治或经济上的某种利益而争得你死我活，有时甚至会发动一场战争，而完全不去顾及名誉。至于肯塔基山中的居民们为了名誉而发生斗争的事件，只是一个例外罢了。现在这种为了维护名誉而战的例子已经越来越少了。

这种为了维护名誉而产生的敌视情绪以及报复行为并不是亚洲国家所特有的，也并不具有所谓的东方特质。比如中国人就没有这种特点，暹罗人、印度人也没有。中国人把别人对自己的侮辱和诽谤都看做是“小人之举”，认为那些都是道德水平低下的人才做的事。而日本人则认为：珍视自身名誉是衡量一个人道德品质的重要标准。当受到侵犯时，必须采取一切手段来保护自身的名誉。这种行为被视为一种美德。在中国的伦理道德观中，如果一个人因为受到了他人的侮辱就开始以暴力的手段进行打击报复的话，这将是大错特错的。人们会对这种鲁莽的报复行为感到可笑。同样，中国人也不会费尽心机来力证自己的清白，他们认为最好的办法是让这些谣言不攻自破。暹罗人在对待这类事情上也会采取同样的态度，他们不会对这种侮辱如此敏感。和中国人一样，当受到侮辱时，他们只是认为诽谤者的行为就是小人作为，自己的名誉不会因为这种小人的诽谤而受到损害。他们常常说：“暴露对方真实面目的最好方法就是忍耐和退让。”

日本人对自身名誉的维护还包含另外一个内容，即在遭遇灾难或者痛苦时要能克制自己的情绪，要有超常的忍耐力。这也算是这种情义中所包含的一个非侵犯因素，而复仇只是维护名誉的手段之一。一个自尊心很强的日本人一定是一个懂得自我约束的人。例如，女人在生孩子时不能大声喊叫，男人在遇到困难或危险时不能惊慌失措，而应保持镇定。当洪水快要淹没村庄时，村民们不会惊慌失措、大呼小叫，而是迅速地收拾好要带的物品，然后朝地势较高的地方逃跑。当春分或秋分前后暴风雨来袭时，他们也会表现出同样的镇定。虽然并不是每个日本人最后都能完全做到这样，但它是每个日本人维护自尊心的表现。他们认为，美国人的自尊中不太要求自我克制。在日本，越是身份地位高的人，越应保持自我克制。因此在封建时代，对武士的要求就往往比对普通百姓的要求高。虽然对百姓的要求不那么高，但这已构成了所有日本人的共同生活准则。在这种要求下，武士必须要能够忍耐极端的肉体折磨，而百姓所要忍受的则是武士的凌辱和侵犯。

日本有很多描写武士坚忍精神的故事。武士必须要能够忍受住饥饿，这是对他们最小的要求，这种小事都不值得一提。当武士们饿得半死的时候，却要求他们装出刚刚吃饱的样子，还要拿出牙签剔牙。日语中有一句谚语是这样说的：“雏禽饥饿哀鸣，武士饥饿剔牙。”在这场战争中，这句谚语已成为士兵们的座右铭了。哪怕是身负重伤，他们也不能向痛苦屈服。

日本人的这种态度就像当年拿破仑领兵作战时对士兵的要求一样。一次，一位年轻士兵负了重伤，拿破仑问他："受伤了吗？"士兵回答道："没有，长官，我中弹了，不能为您效劳了。"日本武士就是这样，哪怕将要死亡，他们也不能流露出半点痛苦。面对痛苦，他们要有超常的忍耐力。据说，1899年去世的胜伯爵（幕府末年及明治初年著名的政治家、军事家）出身于武士家庭，但当时家境没落、十分贫寒。在他很小的时候，有一次玩耍时，睾丸被狗撕伤了，被送去医院做手术时，他的父亲用刀指着他的鼻子说："一声都不许哭，否则我就让你死在刀下，至少还能保持一点尊严。"

日本人维护名声的另一个要求是一个人在生活中的花费和使用的物品要和自己的身份地位相符。这就意味着你身处哪个阶层，就只能过哪个阶层的生活，必须严格遵守，否则，就会遭到别人的非议，也就没有了自尊。在德川时代，人们就要遵守幕府制定的奢侈取缔令的各项规定。比如，各个阶层的人应该穿什么样的衣服，买什么样的东西，用什么样的物品都有详细的规定。美国人对这种按出身阶级而制定的法令感到非常不可思议。他们认为，一个人的尊严是和自己的奋斗紧密相关的，要想拥有尊严，就要努力提高自己的社会地位。人人应该享有平等的权利，而不能用这种一成不变的法律法规来限制人们的自由。德川时代的法律规定，某个等级的农民可以给孩子买某种玩具娃娃，而另一等级的农民只能给他的孩子买另一种娃娃，这种做法令美国人感到非常震惊。其实，美国也存在差异，但他们只承认贫富差距给人们带来的不同的生活境遇。美国人会理所当然地认为，工厂主的孩子可以拥有一套玩具火车，而佃农的孩子如果拥有一个用玉米棒做成的玩具就应该心满意足了。他们承认这种收入上的差异，并认为这是合理的。要想提高自己的生活水平，就要努力赚钱。玩具的好坏完全由你的收入来决定，工厂主收入的多，当然可以给自己的孩子买贵一点的玩具，而佃农收入少，则只能玩自制的玩具，这很正常。而在日本，有人想要发财致富时则会遭到别人的猜疑，只有过和自己身份地位相符的生活才会有一种安全感，才觉得有尊严。直到现在，不论穷人还是富人，他们仍然在墨守成规。这种做法对于美国人来说是无法理解的。早在19世纪30年代，法国人托克维尔就在他的书中提到了相关的看法。他出生在18世纪的一个贵族家庭。尽管他对美国的平等观念很赞同，但他仍然钟情于法国贵族式的生活方式。他说："虽然美国人有很多美德，但他们却缺乏真正的尊严。所谓真正的尊严就是要弄清自己的身份，安安分分的生活。贵族就要过贵族的生活，而农民则过农民的生活。"承认阶级差别并不会让人丧失尊严，而试图超越阶级的界限则是一种令人唾弃的行为。从这个角度来说，托克维尔比较认同日本人的生活方式。

在对各种文化进行客观研究的今天，对于什么才是真正的尊严，不同的民族有不同的理解。美国人认为如果政府对个人干预过多，就限制了人们的自由，就违反了平等的原则，而日本人则认为政府的很多规定并没有什么不好，人们可以按照这些规定有序地生活。现在，有些美国人希望把这种平等的原则强加给日本人，他们认为："只有日本也推行这种美国式的平等原则，他们才会获得真正的尊严。"这种做法是不可行的，也是行不通的。如果美国人真的希望日本能够重新树立其自尊，首先他们就应该尊重日本自身的民族特性。正如托克维尔后来谈到的，他承认这种贵族化的“真正的尊严”会渐渐被取代。我们也相信将来会有一种更好的形式将其取代。当然，日本人将来也会改变自己的观念。但就目前来说，日本只能按照他们自己的方式重建他们的自尊，而不是根据我们的标准。

除了做事要和自己的身份相符外，维护自身的名誉还要履行一些其他的责任。比如借钱时，借款人通常要拿自己的名声做担保。上一代人在借款时通常会说：“如果还不了债我愿在大庭广众面前出丑、被人耻笑。”实际上，即使没有做到他也不会受到别人的耻笑，因为日本人没有当众羞辱人的习惯。但是，在临近新年时，借款人必须把所有债务还清。一旦还不了钱，他们将会以自杀来维护自己的名声。直到现在，还有很多欠债人会在除夕之夜自杀，以此来挽回自己的名誉。

日本人在工作中也会全力保护自己的名誉。当遭遇突发事件而受到其他人的指责时，他们就会采取极端的方式来为自己洗清罪名。例如，有些学校突发火灾，使得悬挂在学校中的天皇画像受损，那么这些学校的校长则会感到罪孽深重，往往会以自杀来谢罪。其实，火灾的发生和他们一点关系都没有。还有一些教师为了抢救天皇的画像冲进火场而被活活烧死。他们试图用死亡来证明自己的名誉是多么的珍贵，对天皇又是多么的“忠诚”。还有一些广为流传的故事是说，有些人在一些非常庄严的场合，如宣读教育敕语或军人敕谕时，因为一时疏忽而不慎念错，最后竟然选择自杀来洗刷污名。更让人感到不可思议的是，有人曾因一时不慎而误把自己的小孩也起名为“裕仁”。由于这是当今天皇的御名，在日本必须避讳，最后他只好杀死自己的儿子并自杀，以此来向天皇谢罪。

在日本，专业工作者们都非常注意维护自己在专业领域中的名誉。他们通常对这种“情义”要求严格，但并不像美国人那样要求保持很高的专业水准。教师会说：“为了保全教师的名誉，我不能对我的学生说不知道。”意思是说，哪怕他不知道青蛙属于何种动物种类，他也必须要假装自己知道。即使一个英语老师只学了几年的英语就在学校任教，他也不会承认自己知识的不足，更不能容忍别人来给他纠错。如果一个教师对自己名誉看得很重的话，通常会采用这种方式来维护自己的名声。商人也是如此。他们为了维护自己的名誉绝不会让任何人知道自己公司所面临的困境，也不会承认自己策略上的失败。同样，外交家也不会承认自己外交方针的失败。由此看来，日本人把某人所从事的工作和其本人紧密地联系了起来。对某人行为或能力的批评就等于对他本人的批评。

日本人非常惧怕别人指责自己的无能和失败，美国人也一样。当受到别人无端的指责时，他们通常会暴跳如雷。但他们不会像日本人那样极力掩盖事实，过度维护自己的尊严。如果一位教师不知道青蛙属于何种动物类别，他会觉得老实承认自己的无知要比硬装着自己知道好得多，虽然他也有可能会掩饰自己的无知。如果商人们对自己的设计方案不满意的话，他会考虑换一种方案，这样做并不会有损自己的尊严，就算承认了错误，也没必要像日本人那样要求辞职或隐退。然而，在日本，这种自我维护意识已经深入人心，因此，在大多数情况下，出于礼节，人们不会当面去评论一个人在专业上的错误。

在与其他人的竞争中，日本人会表现得非常敏感。例如，和其他人一起参加面试，最后录用了别人，或者自己在竞争激烈的考试中被淘汰了，这时失败者就会对这种失败特别在意，他们认为这样就会让自己背上耻辱的标记。有些人可能会把这种失败看做是自己前进的动力，但大多数人都会因此而丧失信心，从此一蹶不振。他们整天郁郁寡欢，或对自己的遭遇感到愤愤不平，进而慢慢地陷入绝望之中。因此，我们要充分认识到，竞争对于日本人来说并不是一件好事，并不能激发他们的潜力，只会给他们带来很多负面的影响。在美国，竞争是我们奋发向上的动力和源泉，我们非常看重人与人之间的竞争。心理实验的结果也证明竞争可以促使一个人更好地完成工作。有压力才有动力，当我们独自完成一项工作时，效果当然没有在一种竞争的状态下好。然而，在日本，这种心理测验的结果却正好相反。这种影响在日本人的童年时期表现得并不明显，因为他们年龄尚小，并没有太多竞争意识。但一旦长大成人，他们对输赢就会很在意，这种竞争对他们来说也就变成了很大的压力，他们很容易在竞争中产生受挫的心理。日本人通常在单独工作时，精力很集中，也很少犯错误，工作效率也就很高。而一旦有了竞争对手，他们就容易分散自己的注意力，因而也就容易犯错误，工作效率也就自然地降低了。日本人就是这样，没有竞争对手时，他们总能在工作中发挥最佳状态，但只要有了竞争对手，他们就完全失控了，完全进入不了状态。研究者对日本人这种在竞争状态下的消极态度做了认真客观的分析。他们最后的结论是：如果在工作中存在竞争，那么这个人就会担心失败，因而精力不能集中，工作效率自然也会受到影响。在竞争状态下，人们往往更多地关注对方的行为和动向，总是认为自己正处于一种被侵犯的状态，因而将很大一部分精力放在如何处理与竞争对手的关系上，因而无法专心地工作，更谈不上取得很好的工作业绩。

在这些接受测验的学生中，对他们影响最大的就是，他们总是担心自己会失败，从而产生了巨大的心理压力。就像教师和商人非常注重自己的职业声誉一样，学生们也非常看重自己在学业上的名誉。如果在比赛中失利，他们就会感到无比羞耻。比如在划船比赛中，失利的队员通常会扶着船桨号啕大哭，被击败的棒球队员则会抱在一起，失声痛哭。美国人对于他们的这种行为感到不可理解，他们认为只要有竞争，必然会有失败的一方，输赢乃兵家常事。如果对方赢了，他们会选择挥手致意。虽然人人都想获胜，但失败总是难免的，只有努力提高自己的水平才能有获胜的希望，那种一遇到失败就大哭大闹、情绪失控的行为是他们所鄙视的。

由于惧怕竞争，因此，日本人常会想方设法回避竞争。比如，日本的小学中几乎不存在什么竞争，这是美国人所无法想象的。日本教师的任务是尽力让每个学生都能够提高成绩，这样他们也就不会互相攀比。另外，日本的小学没有留级制度，所有的孩子都是一起入学，一同毕业。他们的成绩单里记载的是他们在学校的表现，而不是学业成绩。但在中学入学考试时，因为要参加统一的入学测试，这时竞争就无法避免了。这时，孩子们会有很大的心理压力，有些学生甚至会因为考试失利而自杀。

日本人在日常生活中也会尽量避免竞争。在这样一个处处需要讲“恩”的社会中，竞争是很难有容身之地的。而美国

葛饰北斋　富岳三十六景之神奈川冲浪里

鏑木清方　明治风俗

鏑木清方　明治风俗

歌川广重　月光下的街道

人就不同，他们推崇在竞争中获得优势。日本社会普遍存在的等级制度也使得人们之间的竞争空间大大缩小了。在家庭中，他们又要遵守严格的家族制度，这样也限制了家族成员间的竞争。比如，由于家庭地位的关系，父亲和儿子就不可能成为真正的竞争对手。因此，日本人会对美国家庭成员的某些行为感到非常惊讶，比如父子会为了谁先用车而产生冲突，或有时只是为了得到妻子或母亲更多的关注而争吵不休。

日本人为了避免在竞争中产生冲突，他们通常会寻找一个中间人来协调关系，这样即使事情办不成，也不会感到没面子，双方也不会产生正面冲突。因此，中间人在很多事情中就起着举足轻重的作用。比如，在提亲、求职应聘、离职或其他的日常事务中，中间人都发挥着为当事人双方沟通的作用。如果两家要办婚事，他们会各自雇用一位中间人，由他们来商谈具体事宜，最后再向双方传达意见。这就避免了双方当事人的直接接触，也会避免在交流中产生的一些不愉快，如果意见不同，他们都会委派中间人出面协商，从而顾及了自己的面子。而中介人也会因为自己的斡旋技巧而博得双方以及社会的尊重和认可，使得他们身价倍增。由于中间人的协调，事情通常会进展得很顺利。无论是求职者想要了解雇主对自己的看法，还是雇员想要把离职的意向传达给雇主，都需要中间人的介入。

除了要尽量避免直接竞争外，为了维护自己的名声，日本人还制定了很多礼节来尽量回避有可能产生的羞辱。日本人认为，主人必须打扮得体后才能出门迎接客人，否则就是对客人的极大不尊。因此，如果去农户家做客，主人还没来得及换下劳动时穿的服装，这时客人就要在门外稍等片刻，等主人换好衣服后再进门。如果客人已经进屋了，主人也照样会把客人晾在一边，先去打扮自己，再去招待客人。在农村，年轻小伙子可以在姑娘已经就寝的时候去拜访她。对于他的求爱，姑娘们可以接受，也可以拒绝。对于这个小伙子而言，最重要的是一定要蒙面行动，这样做并不是怕被姑娘认出，而是怕遭到拒绝后感到羞耻，日后见面也会避免不必要的尴尬。另外，日本人还有一种礼节性的要求就是：对于任何计划，除非有十分的把握能够获得成功，否则他们不会事先张扬出去的。另外，在谈婚论嫁时，媒人最重要的任务之一是要在双方订下婚约前，想尽办法让未来的新娘新郎发生一次巧遇。因为如果在这个阶段就挑明关系的话，万一双方谈崩了，合不来，肯定会让一方或双方家庭的名誉受损。因此，相亲时男女双方都要分别由自己的父母或其中的一人陪同，这时媒人就扮演主角。最通常的做法就是安排男女双方去参观每年一次的菊花展或赏樱会，或者去比较有名的公园或游乐园等等，这样双方就可以装作是偶然遇见。

日本人通过以上种种方式来让自己免遭羞辱。他们认为，一旦自己遭受羞辱，就要尽全力维护自己的名声。实际上，在日常生活中，他们会极力减少让自己遭受羞辱的可能性。其实在太平洋一些岛屿的部落中，那里的人们也非常注重名誉的维护，但他们维护名誉的方式与日本人不同。

在新几内亚及美拉尼西亚等地以种植业为主的原始部落中，人们也会对别人的羞辱怀恨在心，并采取一定的方式进行反击，但他们会把这种侮辱当做动力。比如当一个部落举行宴饮时，他们通常会先挖苦讽刺一下其他的部落，说另外一个部落特别穷，穷得连十个客人都招待不起；又说他们特别吝啬，竟然把芋头和椰子都藏了起来；甚至说他们的头儿可真是无能，竟然连一场宴会都办不好。当听到这些尖酸刻薄的话时，另外一个部落的人们通常会火冒三丈，马上举行盛大的部族宴会，邀请众多宾客，让所有的人都对他们刮目相看，以此来洗清自己的污名。在婚嫁以及经济交往中他们也是如此。另外，在敌我双方交战前，他们也要互相谩骂一番，然后再决一死战。他们还会因为一些鸡毛蒜皮的小事而互相争斗，决一高下。别人的侮辱已经成为他们行动的巨大动力，这种长期的争斗也让他们充满活力。但是这种行为方式总让人感觉有些鲁莽、不懂礼节。

与他们不同的是，日本人非常崇尚礼仪。因此，他们在为自己洗刷污名时会有所顾忌。在日常生活中，他们也会用各种礼仪来规范人们的行为，以此来避免不必要的争端和羞辱。平时，他们不断激励自己取得进步，以免受到别人嘲笑。只有当对别人的羞辱感到忍无可忍时，他们才诉诸武力。正是由于对自身的这种激励政策使得日本能够称雄东亚并在过去的十年间对英美推行的一系列战争政策产生了很大的影响。其实，很多西方人关于日本人对羞辱过度敏感以及他们有强烈的报复心理的评论更适合新几内亚的那些部落，而不太适用于日本，因为日本是个讲究礼仪的国家。西方人之所以在预测日本战败后的反应时不太切合实际，就是因为他们没有认识到，日本人在维护自己的名誉时，其行为还是有所节制的。

虽然日本人讲究礼仪，但并不代表他们会对别人的侮辱置若罔闻。美国人有时可能会随意地说些玩笑话，但日本人通常会当真。因而美国人感到很难理解，为什么日本人会对如此随意的评论这么当真。日本著名画家牧野芳雄在他的英文自传中曾生动地描述了自己在受到别人的“嘲笑”时的强烈感受。写这部传记时他已在美国和欧洲居住了多年，但这种感受如此的强烈，使他仿佛又回到了难以忘却的童年。他出生在日本爱知县的一个农村。他的父亲是地主，家庭富裕，他排行最小，因此自幼备受家人宠爱。在他的童年时光还没结束的时候，他的母亲突然去世了，不久父亲也破产了。为了偿还债款，他们变卖了全部家当，从此家族败落下来。当时牧野唯一的理想是想好好学习英语，将来有一天能够踏上美国的国土，可父亲已经身无分文，感到无能为力了。于是牧野就到附近的教会学校当门童，一边看门一边学习英语。直到18岁时，他还没出过远门，也就去过附近的几个乡镇。但他内心一直渴望能去美国。

> 当时，学校里有一位传教士，我比较信任他。于是，有一次，我把这个想法告诉了他，并希望他能提供一些帮助。但令我非常失望的是，当他听到这个想法时，竟然大声说道：“什么？你想去美国？”他的妻子也在，两人觉得我这个想法很可笑。他们的嘲笑令我感到颜面扫地，顿时无地自容。当时大脑一片空白，在原地僵站了几秒钟后，连声再见都忘了说就冲出去跑回了自己的房间。当时心里只有一个念头：“尽快离开这里，他们打碎了我的梦想。”
>
> 第二天一大早，我就收拾行李离开了。我之所以选择离开，是因为我坚信，世界上最大的罪恶就是对人不诚

恳，而嘲笑他人就是最大的不诚恳！

别人对我发脾气时，我可以谅解，因为生气是人的本性。别人对我说谎，我也能原谅，因为人性总是很脆弱，很多时候没有足够的勇气说出真相。对于那些无中生有的流言蜚语，我也能够原谅，因为大多数时候人们不能明辨是非，难以抵制各种诱惑。甚至对杀人犯，我有时也能酌情原谅。但是对于别人的嘲笑，我却无法原谅，因为正是他们的这种不真诚行为对别人造成了无法弥合的伤害。

在这里，我想讲讲自己对杀人犯和嘲笑者这两个词语的理解。所谓杀人犯就是杀害他人肉体的人；而嘲笑者则是杀害他人灵魂和内心的人。

灵魂远比肉体重要，因此，嘲笑别人是最恶劣的行为。事实上，那个传教士和他的妻子对我的心灵造成了巨大的伤害。我当时感到痛苦万分，心中不停地问“为什么要对我这样啊！？”

第二天一早，他就伤心地打包离开了那里。

对于一个身无分文的乡下少年想要去美国当一名画家的想法，传教士夫妇感到非常惊讶，这在某种程度上是可以理解的，但这种态度无疑对牧野造成了深深的伤害。他感到自己受到了侮辱，为了维护自己的尊严，他必须离开此地，去重新开创一片属于自己的天空，并用自己的实力证明到美国去并不是一个遥不可及的梦。只有这样，才能为自己洗清污名。他在指责传教士时使用了“insincerity”（不真诚、无诚意）这个词。美国人可能对此感到非常奇怪，因为在他们看来，那位传教士的“惊讶”是合情合理的，是符合“sincere”（真诚）的标准的。显然，这里牧野先生是按日本人所理解的含义来使用这个词的。日本人认为那种不想挑起事端却又去蔑视别人的行为是不真诚的。这种嘲笑并不真诚，因此让人感到难以承受。

牧野曾说过，“甚至对杀人犯，我也可以酌情原谅。但是对于别人的嘲笑，我却无法原谅”。既然不能原谅，只好去报复。于是，他想尽一切办法来到美国，也算为自己洗清了污名。在日本文化中，对别人的侮辱、嘲笑进行报复是一种被大众所接受的传统。那些通过写书向西方人传播日本文化的日本作家，常常使用生动的比喻来描写日本人对待复仇的态度。富有博爱思想的日本作家新渡户稻造在他1900年所著的书中写道：“报仇可以满足人们的某种正义感，我们的生活就像数学中的方程式那样，当遭到侮辱时，方程式就产生了不平衡，只有通过复仇才能使方程式的两边保持平衡。否则，我们总感觉还有什么事没有做完。”冈仓由三郎在《日本的生活与感想》一书中，将复仇与日本人的一种独特习惯进行了类比：

“日本人之所以有这种特殊的心理，很大一部分是由于日本人喜爱洁净、讨厌污秽的缘故。对我们来说，名声受辱就如同身体沾染了污垢一样，一定要清洗干净。从小我们所接受的教育是，如果我们的家庭或者国家荣誉受到了别人的侮蔑，那么对于这些污秽，我们必须彻底清洗掉，才能让自己保持干净、健康的状态。对于在公私场合出现的报复案例，我们都可以看做是一个爱好洁净的民族进行的晨浴。”

他接着说道：“日本人追求一种清净无尘的生活，犹如盛开的樱花，宁静而美丽。”换句话说，“晨浴”就是要清洗掉别人给你带来的污名，哪怕身上还有半点污秽，他们都会觉得自己不是贞洁之人。在日本人的伦理观中，只要感到受辱，他们必然要为自己洗掉污名，他们绝不会对别人的侮辱装作视而不见，听之任之。

由于受这种传统文化的熏陶，所以这种“晨浴”式的复仇方式已被人们广为传颂。有关这样的故事和传说有很多，其中最脍炙人口的要数《四十七士物语》的故事了。这里面的很多故事都被编入了教科书，搬上了戏剧舞台或被改编成了电影，还被印成了通俗读物。现在它们已成为日本文化不可或缺的一部分。

这些故事中有很多是描写人们在自己遭遇偶然失败时，是如何对他人怀恨在心，而伺机报复的。例如，有一位大名让他的三个家臣一起来猜猜他的宝刀是谁锻造的。这三人便猜测一番，意见不一，最后请来的专家鉴定完毕后说，只有名古屋山三猜对了，这把刀确实出自“村正”之手。另外两位家臣觉得别人答对了问题自己非常丢脸，认为这是对自己的侮辱，于是两人商议要除掉山三来保全自己的名声。其中一人趁山三熟睡的时候用山三自己的刀来行刺他，但山三并未被刺死。但是，这两人仍不甘心，总是想寻机报复，最后终于把山三杀了，保全了他们自己的所谓“对名誉的情义”。

还有一些故事是讲家臣是如何报复自己的领主的。日本人为了报答领主的恩德会效忠于自己的领主，但如果领主侵犯了自己的名声，这些家臣则会义无反顾地背叛领主，这种背叛也被认为是一种美德。日本第一位幕府将军德川家康就有一位这样的家臣。一次偶然的机会，这个家臣无意中听说，德川曾在背后说他是个“会被鱼骨头卡死的家伙”，这就暗示着他有一天可能会很不体面的死去。这个家臣感到自己受到了奇耻大辱，发誓要报复德川。当时，德川刚刚定都东京，主要着手于平定各地叛乱、统一全国。于是，这位家臣暗中勾结敌对诸侯，里应外合，纵火焚烧了东京。他认为只有这样才能为自己报仇，才能洗刷德川对自己的侮辱。很多西方人认为，日本是一个讲究忠诚的民族，他们不会去背叛自己的恩人，但这种认识是片面的，他们没有认识到“情义”不仅代表忠诚，同时也意味着遭受侮辱时要学会报复，哪怕是自己的恩人。正如日本人所说的那样：“挨了打会成为叛徒”，受了侮辱也是一样。

日本的历史故事中有很多是关于报复别人的。这种报复不外乎两种。一种是向那些并没犯错而无意中惹恼了他们的人进行报复；另一种则是报复侮辱自己的人，即使是自己的领主。在日本的很多文学作品中可以常见这样的报复事例，情节也多种多样。但是，翻开日本当代的文学作品，我们就会发现，虽然日本人在古代非常推崇报复行为，但在如今的生活中，他们很少采取报复行为，甚至比西方人的报复行为还要少。这并不意味着他们不再看重自己的名誉了，而是人们面对失败和侮辱更多地从原来的复仇变为了一种自我防御。人们依然将羞辱铭记在心，但他们更多的是采取隐忍策略而不会去主动攻击。

明治维新以前，由于法律尚不健全，人们会采取直接攻击的方式来为自己复仇。到了近代，法律的制约以及经济上的相互依赖使得人们的报复行为从直接攻击慢慢转向暗地里报复。比如说，人们可以利用一些计谋向仇人进行报复而使对方毫无察觉。这种报复方式有点像一个古老的故事中所讲的那样，报复者将粪便混在美味的食物中让仇人吃，而对方竟然毫无察觉。但是，如今，这种低级的报复手段越来越少了。现在的日本人当受到侮辱时，要么把这种侮辱当做鞭策，激励自己去完成“不可能”完成的事；要么对这种侮辱怀恨在心，让自己经受仇恨的折磨。

日本人对自己的失败、别人的诽谤和排斥都非常敏感，因此极易受到伤害。日本近几十年来的小说中大多都对这种特殊的心理进行了细致入微的刻画。有的描写他们是如何郁郁寡欢的，有的描写他们是如何暴躁不安的。这些小说中的主人公大多都有一种厌烦情绪：他们厌烦日常生活，厌烦家庭，厌烦城市，厌烦农村。这种厌烦感并不是由于他们没有实现自己的理想，因为一旦日本人有了崇高的理想，他们就会开始孜孜不倦地奋斗，也就无从产生厌倦感。也并非来自理想与现实的差距。其实，日本人之所以有这么严重的厌倦情绪，完全是和他们过度敏感的性格紧密相关的。每当遭到别人的排斥或拒绝时，他们就会产生一种莫名的恐惧，但又不把这种情绪发泄出来，因此，长此以往他们就会对自己失去信心，对生活失去兴趣，从而产生厌世情绪。日本小说中所描写的这种厌倦心理与俄国小说中所描写的厌倦并不是一回事。在俄国小说中，现实与理想的巨大差距是小说主人公一切苦闷的根源。乔治·桑塞姆爵士（Sir George Sansom）曾经说过，日本人对这种现实与理想的差距并不是特别在意。书中他并没有分析日本人产生厌倦的根源，而是分析了日本人的人生态度以及是如何形成这种独特的思维习惯的。的确，日本人的这种思维习惯造成了他们这种忧郁、敏感的性格。日本人和俄国人都喜欢在小说中描写这种厌倦情绪，而美国的小说中却很少见到相关的主题。美国小说往往把书中人物的烦闷归咎于主人公在性格上有某种缺陷或是社会制度上的某种不公，但他们很少单纯描写这种厌烦情绪。如果作者想要在小说中展现主人公与周围环境格格不入时，他总要写出产生这种情绪的原因以及形成过程，因此，读者就能理解主人公的厌烦情绪是由于其性格上的某种缺陷或社会制度中的不公造成的。日本也有这样的小说，比如有些小说谴责城市糟糕的经济状况或描写商业渔船上的黑暗现象。但是，正如一位作家所说，大多数日本小说描写的都是人们飘忽不定的情绪，这种不良情绪有时就像毒气一样瞬间占据人的内心。无论小说中的主人公还是作者本人都不会像美国人那样去分析客观原因，他们根本不想弄清产生这种情绪的根源。因此，这种飘忽不定的性格造成日本人极度敏感而且很容易受到伤害。古代的英雄受到侮辱时，会直接向仇人发起进攻，如今，人们拘于各种礼节与限制，只能把这种复仇的情绪深藏内心，从而让自己遭受心灵的折磨。大多数情况下，他们都无法解释清楚是什么造成了自己的厌倦情绪，有时也可能会归咎于某件小事，但令人感到奇怪的是，这种小事根本不值得放在心上。

日本人自我折磨的最极端方式就是自杀。他们认为，只要以适当的方式自杀，就能为自己洗刷污名，从而维护自己的名誉。美国人反对自杀，他们认为这种行为是一种自我毁灭，是一种逃避现实的无能表现。而日本人则认为自杀是一种有意义、光荣的行为，是应该值得人们尊重的。在特定情况下，为了挽回自身的名誉，自杀也许是一种最体面的方式。这就像那些在年末还不起债务的人，工作失职的官员，在考试中失利的学生，感情遭遇危机的恋人，反对政府推迟侵华战争的爱国主义分子，不愿当俘虏的士兵一样，他们最终都会采取自杀的方式来为自己保全名声。有些日本的权威人士认为，这种自杀倾向是近年来才有的，这种说法很难得到证实。但一系列的统计数据表明，日本人的自杀率并没有原来估计的那么高。如果按自杀比率来说，上世纪的丹麦和纳粹上台前的德国的自杀率都要比日本高。但有一点是可以肯定的，日本是一个偏爱自杀的民族。他们对自杀的渲染如同美国人对一些犯罪案件的夸大描述一样。日本人很少关注他杀事件，而是详细描绘自杀。就像培根所说的那样，日本人把自杀当成某种最喜欢的“刺激性行为”，每当谈论起自杀，他们心里都会产生一种莫名的满足感。

与封建时代历史故事中的自杀相比，近代日本社会中的自杀事件更加富有自虐倾向。历史故事中的武士之所以选择自杀，很大程度上是为了免遭不光彩的处决。这就像西方士兵为了不受绞刑或者不被敌军俘获后备受侮辱而宁愿被枪杀一样。日本武士选择切腹就如同普鲁士军官被允许自尽一样。因为他们深知除了自尽之外，没有其他任何的办法能让他们挽回自己的名誉，通常他的长官会在他卧室的桌上放上一瓶威士忌酒和一把手枪。日本的武士也是一样。然而，近代的自杀却是一种自我毁灭。他们不再去攻击对方，而是虐待自己。在封建时代，自杀是一个人勇敢、果断的表现，而今天，人们选择自杀则意味着他们主动选择了自我毁灭。在近半个世纪以来，每当人们感到“世道不公”、感到“心情压抑”或是需要用“晨浴”来洗清自己的污名时，他们都会用自杀的方式来毁灭自我。

日本人为了达到某种目的，往往以自杀作为一种威胁的手段，从而让对方妥协，这种事例在古代和现代都有，但在现代，自杀已不仅仅是一种威胁他人的手段，而是成为现实，如果没有达到目的，他们真的会选择自杀。日本有这样一个著名的故事，在德川时代，幕府中有一位德高望重的老顾问，他是将军的监护人。有一次，他想推举一位继承人，却遭到其他顾问以及摄政大臣的反对，为了达到自己的目的，他竟然在众人面前袒腹抽刀准备剖腹，众人大惊，只好采纳了他的意见。这种威胁手段竟然奏效了，被推举的继承人成功继位将军。既然达到了自己的目的，他也不用再自杀了。西方人认为，这位监护人是在用“剖腹”来胁迫反对他的人。这种抗议性的自杀行为在古代是一种谈判手段，到了现代，人们通常会因为自己提出的意见未被采纳，或反对的某些条约却签字生效了（如《伦敦海军裁军条约》）。在这种情况下，为了表达自己的反对意见并影响舆论，他只有选择真的殉难了，而不是单纯地以自杀作为威胁就能奏效的。

如今，日本人在遭受侮辱时，已经从原来的直接报复转变成了自我折磨，现在这种行为已经成为一种趋势，只不过他们不一定会采用自杀这样的极端方式。自我折磨有时会表现为沮丧、消沉以及那种在日本知识阶层中广泛流行的厌倦情绪。这种情绪之所以在这个阶层中广泛蔓延，是与社会环境有很大关系的。

日本的知识分子为数众多，但在等级制中地位却不稳定，因此他们经常缺少一种安全感。这使得他们的踌躇满志与社会现实总是会产生很大的冲突，很多人最后都是碌碌无为，只有一小部分人能够实现自己的抱负。特别是到了20世纪30年代，日本当局怀疑他们是有“危险思想”的人，因此对他们有所压制，使得他们处处碰壁。有些知识分子认为他们的这种沮丧情绪都是西方化造成的，因为西方化让人们在思想上很迷惑，从而产生了一种茫然和沮丧的情绪。这种说法并不是太准确。其实这种情绪更多的是由于在实现自己理想的道路上总是受挫造成的。很多人在一开始时总是怀抱着远大理想，但当他们发现这些都只是梦想而已时，就会对自己对社会产生一种厌倦情绪。很多日本的知识分子都亲身经历了这种心理摧残的过程。到了20世纪30年代中期，很多人为了摆脱这种厌倦情绪，开始寻求一种传统的解决方式，即打着民族主义的旗号，将矛头指向了国外。他们通过发动对外极权主义的侵略战争，来重新找回自我，并且希望这个重新树立的目标能为他们注上一剂兴奋剂，从而将心中的阴霾一扫而尽。日本人认为，虽然自己在处理这种纷繁复杂的人际关系中总是受挫，感到无比压抑，但是对于征服其他国家还是很有信心的。

现在，日本的战败证明了他们并未达到自己的目标，这又一次让他们陷入了消沉之中。无论如何，日本人总是无法克服自己的消沉情绪，也许这种情绪已经深植内心、挥之不去。就像东京的一个日本人说的那样：“停战也好，我们再不用担心被炸弹炸到了。但突然不打仗了，我们也好像失去了目标。人人都感到很茫然，从此一蹶不振。我自己是这样，我妻子也是这样，所有的人都像病了一样，做什么都慢吞吞、无精打采的。人们都纷纷抱怨政府办事不力，没有对战后的清理及救济工作进行妥善的安排。我认为这其中最主要的原因是因为那些官员的心情也和我们一样。”这种萎靡状态与解放后的法国是一样的。德国在投降后的七个多月里并没有出现这种现象，而日本人却表现得很明显。美国人是可以理解日本人的这种心情的，但令我们难以置信的是日本人竟然对战胜国如此友好。他们以非常善意的态度接受了战败及其一切后果。他们甚至会对美国士兵挥手致意，看不出任何的抑郁和愤慨。正如天皇在宣读投降诏书中所说的，他们能够“接受这种不可能接受的现实”，日本人确实做到了这点。那么既然接受了战败的事实，为什么不接着恢复国家建设、重建自己的家园呢？占领军并没有占领所有的村庄，况且他们还是有一定的自主权的。可是当时的日本人好像对自己的事漠不关心，只是微笑着迎接征服者美国人的到来。然而，正是这个民族，在明治初期完成了复兴的奇迹。20世纪30年代，正是这样一个国家的士兵在整个太平洋战场上所向披靡，征服了一个又一个的岛屿。

日本确实是这样的一个民族，他们并未改变。当有一个明确的奋斗目标时，他们就会精神焕发、斗志昂扬。一旦遭受打击，他们就会变得很消沉，这是日本人的天性。目前他们要做的就是努力维护战败后的名声，并且认为任何形式的反抗都是徒劳的，既然要依赖美国，只有对他们采取友好的态度才不至于遭受更大的磨难，才会让自己更安全。因此，他们只能用这种萎靡不振的方式来消磨时光。

其实，日本人并不喜欢这种消沉的情绪。我们经常能听到日本的电台播放这样的口号：“唤醒自己”，“唤醒别人”，他们希望这种独特的呼吁方式能使人们走出消沉，摆脱厌倦的情绪，从而更好地改善自己的生活，在战争期间他们也是这样做的。1946年春，日本的报纸不断地宣扬：“全世界都在注视着我们，而战后我们仍然处在一片废墟之中，各种公共事业仍然没有恢复正常运转，这对日本人来说该是多大的耻辱啊！”另外，还对那些无家可归的人进行了一通批判，认为他们宁愿挤在火车站过夜，也不动手重建自己的家园，这是多么消极的态度啊，在美国人面前多丢脸啊！日本人知道这些呼声都是为了让他们重新打起精神，维护自己的名誉。而且每个日本人都希望尽自己最大的努力，让自己的国家在国际社会中占有一席之地，从而维护自己的民族荣誉。日本人会竭力维护荣誉，为了顾全自己的荣誉，战败后的日本人会根据实际需要而改变自己的态度，所以当美国人刚刚占领日本的时候，并没有遭到他们的偷袭和反抗。如果将来大国间真能实现和平相处的话，日本是会赢得自尊的。

如果说日本人视名誉比自己的生命还重要一点也不为过。只有维护了自己名誉的人，才会受到别人的尊重，只不过他们会根据不同的形势采取不同的方式罢了。比如情况变了，他们也会适时地改变自己的态度。在这一点上，他们与西方人有很大不同，并不认为这种态度上的转变是一种违背道德的行为。而西方人比较注重原则和信念，即使失败了也不改变自己的信念。所以，西方人被打败时，总是会开展各种地下反抗活动。但是日本人就不会这么做，除了极少数顽固分子外，大多数人都认为没有必要对美国占领军展开抵抗运动和组织地下反击。日本被占领后，美国士兵就可以单身乘坐拥挤的火车去日本偏僻的乡下，也不必担心会遭到报复和偷袭。不仅如此，他们还会受到当地官员的热情款待。当美军的吉普车穿过村子时，孩子们会站在道路两旁高喊“Hello”（你好）、“Good—bye”（再见）。甚至有的母亲会抓住婴儿的小手向美国士兵挥舞致意。

日本人在战败前后的不同表现令美国人感到非常困惑，他们觉得战俘营里的战俘有这种转变还是可以理解的，因为日本俘虏认为被俘就意味着自己生命的终结，所以无论他们接下来做出什么样的选择都能让人理解，但对于日本的普通民众有这么大的转变，确实令人感到难以接受。就连那些对日本人很了解的西方人也绝不会想到战败后的日本人也会和战俘一样，态度上有如此巨大的转变。很多人都认为日本人一定会坚持武力报复。还有些人认为由于性格上的原因，日本人也不会接受讲和条件的。其实他们都没有真正弄清日本人所谓的“情义”指的是什么。大多数人会认为日本人遭受侮辱时会采取报复和攻击，除了这种传统的方式外，日本人在遭受打击后还会采取另一种方式来维护自己的名誉，即从武力转变为友好。在欧洲人的伦理观念中，只有正义的战争才值得去奋力拼杀，而日本人并不这样认为。

日本人认为他们所发动的侵略战争是合情合理的，因为他们要用武力来征服世界，并以此获得全世界的尊重。他们看到有些大国曾经以武力制胜，所以也想效仿。但无奈自己本国的资源匮乏、技术落后，只好采用比希律王更加残暴的手段。

当他们为此付出了巨大的努力，但最后仍然无法取胜时，才认识到武力侵略并不能为自己赢得荣誉，这种方法并不可行。通常来说，要保全“对名誉的情义”有两种方法：一种是武力侵略，另一种就是友善地对待战胜国。在战败之后，日本人很快就转变了观念，心理上也不会产生什么负担，因为他们觉得这样做都是为了维护名誉。

历史上，日本人也有过类似的行为，这使西方人感到迷惑不解。1862年，日本国内实行封建的闭关锁国政策。一位名叫理查森的英国人在萨摩藩惨遭杀害，于是英国派了远征军对他们进行讨伐。萨摩藩是攘夷运动的发源地，而且萨摩武士也非常好战。英军到来后，首先炮轰了萨摩藩的重要港口鹿儿岛。由于日本在整个德川时代所有的武器都是仿造旧式的葡萄牙式火枪制造的，因而从装备上讲他们根本不是英国军舰的对手。然而，这次炮击的结果却出人意料。在战败后，萨摩藩并没有誓死向英军进行报复，反而向英国示好。他们真正认识到了敌人的强大，因此希望向对方学习，并发展贸易。随后，他们就与英国建立了通商关系，并于次年在萨摩开办了学校。据当时一位日本人描述：“学校教授的是西方科学的奥秘……日英关系也因生麦事件而获得巨大改善。”所谓生麦事件就是指英国为惩罚萨摩藩而炮轰鹿儿岛港的事件。

类似的事件在长州藩也曾发生过。与萨摩藩一样，长州藩也以好战和仇视外国人著称。这两个藩都极力推行“王政复古”。1863年，当时已经没有实权的天皇发布一道敕令，命令将军在5月11日之前把日本国内所有的蛮夷都赶出日本国土。当时各地的将军并没有把这道命令当回事，而长州藩却坚持履行天皇的命令。于是，他们在堡垒中向正在通过下关海峡的西方商船开炮。由于日本的枪炮过于落后，外国商船并未受损。西方国家为了给长州藩一个教训，于是组建了一支联合舰队，很快击毁了那些堡垒，最后还向日本索取300万美元的战争赔偿。让人意想不到的是：这次炮轰的结果竟然和萨摩藩一样。他们最后还是选择了与敌人握手言和。诺曼在谈到萨摩和长州事件时曾这样写道："不管这些攘夷派领袖迅速转变立场的背后有着多么复杂的动机，但他们这种务实的精神以及镇定的态度确实令我们感到很敬佩。"

日本人这种态度上的迅速转变以及务实的精神，是其维护自身名誉的光明一面。这种光明面使得他们能够以善意的态度接受1945年的战败及其后果。如同月有阴晴圆缺，我们也要看到其阴暗的一面，即当他们把美国的《限制移民法》和《伦敦海军裁军条约》视为其民族的奇耻大辱时，即迅速地发动了这场灾难性的战争。这就是其性格上的两面性。

近代的一些日本作家和评论家在向西方人介绍日本人的"情义"时往往将其概括为"武士道"，其实这种解释并不准确，也在一定程度上造成了人们对日本人"情义"的误解。"武士道"是近代才出现的官方用语，是国家主义和军国主义的一种口号。它并不涵盖"情义"中的很多内容，比如日本人常说的"迫于情义"、"完全出于情义"、"为情义而竭尽全力"等传统义务，也不像"情义"那样复杂多样。它只是评论家们头脑中突然闪现的一个概念。因此，当那些军国主义的领导人身败名裂时，人们也不愿意再提到"武士道"。但这并不意味着日本人就不再讲情义了。他们从未改变过对待"情义”的态度。因此，西方人想要了解日本，就必须了解日本人的“情义”观。另外，把武士道与武士等同起来也是造成误解的原因之一。“情义”是日本的所有阶层都必须遵守的道德规范。与其他义务一样，人的社会地位越高，他所承担的“情义”就越重。比如，日本人认为对武士“情义”的要求要比对平民的“情义”要求高。而很多外国评论家们则认为，似乎“情义”对普通百姓要求最高，因为他们很少获得回报。在日本人看来，情义是一种美德，并不会在乎回报的多少，只要能够在自己的圈子里获得尊重就足矣。一个不懂情义的人是不受欢迎的，肯定会遭到别人的蔑视和排斥。

第九章　情感天地

日本的伦理道德观要求人们必须严格履行自己的义务和情义，要时刻克制个人私欲，这些都是古典佛教的教义。但对于人生的感官享受他们却很宽容，这让我们感到非常惊讶。尽管日本是世界上的佛教大国之一，但它的道德准则却与释迦牟尼的佛教教义形成鲜明对比。日本人并不谴责肉体上的享乐，他们不是清教徒。他们认为肉体享受是件好事，是需要学习和培养的。他们追求享乐、重视享受，但不会沉溺于此。享受是有节制的，以不能影响正常的生活为前提。

日本人的这种享乐原则使得他们在生活中总是感到紧张不安。在这一点上，印度人会有同感，而美国人却认为他们的做法令人难以理解。美国人认为享受是一种很自然的追求，不需要去学习，也不用刻意拒绝，人们是很难做到面对诱惑而无动于衷的。其实，享受也是需要学习和培养的，就像承担责任一样。很多国家由于受其传统文化的制约，并不会去教人们如何去享受，那么这些国家的人们更容易为了尽到自己的某种义务而牺牲自己的享乐。有时甚至连男女之间的肉体接触都要受到严格的限制，他们认为只有这样，才能保证家庭的稳定和谐。而在日本，一方面人们鼓励肉体上的享乐，另一方面又制定很多道德戒律来限制人们的行为，以防他们过度沉溺于享乐而忘掉自己应尽的义务，这就使得日本人经常处于一种紧张的状态，因为他们随时都要因为自己的义务而克制享乐。

洗热水澡是日本人最喜欢的肉体享受之一。无论是最贫穷的农民、最卑贱的仆人，还是有钱的贵族，每天傍晚在滚烫的热水中泡个澡已成为他们生活中不可或缺的事情。在日本最常见的洗热水澡的方式是用一个木桶装满水，下面用炭火把水温加热到华氏110度或更高，人们在入浴前首先将自己的身体洗净，然后再像婴儿那样抱膝坐在木桶里，直至水没过下巴，便可以全身心地去享受浸泡在热水中的温暖和舒适了。和美国人一样，日本人每天洗澡也是为了保持清洁，但不同的是，日本人泡澡不仅仅是为了清洁，更重要的是他们已把这种习惯当成了一种艺术上的享受，这不是其他国家所能企及的。日本人常说，年龄越大，越愿意追求这种享受。

虽然日本人会想很多办法来降低洗澡成本和简化准备的程序，但沐浴是必不可少的。一般情况下，城镇里都有公共浴池，如同游泳池那么大，人们一边洗澡一边聊天，享受这种悠闲时光。在农村，妇女们在院子中准备好洗澡水和洗澡用具，然后家人们就可以轮流入浴了。在日本，沐浴是不需要避讳人的，即使被看到也没有什么可大惊小怪的。家里的人会轮流入浴，但要遵守一定的顺序，大户人家也一样。首先是客人，然后依次是祖父、父亲、长子，最后是家里的佣人。出浴后，他们个个浑身通红，就像煮熟了的虾一样。接下来大家则围坐一团，开始享受晚餐前最舒适的时光。

日本人把洗热水浴当成一种人生的享受，那么极端的冷水浴对他们来说则是磨炼意志的最有效方法。这种习惯通常被称为“寒稽古”（冬炼）或“水垢离”（冷水浴），直到现在仍然很流行，只不过方式不同罢了。从前，洗冷水浴时人们必须在黎明前出发，然后在冰凉的山间瀑布下坐浴。寒冷的冬天，在没有暖气的房子里将冷水倒在身上，这也真是一种苦行啊。帕西瓦尔·洛厄尔（Percival Lowell）就对19世纪90年代日本人的这种习俗进行过详细描述。在日本，很多人立志通过这种苦练修行来治愈疾病或获得某种先知先觉的特殊才能，尽管他们并不想成为神职人员。他们通常在就寝前进行冷水浴。据说凌晨两点是“众神入浴”的时刻，因而他们也会在这个时候再洗一次冷水浴。早晨起床、中午及日落时还要再重复一遍。那些想要精通一门乐器或为了找工作而奔波的人们更愿意用凌晨前的冷水浴来磨砺意志。还有的人为了强身健体，往往把身体裸露于严寒之中。对于那些在寒冬中练习书法的孩子们来说，手指被冻僵、长满冻疮都是常有的事。小学里也没有暖气，日本人认为这样可以磨炼孩子们的意志，将来他们才能够经受住生活的磨难。西方人印象中的日本孩子经常会感冒流鼻涕，但日本人并不在意，更不会去采取措施来改变这种现状。

睡觉是日本人的另一大爱好，也是日本人最引以为豪的习惯之一。无论任何时间、任何地点，他们都能够酣然入睡，无论周围发生什么，对他们都没有太大影响。这对于很多研究日本的西方学者来说，真是太不可思议了。在美国人看来，人一旦精神紧张就有可能会影响睡眠，因此按照这个标准，日本人经常处于一种高度紧张的状态中是不可能很快就能入睡的，但事实正好相反。他们说睡就睡，而且能很快进入梦乡，这种好习惯是他们从小就养成的。而且，日本人晚上睡觉很早，其他的一些东方国家就没有这种早睡的习惯。日本村民们往往太阳刚下山就上床睡觉了。也许有人认为他们这样做是为了养精蓄锐，为了第二天更好地工作。其实不然，日本人根本不这么想，他们并不是为了工作而休息。一位研究日本的西方学者写道："到了日本，你必须抛弃那种认为今晚的睡眠是为明天的工作做准备的想法；你必须把睡眠与解除疲劳、保养等问题区别开来。"睡觉就如同一项必须完成的工作一样，是一件独立的事，和其他事情无关。美国人习惯性地认为睡眠的目的就是为了维持一个人的体力，为了第二天更好地投入到工作中去，而且也非常关注自己的睡眠时间和睡眠质量。人们一般会根据晚上的睡眠长短来预测白天的精力和效率。日本人睡觉则不带有目的性。他们就是喜欢睡觉，只要条件允许，他们就会欣然入睡。

但是，当要完成某项任务而要牺牲自己的睡眠时，他们也会毫不吝惜。比如那些要参加考试的学生则会通宵达旦地复习功课，根本没有睡眠好才能发挥好的想法。在军队训练中，他们为了遵守纪律，必须要牺牲自己的睡眠。杜德大尉曾于1934年至1935年间在日本陆军营工作，有一次，他在和手岛上尉的谈话中提到，"在平时的演习中，部队要连续三天两夜行军，只能有十分钟的小憩时间，或者是偶尔打个盹，其他时间都必须要保持清醒。有时实在太困了，士兵们只有边走边打瞌睡。有次一个少尉走着走着竟然睡着了，不小心撞到了路边的木堆上，把大家逗得哈哈大笑”，“最后好不容易回到了营地还是不让睡觉，他们都得去站岗或巡逻。我感到很纳闷就问道：‘为什么不让他们去睡觉呢？’上尉回答说：‘噢，不用，他们平时都知道怎么睡觉，现在我们要训练的就是让他们学会不睡觉’”。这段话很明确地表达了日本人是如何看待睡眠的。

如同洗澡、睡觉一样，吃饭既是日本人享乐的一种方式，同时也是他们磨炼意志的手段。日本人喜欢在闲暇时准备几道小菜来慢慢品尝。虽然每道菜菜量很少，却是色香味俱全。这时候，吃饭就是一种消遣。但在很多情况下，日本人都给吃饭立下了很多规矩。就像埃克斯坦（G.Eckstein）引用一位日本农民的话，“快吃快拉是一种美德”。“吃饭并不重要，吃饭只是为了维持生命”。因此，吃饭要快，不应慢吞吞的。对于孩子们，尤其是男孩，大人们总是催他们快点吃。这点与欧洲人不同，在欧洲，人们总是让小孩细嚼慢咽。在寺院里，僧侣们在饭前都要进行一番祷告，并且要时刻谨记，吃饭只是生理上的需要，因为对于正在修行的人来说，吃饭只是一种需要，而不应该是一种享受。

日本人认为，强行禁食是磨炼一个人意志的最好方法。就像让人受冻和放弃睡眠一样，禁食也是一种很好的考验方式。武士们在禁食时要求更严格，不仅要做出很饱的样子，还要拿牙签剔牙，这真是一种极端的考验啊。但日本人认为这是很正常的事，他们认为一个能经受住禁食考验的人，他的体力会因精神上的胜利而增强，而不会因缺乏热量和维他命而降低。美国人认为人的营养和体力是成正比的，身体缺乏营养怎么可能有足够的力量。而日本人却不这样认为，因此，空袭的时候，日本东京的广播电台会向防空洞内避难的人们宣传做体操可以缓解人们的饥饿感并恢复体力的言论。

日本人追求浪漫的爱情。虽然这种爱情观和他们传统的婚姻方式和家庭义务背道而驰，却很受欢迎。很多日本小说都是以爱情为主题的。与法国小说相似，书中的主人公都是已婚者。男女双双为爱殉情是他们最喜欢阅读和谈论的话题。

他们还擅长描写封建时代大名和武士们的浪漫爱情故事，这是当时的小说主题。在这点上，日本文学与中国文学存在着很大差异。为了避免遭人非议，中国人向来很少赤裸裸地描写爱情和性，更多地是采取一种含蓄的手法，因此，他们的家庭生活也相对稳定和谐。

在对爱情和性的追求上，美国人可能比中国人更能理解日本人，但也有许多观点是美国人所不能苟同的。比如，日本人追求一种性享受，而美国人在这方面是有很多禁忌的，也要受到伦理道德规范的制约，而日本人却没有这些约束。日本人认为，“性”如同其他的人类情感一样，是美好的事物，是人类的正常情感所需，因此没有必要用伦理道德来衡量它的好坏。英美人士把日本人珍藏的某些画册视为淫秽物品，把艺伎和妓女集中的吉原地区看成是庸俗下流之地。这让日本人感到很难堪。为了避免这种争议，也为了进一步迎合西方人的价值评判标准，日本人制定了很多法律法规来约束人们的行为，但任何法律法规都无法消除这种文化上的差异。

那些受过教育的日本人非常清楚，很多他们认为再正常不过的事情，对于英美人来说却是不道德的，有伤大雅的。但他们没有意识到这种观点上的冲突来自于两种不同文化间的差异。正是这种差异导致美国人无法接受日本人对待爱情和性享受的态度。日本人认为夫妻之间的性爱与婚姻外的性享受并不矛盾，两者都是可以公开的。而对于美国人来说，如果跟妻子以外的女人发生性关系，就是对婚姻的背叛，因此，这种不正常关系是不能公之于众的，应该是隐蔽的行为。而日本人却可以光明正大地偷情，因为他们认为夫妻生活是自己应尽的义务，而婚姻外的性享受只是一种消遣娱乐而已。因此，日本男人既可以扮演一个慈父形象，同时又可能是个大众情人。美国人的爱情观和他们完全不同，他们认为婚姻是以爱情为基础的，婚后丈夫要忠于妻子。如果和其他女性发生性关系的话，则是对妻子极大的伤害和侮辱，因为他把理应属于妻子的东西给了别人。而日本人认为自己的行为是有充分理由的，因为他们在选择配偶上，大多是听从家长的意见，自己没有太多自主权。而且夫妻在日常生活中还要遵守很多繁琐的规矩。比如他们在生活中必须相敬如宾，即使再恩爱，都不能卿卿我我，尤其在孩子面前。这些规定让他们感到婚姻生活很无趣。正如一本杂志里所说的："在日本，结婚就是为了传宗接代，这是对婚姻最恰当的解释了。"

但这并不意味着日本男人会安于这种平淡无味的生活。如果经济上许可，他们也会在外找情人。但与中国最大的不同是，他不会把这个女人带回家，更不会将她娶进门。他们看中的女人大多是艺伎，精通音乐、舞蹈、按摩或其他技能，也有可能是妓女。不管是哪种女人，他都要跟这个女人的雇主签订协议，以保证女方获得一定的经济保障。他也会为这个女人另外购置住所。但有一种情况比较例外，即这个女人为他生了孩子，而他又想把这个孩子带回自己家抚养，这时他就要把情人带回家，但情人并不能享有妾的权利，只要踏进家门，她就只能当个仆人，而且孩子也要称正妻为母亲。因此，日本不会出现中国古代一夫多妻的情形。他们把对家庭的义务和自己的享乐区分得很清楚。

在日本，能养得起情人的大多是上层阶级的有钱人。但很多男人都偷过情。他们认为这种行为很正常，是可以公开化的。甚至，妻子会为出门的男人穿衣打扮一番。他们在外消费的账单也有可能会寄到妻子手里，不管心中有多大委屈，她们也要买单。一般情况下，找艺伎的花费要比妓女高得多，但他们能够享受到训练有素、衣着入时、举止得体的女人的热情服务，但不能与她们发生性关系。

如果对某个艺伎情有独钟，想产生进一步的关系的话，他们之间就要签订协议，这个女人才能成为他的情妇。当然，如果这个男人有足够魅力的话，这个艺伎也有可能会主动献身。与艺伎共度良宵即使不发生性关系，也会让人感到激情澎湃。因为这些艺伎会极尽妩媚之能事，用挑逗性的歌舞来刺激他们。这些风骚的举止都是上层阶级的贵夫人所不能展现的。日本男人认为这些都是自己的情感所需，也是对日常各种礼仪束缚的解脱。谁也无法拒绝这种享乐，但最重要的是要记清自己对家庭的责任和义务。

妓女都住在政府划定的妓院里。如果感到和艺伎共度一晚后仍未尽兴，男人们通常会光顾此地。由于妓女花费低，那些没钱的男人只能放弃艺伎，来这里寻欢作乐了。妓院的门口都挂着妓女的照片，嫖客们通常会毫不避讳地在众人面前对每张照片评头论足，然后挑选自己中意的。和艺伎比起来，妓女们身份卑微，地位低下。她们大都是因家境贫穷而被卖给妓院，不像艺伎那样受过专门的艺术训练。在过去，这些妓女都要坐在顾客面前，任他们随意挑选的。后来，由于受到西方人的非议，他们才有所收敛，以照片作为代替。

如果某个男人看中一个妓女，想与其建立一种长期的包养关系的话，他就要与妓院签订协议，来保证履行一定的责任。此后这个男人就成为了这个妓女唯一的客人，而这个妓女也就理所当然地成了他的情妇。这种妓女是受协议保护的。还有一种情况是，一个男人与女仆人或女店员发生关系的话，可以不签订协议，因此她们的权益得不到保护。有时她们是因为陷入爱河而以身相许的，所以她们在这种关系存续期间是最没有安全感的，也很容易被抛弃。美国小说里经常会描写一个年轻女子被情人抛弃的情景，当日本人读到这些女人怀抱婴儿悲痛欲绝的故事或诗歌时，他们通常会把这些被抛弃的女人与日本的“自愿情妇”联系起来。

同性恋也是日本人情感世界的一部分。在古代，同性恋是武士、僧侣等上层人士公认的一种娱乐方式。明治时期，由于受到西方人的指责，日本政府宣布废除一系列旧习，其中就包括同性恋。尽管这种行为是被禁止的，但作为一种人类的情感，至今同性恋依然存在，只是这种关系要受到一定的限制，更重要的是它不能去影响正常的家庭关系。尽管有的日本男人自愿当职业男妓，但这并不会造成同性恋的泛滥。与西方和美国相比，日本的成年人不愿意被动地成为同性恋对象，因此他们通常会选择少年作为自己的伴侣，这才不会损伤自己的尊严。当得知美国竟然有人强迫成年男子扮演同性恋的角色时，他们感到非常震惊，他们认为这种强迫成人扮演同性恋的角色的行为是非常有损人格的。总之，日本人无论做什么都有自己的标准，前提是不伤害自己的自尊。

自慰在日本人看来并不是一件违背道德的事，仅仅是一种享乐而已。与其他国家比起来，日本人所制造的情趣用品也是最多的。为了避免遭到西方人士的指责，他们不敢对这些用具进行大肆宣传，但内心还是很推崇这些东西的，认为它们并不是什么罪恶的东西。西方人强烈反对自慰，尤其是一些欧洲国家态度非常坚决。大人们总会悄悄告诫男孩子们，手淫会让他们变傻，头发也会全掉光。男孩在幼儿时期就被妈妈看得很严，一旦被发现有这种行为，就会对他施以体罚，甚至将双手捆住，并吓唬他如果再这样就会受到上帝惩罚。日本的幼儿和少年就没有这样的经历，即使这样做了，父母也不会训诫他们。因此，成年后的他们在对待手淫这件事上就会和美国人有不同的态度。日本人从来不觉得自慰是一件罪恶的事情，相反，他们认为这是一种正常的生活方式，是一种享乐，只要学会自我控制就可以了，完全没必要禁止。

喝酒是日本人的另一大乐趣。因此，他们认为美国人的禁酒非常荒唐。让他们更不能理解的是，在美国的一些地方，竟然还需要用投票来决定是否应该颁布禁酒法令。对于日本人来说，饮酒是一种享受，正常人都不会拒绝。人们只是将饮酒作为一种消遣，并不会沉溺其中。就如同不必担心自己会成为同性恋一样，也没必要担心自己会成为酒鬼。事实上酗酒也的确没有成为日本的社会问题。喝酒是一种愉快的消遣，因此，家庭以及社会都不会嫌弃醉酒的人。醉酒的人不会闹事，也不会对家人施以暴力。他们也许会大哭一场，或者纵情歌唱，抛开各种礼节，释放自我。在一些城市的酒宴上，男人们还会坐在对方的腿上喝酒。

很多国家的人们都是边吃饭边喝酒，而日本人却不这样。他们把吃饭和喝酒分开，要么吃饭，要么喝酒，不能同时进行。在农村的宴会上，如果你端起了饭碗，就意味着你不再喝酒了。在家里也可以选择饭前或饭后喝酒，应轮流进行这两项活动，否则他们认为这两种乐趣你都没有享受到。

日本人的这种享乐观念彻底颠覆了西方人的哲学观。西方人认为，肉体和精神是对立的。而日本人则认为，肉体本身不是罪恶，那么享受肉体上的快乐也不是罪恶的事情，精神和肉体并不对立。他们并不以善恶来评判这个世界。正如乔治·桑塞姆爵士所说的那样："从古至今，日本人似乎都缺乏这种分辨善恶的能力，一些被认为恶的东西，在他们眼里并不一定是恶的，也许他们一直在回避这个问题。"事实上，日本人并不把善恶对立来看。他们相信人有两个灵魂，但它们却不是互相对立的善良和罪恶，它们只有"温柔"和"粗暴"之分。一个人甚至一个民族，都有其温柔和粗暴的一面，遇到不同的情况可能会表现不同。温柔并不一定会升天堂，而粗暴也不一定会下地狱。

甚至日本人的主神也是这种善恶并存的神。日本人最喜欢的神是素盏鸣尊，他是天照大神（女神）的弟弟，被称为"迅猛之神"。他对姐姐非常粗暴，如果在西方神话中他肯定被看成是魔鬼。有一天，他突然闯入姐姐的房间，天照大神怀疑他动机不纯，于是想把他赶出房间，这下可触怒了他。为了达到报复的目的，他到处撒野，甚至把大便拉到姐姐与侍者举行丰收仪式的餐厅里。他还跑到稻田里去破坏田埂，这在日本可是不可原谅的罪行。但最不可饶恕的是，也是西方人最无法理解的，他竟然在姐姐的卧室上方挖了个大洞，将剥了皮的花斑马的生殖器从上面扔了进去。他的恶行终于惹怒了众神，因此被赶出了天国，放逐到“黑暗之国”。可是，尽管他劣迹斑斑，他仍然受到日本人的欢迎和尊敬。世界神话里也有像他这样的神，但在讲究伦理道德的宗教中，这种神是完全没有立足之地的，因为西方人注重善恶分明。

日本人并不认为一个人要有德行就必须与邪恶做斗争。他们的哲学家和宗教学家几百年来也一直在宣扬这种论调，他们认为日本人不需要用什么道德规范来制约，因为他们的天性是善的。而中国人讲究“仁”，并以此来限制人们的行为。如果人们以这个标准来衡量自己的行为的话，肯定会发现很多缺点和不足。18世纪日本的神道家本居宣长写道：“当然，这种道德规范对中国人来说是好的，因为中国人天生的劣根性需要这种约束。”日本近代的佛教家及民族主义者们也认为，日本人天生善良，因而没有必要再与自己性恶的一半进行斗争。人们只需要让自己的心灵保持纯净，让自己在不同的场合举止适宜得体就行了。如果不小心心灵染上了污点，也是可以清洗掉的，这样人性中善的光辉定会再放光芒。日本的佛教宣扬凡人皆可成佛，道德规范不存在于佛经之中，而在每个人的心中。只要洗净自己的心灵，就能成为一个讲道德的人，恶不是生来就有的。基督教圣经《诗篇》中说：“看哪，我是在罪孽里生的，在我母亲怀胎的时候就有了罪。”日本人则不会谈论这种原罪论。他们认为人的情感是上天赐予的，有时表现出温柔的一面，有时又会粗暴，但无论做什么都是一种情感的自然流露，即使偶尔犯些小的错误也是可以理解的，因此，无论是哲学家还是农民都不应该对它进行谴责。

日本人的这种享乐主义思想让美国人很是担心，认为他们肯定会很放纵自己。但实际上，日本人把报答恩情、履行义务作为人生的最高任务。他们虽然崇尚享乐，但为了义务他们可以放弃享乐。所以，那些以一味地追求个人享乐为人生目标的人是受到鄙视的。人人追求幸福是没错的，但享受是有限度的，不能沉溺其中。幸福只是一种消遣，生活中更多的是责任和义务，当然也不能把幸福与否作为评判一个国家或家庭的标准。既然人们要履行“忠”、“孝”及“情义”的义务，就要忍受这种苦难，他们也早已做好了准备。因此，他们会时刻为了义务而放弃自己并不觉得是恶的享乐。当然，这需要有坚强的意志，而这种意志力正是日本人最为崇尚的美德。

艺术来源于现实，由于他们认为总是要为了义务而最终放弃美好的东西，因此，日本小说与戏剧里很少会有幸福美满的结局。而美国人却渴望看到圆满的结局，他们希望剧中的主角能够永远幸福地生活下去，他们的美德最后也得到了回报。当然，有时他们也会为剧中主人公受到的不公平待遇而流泪，但结局总是美好的。而日本观众却喜欢看到悲情的结局，比如，男主人公在影片最后变得穷困潦倒，女主人公不幸遇害，只有这种悲情剧才能触动他们的心灵，与剧中人物产生共鸣。人们去剧院就是为了欣赏到这种情节。甚至一些现代的日本电影，

歌川广重　雨中大桥

喜多川歌麿　母子窥戏图

歌川丰国　樱下艺妓图

鸟居清长　风俗东之锦

也大多以男女主人公受苦受难为主题。比如，两人彼此相爱却又不能在一起；他们突破重重阻力终成眷属，但最后结局却是其中一方因为经受不住世俗的压力而自杀；妻子为了支持丈夫的演艺事业而经受各种磨难，最后丈夫就要成名了，妻子却选择离开，好让他自由地享受新生活，闯出一片新天地；丈夫成名之后，妻子却身患绝症离他而去等等。总之，所有的结局都是以悲剧收场，以唤起观众对男女主人公自我牺牲精神的同情和惋惜。他们认为主角所遭受的一切苦难并不是上帝对他们的惩罚，而是他们为了责任和义务而牺牲了自己的幸福，这种结局是正常的。为了尽到自己的义务，他们就要与不幸、遗弃、疾病与死亡作斗争，更要忍受一切磨难。

以现代战争为题材的日本影片也是走的这种套路，影片中大多描写战争的悲怆场面。凡是看过这些电影的美国人都认为，这是他们看过的最好的反战宣传片，这只是美国人的看法。因为整场电影都只是在向人们展示战争的灾难与残酷，一点也看不到像阅兵式、军乐队、舰队演习和炮击等鼓舞人心的场面。不论是描写日俄战争还是描写中国“七·七”事变，都是同样的格调：士兵在泥泞中艰难行进，艰苦卓绝的奋战以及生死未卜的煎熬等等。银幕上看不到胜利的镜头，更看不到高喊“万岁”的冲锋，大多数镜头表现的场景都是士兵们在泥泞中长途跋涉、夜宿中国小镇，或是描写一家三代经历三次战争后，幸存者都变成了重残、瘸子或盲人。或者描写士兵死后，家人悲痛欲绝，最后又重新鼓起勇气生活下去的场面。英美骑兵那种冲锋陷阵、英勇抗敌的震撼场景在日本电影中是看不到的。电影中也很少展示伤残军人是如何康复的，也会不涉及战争的目的。对日本观众来说，只要看到银幕上的人物为了报恩而牺牲一切就足够了，而对电影中出现的悲惨画面则不以为然，因为他们认为这些都是为了报恩而付出的代价。所以，这些电影就成为日本军国主义者的宣传工具，电影的拍摄者们也知道，这些电影并不会激起日本人的反战情绪。

第十章 道德困境

日本人的人生观是由他们所谓的忠（chu）、孝（ko）、情义（giri）、仁义（jin）和情感等道德准则构成的。如果把日本人的全部应尽的义务比作一幅地图的话，那么各项具体的义务就是这个地图上被划分开的各个区域。在每个区域中，都有要遵守的各项细则与规定。通常，日本人不会对一个人的人格进行整体的评价，而只是说他某个方面做得不好，比如说某人不懂孝道等。他们也不会像美国人那样泛泛地评论某个人“不讲信用、自私或冷漠”，而是明确指出他在哪个方面违反了规则。同样，夸奖某个人时，也只是说他在这个领域做得比较好。一个人会尽忠，但不一定会尽孝；会尽孝，但不一定会履行情义。因此，在不同的领域，他可能会有不同的表现。每个领域中的规则并不是一成不变的，当情况发生改变时，人们也有可能会采取不同的行动。比如，家臣应该绝对效忠于自己的主公，但如果主公侮辱了他的话，他就可以反目为仇，进行报复了。1945年8月以前，日本人为了对天皇尽“忠”而在战场上奋勇厮杀，誓死战斗到底。可当天皇在广播中宣布投降后，他们就立刻放下武器，弃暗投明了，并且没有任何的抵抗情绪，而是坦然地面对战败带来的一切后果。日本人就是这样，他们会适时地调整自己的行为方式。

对于日本人的这种态度上的突然转变，西方人一直感到很困惑。对于西方人来说，一个人的行为和思想在一定时期内应该是一致的，不应该发生重大的转变。况且，一个人的本性是很难改变的，诚实的人就是诚实，狡猾的人就是狡猾。我们给人贴标签，是希望他们能始终如一地保持自我。人不外乎几类，要么是慷慨大方之人，要么是吝啬鬼，要么乐于助人，要么冥顽不化，要么思想保守，要么追求自由。一个人不会总是左右摇摆，但是日本人却可以很轻松地从一种状态转向另一种状态。另外，我们坚信，一个人的政治立场是不会随意改变的。比如在欧洲战场上，当时有合作派，也有抵抗派。我们相信这些合作派在战争胜利后也不会突然改变其立场，后来证明我们的预测是正确的。美国国内也有两派，一边是支持罗斯福改革的新政派，一边是反新政派。即使局势发生改变，他们依然会坚持各自的立场。如果某人改变了自己的立场或信仰，比如从非教徒变成了天主教徒，或者由“激进派”变成保守主义者的话，我们会把这种转变称为“蜕变”。这些人也就变成了具有全新人格的人。

西方人认为大多数人都应具有统一的人格，虽然这种想法有些理想化，但也具有一定的现实性。无论是在落后的国度还是文明国度里，人们都会把自己描绘成一种特定类型的人，从而产生相应的行为。比如，一个权力欲很强的人，总是会想方设法让别人服从自己，否则，就会认为自己很失败。一个想获得别人好感的人，总是很在意别人对他的评价。有的人认为自己刚正不阿，有的人认为自己具有“艺术家气质”，有的人认为自己是热爱家庭生活的人。通常，一个人的思想和他的行为是一致的，这种统一性才能让人类活动变得井然有序。

日本人能够如此坦然地从一种行为转向另一种行为，确实让西方人感到接受不了。因为我们从来没有这样的经历。我们认为一些矛盾的行为，对于日本人来说简直再正常不过了，因为他们已经习惯了，这是由其独特的人生观所决定的。我们应该意识到，在日本人的价值观里，恶是不存在的。这并不是说日本人不承认有坏行为，而是他们认为人生并不是善恶相斗的舞台。在他们眼中，人生如戏。在这场戏中，人们穿梭于各个领域中，并不断地调整自己的行为方式，以保持一种平衡状态。无论自己身处哪个领域，无论自己采取什么样的行为方式，人的本质都是善的。如上所述，他们认为中国人之所以有那么多的道德戒律，是因为中国人有很多劣根性。而他们认为自己就不需要这些戒律，因为日本人天性是善的。正如前面引用过乔治·桑塞姆爵士的话，他们“一直在回避恶的问题”。日本人认为不用上升到道德的高度，就能解释那些坏的行为。他们把人的灵魂比喻成一把崭新的剑，这把剑刚开始都会闪耀着美好的道德之光，但如果不经常擦拭，就会生锈。这种“自身的锈”，如同剑上的锈一样，都不是什么好东西。因此，人们要像爱护自己的剑一样来爱护自己的人格。即使生了锈，这种灵魂的光辉依然存在，只要稍加擦拭，定会再放光芒，这种所谓的邪恶并不能掩盖真正的美德。

由于西方人与日本人的人生观有很大不同，因此，西方人很难理解日本民间故事、小说和戏剧里人们的行为。除非按照我们的思路去改编某些情节才能容易理解些。但日本人不这么看，他们认为这些情节很合理，一个人的行为是可以根据具体情况发生改变的，这是正常的，也是能被人理解的。比如，当故事中的主人公同时面对“忠与孝”、“情义与义务”、“情义与感情”等两难境地时，他必须做出选择，而放弃其一。所以，故事的主人公经常会为了“忠”而放弃“孝”，为了“情义”而忽略了“义务”。虽然这种行为会遭到观众的批评，但最后观众又会选择原谅他，因为毕竟他身处一种道德困境中，很难做出选择，无论他怎样做，都是善的行为。这种选择就像一个人要偿还很多债一样，如果他无法一下子还清所有的债务，他就可以先偿还一个人的而忽略其他人的债务。但事实上，尽管还清了一笔债务，并不能使其免除其他的债务。

西方人对故事主人公的看法和日本人是完全不同的。西方人认为主人公是好人，是因为他用自己的善良与邪恶做斗争。因此，他们希望故事有个圆满的结局，故事的结尾是主人公战胜了邪恶，并过上了美好的生活。而日本人却欣赏那些无法偿还所有的恩情而一死了之的人。如果在其他文化中，这种故事更多的是想让人们学会放弃，学会珍惜生命，勇敢地去面对残酷的现实。而在日本，人们却认为主人公很勇敢，他用死亡了结了自己所欠的人情债，并很好地维护了自己的名声。

《四十七士物语》是在日本影响最大的一部真正的民族史诗。它虽然在世界文学中的地位不高，但在日本人心目中却是无可匹敌的。日本儿童不仅知道这个故事的梗概，而且熟悉其细节。它不断被传颂，翻印，甚至被改编成现代电影而广为流传。四十七士的墓地一直以来都是日本的著名圣地，每年都会有成千上万的人前去朝拜。朝觐者留下的拜帖使墓地周围成为一片白色的海洋。

《四十七士物语》主要反映了家臣对主公的“情义”。在日本人看来，它主要描写的是“情义”与“忠”之间、“情义”与“正义”之间（当然是“情义”在这类冲突中取胜），以及“单纯情义”与“无限情义”之间的冲突。故事发生在1703年，当时正是日本封建制度的鼎盛时期。在现代日本人看来，那时的男子个个都是顶天立地的大丈夫，对“情义”绝容不得半点含糊，也不会有任何的不情愿。因此，这四十七位勇士为“情义”牺牲了一切，包括名誉、父亲、妻子、姐妹以及正义，最后用自杀来偿还这些未完成的债。

故事发生在德川纲吉统治时期，按照当时的规定，各地大名要定期觐见将军。

有一次幕府将军任命了两位大名主持仪式，浅野侯就是其中之一。由于这两位司仪都是地方上的大名，不熟悉仪式，于是就打算向宫廷里的大名吉良侯请教。吉良侯是当时幕府中的一位重臣，地位显赫。如果浅野侯家最有才智的家臣大石（故事的主人公）在他身边的话，肯定会为他进行一番周密安排的。但不巧的是，大石回家乡去了。由于浅野侯不谙世故，所以没有向吉良侯赠送厚礼。而另一位大名则深谙官场礼节，在向吉良侯请教时备以厚礼。于是，吉良侯就想故意捉弄一下浅野侯，建议他穿上与仪式完全相悖的服装。举行仪式时，浅野侯按照吉良侯的指示穿戴了不合时宜的服装，因此受到了大家的嘲笑。当意识到自己受了侮辱，便怒火中烧，于是拔刀刺向了吉良侯的额头，两人后被众人拉开了。从维护自身名誉来说，他因受辱而向吉良侯报复是一种德行；但在幕府将军殿上拔刀动武则属于“不忠”。浅野侯正当地履行了“对名誉的情义”，却必须按照规定“剖腹”自杀，否则就是“不忠”。于是他回到府邸换好衣服，做好了剖腹的准备，只等见自己最宠爱的家臣大石最后一面。大石回来后，两人对视良久互道珍重，就此诀别。浅野侯端坐如仪，一刀入腹，结束了自己的生命。浅野侯死后，没有一位亲戚愿意继承他的家业，因为他冒犯了将军。浅野侯的封地后来也被没收了，他的家臣也成了无主的浪人。

从“情义”的角度来讲，浅野侯的家臣也应随其主公一起剖腹。主公剖腹是为了维护自身的名誉，而他们的剖腹，则是对吉良侯侮辱主公的一种谴责。但是,大石并没有这么做，他认为剖腹尚不足以表达自己对主公的情义，他应当杀死吉良侯替主公报仇，但这样做则是对幕府不忠。按一般惯例，策划复仇的人必须事先向幕府上报计划，确定行动日期，在规定期限以前不能完成复仇的话就必须放弃。大石非常清楚，吉良侯是幕府的近臣，他的复仇计划肯定不会得到幕府的批准，必须另辟蹊径。于是，他把那些曾经是浅野侯家臣的浪人们召集在一起，却只字不提刺杀吉良侯的计划。这些浪人总共有三百多人（根据1940年日本学校所讲授的内容），他们一致同意剖腹自杀。但大石明白，这些人并不都是真心实意想要替主公报仇，因而并不能信赖所有的人。为了区分出哪些人是真心实意，哪些人是虚心假意，他想通过分配主公的财产来考验这些浪人。于是，他们对财产分配标准产生了激烈的争吵。大管家在家臣中俸禄最高，他领导的一派主张按原来的俸禄高低分配；大石领导的一派则主张平均分配。大石很快就弄清楚哪些人并不想真心剖腹，因为他们很在意财产如何分配。随即他表示赞成大管家的分配方案，并且同意站在大管家那边的人拿着钱离开。于是，这些人也从此背上了“败类武士”、“无情无义之人”、“无赖”等骂名。最后只有四十七人意志坚定，愿意协同大石替主公复仇。他们就此立誓，保证无论信义、情感还是义务都不能阻挡他们的复仇计划。“情义”必须成为他们的最高行为准则。于是，四十七士歃血为盟。

他们首先要消除吉良侯的戒心，使其丧失警惕性。离开浅野侯家后他们便各奔东西并装作无所事事、淡泊名利的样子。大石经常沉溺于花街柳巷，打架斗殴。由于整天过着这种放荡的生活，他的妻子忍无可忍，和他离了婚。其实这是日本人惯用的手段，他们认为只有这样，一旦哪天自己出了事，才不会让自己的妻儿跟着受连累。就这样，妻子离开了他，但他的儿子却加入了浪人的行列。

江户（今东京）城里的人都在猜测他们要复仇。尊敬浪人的人们都深信他们必将策划刺杀吉良侯。可是，四十七士矢口否认。他们佯装成“不懂情义”的人，整天游手好闲、胡作非为。这些放荡的行为让他们的准岳父们感到十分愤慨，就把他们赶出家门，解除了婚约；朋友也嘲笑他们。一天，一位好朋友碰到喝得酩酊大醉的大石正在和一个女人寻欢作乐。大石仍然要掩饰他对主公的“情义”，即使面对自己的知己。因此，面对好朋友的质问，他说：“复仇？简直是愚蠢透顶，人生就应该及时行乐，哪里还有比饮酒作乐更好的事。”那位朋友不相信，就把大石的刀从刀鞘抽出来看。他以为刀刃一定会闪闪发光，那样就足以证明大石讲的是假话。可是，大石的刀已经生锈了，朋友这才相信大石说的是真心话。他这种自暴自弃、自甘堕落的行为令朋友感到非常失望和气愤，因此，对他一通拳脚相向后，弃他而去。

他们中的一个浪人为了筹够参与复仇的资金，竟把自己的妻子卖去当妓女。他妻子的兄长也是浪人之一，当得知自己的妹妹知道了他们的复仇计划后，竟提出要亲手杀死她以证明自己的忠诚，好让大石同意他参加复仇行动。还有一位浪人为了复仇计划而杀死了自己的岳父。更让人难以相信的是，有位浪人竟把自己的妹妹送进吉良侯家当女仆兼小妾，以便从内部得到消息来确定何时动手。在协助他们完成复仇之后，她必须选择自杀。因为，尽管她是伪装侍候吉良，她也必须以死来证明自己的清白。

12月14日的一个大雪纷飞夜，吉良侯大摆酒宴，卫士们也都喝得酩酊大醉。浪人们攻占了防守坚固的岗楼，制服了警卫，径直冲进了吉良侯的卧室。吉良侯并不在卧室里，但被褥还有余温。浪人们由此知道他就藏在府内的某个角落里。终于，他们发现有人躲在储藏木炭的小屋里。一个浪人隔着小屋的墙壁将长矛刺了进去，然而拔出来时矛尖上却没有血迹。长矛确实刺中了吉良侯，但在长矛拔出时，狡猾的吉良侯用和服袖子把血迹擦掉了。他的这种小把戏无济于事，浪人们还是把他揪了出来。但他不承认自己是吉良侯，说自己是吉良侯的大管家。这时，一个浪人突然想起浅野侯曾在幕府将军的殿堂上砍伤过吉良侯的额头，额头上肯定会留有伤疤。根据这个伤疤，浪人们认定他就是吉良侯，并要他当场剖腹自杀。他拒绝了剖腹，这恰好证明他是个懦夫。于是，浪人们用浅野侯剖腹时使用的刀砍下了吉良侯的首级，按照祭祀仪式的要求把它洗净，完成了他们的任务。他们带着两度染血的刀和吉良侯的首级，列队走向浅野侯的墓地。

整个江户都被浪人们的行为所感染，人们充满了喜悦和激情。曾经怀疑过浪人们的家属们争先恐后地前来和浪人们拥抱，向他们致以崇高的敬意；大藩的诸侯们则在沿途热情款待他们。他们来到浅野侯的墓地，不仅把首级和刀供在墓前，而且还献上了一篇致主公的祷文。该祷文保存至今，其大意如下：

“四十七士在主公灵前拜祭……在主公复仇大业未完成以前，我们实在没有脸面替主公扫墓。我们苦苦等待良机，度日如年……现将吉良侯首级献上。这把刀是主公去世以前所珍爱的，曾嘱咐我们妥善保管。希望主公能用此刀再次砍断仇敌头颅以雪恨。谨祷。”

他们报答了“情义”，但他们还需要尽“忠”。因为他们违反了应事先呈报幕府才能进行复仇的法令，只有一死才能两全。为了偿还对“忠”欠下的债，无论幕府要求他们做什么，他们都要无条件答应。幕府将军命令他们用剖腹自杀来谢罪。

日本小学五年级的国语课本是这样写的：

> 他们为主公报仇，情义坚定，应为后世所敬仰……于是，幕府经过再三考虑，命令他们剖腹自杀，这其实是两全其美的事情。

这也就是说，浪人们亲手结束自己的生命，对“情义”和“义务”都作了最高的偿还。

日本这部民族史诗的内容在不同版本中略有差异。其中的一个版本是，由于吉良侯对浅野侯的妻子心怀不轨，因此想设法陷害他，致使浅野侯在众人面前蒙羞而自杀。虽然故事之初的贿赂情节被删除了，但有关“情义”的描写仍然是那么真切。“为了情义，他们可以抛妻弃子，甚至弑父”。

日本的很多故事和电影都是以“义务”与“情义”之间的冲突为主题的。其中最优秀的一部历史电影讲述的故事就发生在德川第三代将军在位时期。当时，幕府要推选一位继承人，由于这位将军比较年轻，又缺乏经验，因此，大臣们为此争论不休，其中有些大臣想另选一名和他年纪相仿的近亲，但最终还是他获胜了，成为德川家第三代将军。尽管后来证明成年后的这位将军很有政治才干、治国有方，但仍有一位大名一直为自己当初的失败而耿耿于怀，准备伺机报复。终于，机会来了。

一日，将军及其随从要巡视几个藩国。这位大名企图抓住接待将军一行这个机会报仇雪恨，实现“对名誉的情义”。于是，他命令士兵将府邸修成一座坚不可摧的堡垒，并封堵住所有的出口。他甚至还布下机关，只要将军想逃走，就会墙倒屋塌被砸死。当然，这些阴谋必须在暗中进行。等一切安排就绪后，他准备了一场盛宴来招待将军一行，并让一位武士为他们舞剑助兴，趁机刺死将军。按照“情义”，这位武士不能违抗主公的命令；但是，“忠”又不容许他伤害将军。这位武士内心的矛盾挣扎在银幕上通过他的舞姿被展现得淋漓尽致。他必须行刺，却又不能行刺；他就要行刺，但又不想行刺。此时，“情义”和“忠”在撕咬着他的内心，不由得使他的舞步也开始变得凌乱起来，这使将军一行产生了疑心。他们刚要起身离开，丧心病狂的大名就命令毁坏房屋。此时，将军刚刚躲过了武士的剑，却又要面临墙倒屋塌的危险。在这千钧一发之际，舞者一个箭步冲上前去，带领将军穿过地道逃出险境。“忠”战胜了“情义”。舞者的仗义举动令将军身边的人倍加感动，他们向舞者表示感谢后再三邀请他与他们一道回东京。那位武士回头看了看正在倒塌的房屋说，“不，我得留下。这是我的情义和义务。”说完他就转身跳进了废墟中。“他最终用死顾全了忠和情义”。

日本的古代小说里很少展现“义务”与“情感”的冲突，到了近代这一题材才日渐增多。在很多近代小说里，都讲述了主人公为了“义务”和“情义”不得不放弃爱情和人情的故事。正如日本的战争影片在西方人看来是反战宣传一样，他们的小说也让人觉得他们是想追求一种自由幸福的生活。但是在议论小说情节或者电影剧情时，日本人的看法往往与我们相左。我们之所以同情主人公是因为他为了追求爱情而变得伤痕累累。而日本人却批评这种主人公懦弱，因为他为了情感而忽略了自己应尽的“义务”或“情义”。西方人认为，那些反抗陈规旧习、克服重重障碍去努力追求幸福生活的人才是强者。而日本人认为所谓的强者，应该是能够抛弃个人幸福而履行义务的人。在他们看来，坚强意味着服从，而不是反抗。因此，同样的小说和电影，在西方人与日本人眼里，却有着截然不同的含义。

日本人在评论自己的生活或其他人的生活时，都是用的同样标准。他们认为，在义务与个人欲望产生冲突时，关注个人欲望的人就是弱者。任何时候都应把义务放在第一位。但是，与西方伦理道德最相悖的莫过于丈夫对待妻子的态度。在“孝的世界”中，父母永远是中心，妻子则属于边缘地位，因此他的义务很明确。一个有强烈道德感的人必须遵从“孝”道，如果母亲让他与妻子离婚，他就得遵从母亲的意愿；即使他深爱着自己的妻子或者妻子已经为他生了孩子，他也得选择离婚。这种服从只会让他变得更“坚强”。日本人有句谚语：“孝道可以让你把妻儿视为陌路。”在这种情况下，对待妻子充其量不过是属于“仁的世界”。而最糟糕的是，妻子对他的选择也不能有任何怨言。即使他们的婚姻生活很幸福，他也不会把妻子放到跟父母、国家一样的地位。20世纪30年代有一位著名的自由主义者曾经在公众面前说，他回到日本后非常高兴，因为他终于与妻子久别重逢了。这番话遭到了很多人的指责，因为他竟然把妻子看得比自己的父母和祖国更重要，这也太荒唐了。他更应该说他高兴是因为见到了父母，见到了祖国的富士山，以及能为国家的使命而献身等等。而他的妻子则是不属于这个层次的。

到了近代，日本人对自己所遭遇的道德困境也感到不满。因此，他们想方设法把“忠”变为一种最高道德、至高无上的信条。正如日本的政治家为了简化等级结构，把天皇放在至高无上的位置，然后取消将军与封建诸侯一样。在道德领域内，为了简化人们的各种义务，并避免各项义务之间产生矛盾冲突，他们把一些低层次的义务全部置于“忠”的范畴之下。这就意味着，一个人完成了“忠”的义务也就完成了其他一切义务。这样，其他义务与“忠”比起来也就相形见绌了，“忠”已从一种必须履行的义务演化为人们道德标准的基石和顶梁柱了。

这种设想的最有力证明就是明治天皇于1882年颁布的《军人敕谕》。这份敕谕与《教育敕昭》一起被誉为日本人真正的圣典。日本的各派宗教并没有被奉为圣典的经书。神道教没有，各派佛教也没有。他们没有系统的教义，有时就是通过反复诵念“南无阿弥陀佛”、“南无妙法莲华经”来代替诵经。在他们心中，真正的“圣经”就是天皇的敕谕。因此，每次宣读前都要有神圣的仪式，听众则要神情严肃，毕恭毕敬，不能发出任何声响。其恭敬程度不亚于西方人对待摩西十诫和旧约五经。宣读人要小心翼翼地将其从神龛中请出，读完之后，则要恭恭敬敬地放回原位。而且在宣读时绝不能读错，哪怕是念错一句，都要以自杀谢罪。《军人敕谕》主要是颁赐给现役军人的。军人要逐字逐句背诵，并且每天早晨都要默念十分钟。每逢重要的祭祀日、新兵入伍、期满复员及其他类似的场合，都要举行隆重的宣读仪式向军人宣读。此外，日本的中学和补习班的学生也要学习。

《军人敕谕》的内容长达数页，条理分明，结构清晰且文字严谨。但对西方人来说有些内容却令人费解，因为有些训诫是自相矛盾的。比如，他们把善与德奉为人们追求的目标，这点西方人能够理解。但敕谕又告诫民众不要重蹈古代那些旧式英雄的覆辙，因为他们“罔知公道之理，徒守私情之义”（Losing sight of the true path of public duty，they kept faith in private relations）。括号里的英文是日本官方的正式译文，虽然不是逐字逐句地翻译，却也能很好地表达原意。《敕谕》接着说："这种古代的事例，你们应当引以为戒。"

如果不了解日本人所谓的"义务范围"，我们就很难理解敕谕中的"引以为戒"指的是什么。整个敕谕表明，官方在尽量淡化"情义"而抬高"忠"的地位。全文中一次也没有出现过日本人经常提及的"情义"两字，只强调"大节"、"小节"之分。所谓"大节"指的就是"公道、忠或义务"；而"小节"指的则是"私情、情义"。敕谕一再强调，日本人应该为大节而死，不应该只为小节，"忠"足以超越其他所有美德。一个能尽"忠"的军人必然具有真正的勇气。所谓"真正的勇气"就是"日常待人以温和为先，进而赢得他人爱戴和尊敬"。敕谕还暗示，只要遵循这些训诫，就不必再去顾及"情义"了。除了尽"义务"这样的"大节"之外，其他"小节"都可以暂放一边。《敕谕》曰：

> 如欲守诺言（在私人关系上）而又欲尽义务……则自始就应慎重考虑可行与否。如被不智之义务所束缚，则置自己于进退两难之境。如若无法既守诺言又守义（敕谕把"义"规定为"履行义务"），则应立即放弃（私人的）诺言。自古以来，无数英雄豪杰或遭不幸，或身败名裂，遗恨万年，皆因只守小节，而弃大节，或是徒守私情，而弃公道于不顾。

如上文所述，在这段"忠"高于一切的谆谆教导中，并未提及“情义”二字。但日本人都知道有这样一个谚语——“为了情义，我无法行义”。敕谕对此的解释为：“如果你确信不能既守诺言（私人义务），而又坚持义……”敕谕以天皇的权威教导说：在这种情况下，你就应当抛弃“情义”，要记住情义是小节。只要能够服从敕谕的教导，维护“大节”，你就是高尚之人。

在日本，这篇颂扬“忠”的圣典是一部基本文献。虽然在文中它处处贬低“情义”，却很难改变长期以来人们对“情义”的看法。日本人经常引用敕谕中的一些戒条，比如说“义就是尽义务”，“心诚则万事都可成功”等来为自己的行为辩解。但很少引用不要守信于私的告诫。时至今日，“情义”在日本人看来仍然是一种很重要的美德，不懂情义的人会受到很强烈的谴责。

日本的伦理道德体系并没有因为引入“大节”而轻易得到简化。正如他们经常自夸的那样，日本人不需要用一种统一的道德标准来约束他们的行为。在很多国家中，都是以善良、勤俭以及事业上的成就来衡量一个人成功与否。因此，这些国家的人所追求的人生目标通常是获得幸福、发挥自身的影响力、追求自由的生活以及提高自身社会地位等。而日本人却不同，他们遵循一种特殊的准则，不同情况不同对待。不论是在封建时代还是在《军人敕谕》中，他们所谓的“大节”，指的都是对等级制度中的上层阶级的义务，而对下层阶级的义务可以忽略。对待不同的阶级他们会采取不同的态度。对西方人而言，所谓的“忠”，应该是一种不分阶级的忠诚，而不是对某一特定人群或特定事业的忠诚，日本人则恰恰相反。因此，对于

“忠”的强调并不会导致日本等级制的根本弱化。

近代以来，日本人试图建立一种统一的道德标准，这种道德标准他们称为“诚”。在谈到日本的伦理道德时，大隈伯爵说：“‘诚’（makoto）是所有道德准则的核心，一切道德训诫的基础。在我国古代语汇中，除了‘诚’这个词以外，没有其他的词可以更准确地表达伦理的概念了。”在本世纪初,日本的近代小说家也曾歌颂过西方的个人主义，后来发现这种西方信条并不适用日本人。因此，“诚”再一次成为他们的唯一信条。

对“诚”的强调充分体现在《军人敕谕》的前言中。就像美国历史文献的前言中总是会提及华盛顿、杰斐逊等“开国之父”一样，在这段历史性序言中，日本人进一步阐述了他们的最高道德标准“忠”，并以此来唤醒人们的忠诚意识。

> 朕视汝等为股肱，汝等以朕为首领。朕能否保护国家，报答祖宗之恩，全赖汝等能否尽忠。

接下来就是训诫的具体内容，共五条：（一）最高德行就是尽“忠”。一个军人无论能力有多强，如果没有尽“忠”之心，也只能算是个傀儡。一支缺乏忠心的军队，在危急时刻就会变成乌合之众。“因此，不为舆论所惑，不干预政治，一心效忠并时刻牢记‘义’重于泰山，而死轻于鸿毛”。（二）遵守等级礼仪。“下级应把上级军官的命令当做天皇的命令，上级军官也必须体恤部下”。（三）英勇。真正的英勇并非蛮干，而是“从不畏强欺弱”。“真正的勇士应温和待人以博爱戴”。（四）告诫人们“不要徒守私情”。（五）要节俭。“凡是生活奢靡，摒弃节俭之道的人终究会沦为卑鄙自私之徒。虽徒具忠心与勇气，也难免遭世人唾弃……我（天皇）对此十分担心，所以再三告诫你们”。

敕谕的最后一段是总结。它把以上五条训诫总结为“天地之道，人伦之纲”，此乃“军人之灵魂”。这五条训诫的精髓就是“诚”。“如果心不诚，一切都徒劳无益；心诚则万事成”。这五条训诫就是这样“易守易行”。这就是日本人的做事风格，在列举完所有的德行和义务后，最后用“诚”来制约人们的行为。中国人认为只有具有仁爱之心的人才能更好地去履行各种责任和义务。而日本人则首先罗列各项义务和准则，最后再以仁爱之心加以约束。

“诚”在佛教的主要宗派禅宗的教义里，具有相同的含义。铃木大拙在其论禅的专著中有一段禅宗师徒的问答：

> 僧问：“我发现狮子攻击敌人的时候，不论是兔还是象，它都全力以赴，请问这是为什么？”
>
> 师答：“‘那是至诚的力量’。至诚就是不欺骗，也就是要‘奉献出自己的一切力量’。禅语里称之为‘全力以赴’，即毫无保留、毫不伪装、竭尽全力。这样的人可称为金毛狮，他们集刚强、诚实、全心全意于一身，可谓圣人。”

日语中关于“诚”的特殊含义在前文中已提到过。与英语“sincerity”（真诚、坦诚）比起来，日语中“诚”（Makoto）的含义更特殊。也许对于那些不太了解“诚”的更多内涵的西方人来说，这个词所表达的意思要比“sincerity”少得多。比如说，当日本人说某人不真诚时，他并不是说这个人不诚实、不坦诚，而是指自己并不赞成这个人的说法和行为。这种理解也有一定的正确性。因为日本人所说的真诚并不是指行为诚实，或对某件事直抒胸臆或直白地表达自己的内心。而美国人想表达自己对别人的赞美时就会直抒胸臆，很坦诚，比如，他们经常说“He was sincerely glad to see me”（他见到我心里真高兴）或“He was sincerely pleased”（他由衷地感到高兴），但日本人就不会这样直接表达自己的想法。他们认为这种直抒胸臆的做法会让人耻笑，因为这样做会完全暴露自己的感情。他们用很多俗语来嘲笑这种“坦诚”（sincerity）。比如，他们会说：“看那只青蛙，一张开嘴就把肚子里的东西全都亮出来了”，“就像是石榴，一张开嘴，我们就知道它心里有些什么”。“暴露感情”是一件耻辱的事情，因为这样会“暴露”自己。“sincerity”（真诚）一词的很多含义在美国人心中是很美好的，而这些含义对于日本人来说却无足轻重。上文中我们提到了一个日本贫苦少年把自己想去美国的愿望告诉了一对传教士夫妇的故事。当这对夫妇听到他的愿望后感到非常惊讶。他们的这种强烈反应令这位少年倍感羞辱，因此，这位少年指责他们“不真诚”（insincerity）。其实，这里他所说的“不真诚”，就是指自己完全不赞同传教士夫妇的做法，感觉自己受到了侮辱，其实他并没有想过这对传教士夫妇是否真的想去羞辱他，也许只是对他的计划表示惊讶而已。近十年来，日本政治家经常批评英美两国不真诚，其实，他们的意思并不是指责英美两国不诚实、不坦诚，而是对很多英美的对日政策感到不满。他们甚至认为英美两国的行为比不诚实还要可耻。同样，在《军人敕谕》中所说的：“‘诚’是五条训诫的精髓”，这句话并不是要让每个军人都变得坦诚一些，而是要求他们无论什么时候都要全心全意地尽“忠”、尽“责”。

尽管如此，“诚”在日本还是有其积极含义的。由于日本人非常重视“诚”这一概念的道德作用，西方人应该准确地把握它的这层含义。“诚”的这层含义在《四十七士物语》中就有很好的体现。在这个故事中，“诚”是附加于“情义”之上的。四十七士对浅野侯的“情义”是发自内心的，真心实意的，并没有被强迫的意思。是这种“诚”鼓舞着他们，让他们坚持了下来，最后替主公报了仇，正是这种坚持和长久的精神让他们流芳百世。直到现在，日本人仍会说“诚让它延续”。这里的“它”指的是日本道德中的戒律或是“日本精神”所要求的态度。

为了更好地理解“诚”，我们来看另外一个例子。战争期间，美国的日本移民收容所里有两种人，一种是生在日本后移民到美国的第一代日本人，他们的思想倾向于日本化；另一种是在美国出生的日本移民的第二代，由于受到西方思想的熏陶，他们更加美国化，因此，这两代人会产生很多思想上的冲突。比如，第一代日本人总是批评第二代日本人缺乏“诚”，也就是说他们缺乏坚持和长久的“日本精神”，很容易被西化。而第二代日本人误以为说自己不诚实，因此，他们会辩解说自己是志愿加入美国军队，并真诚地为自己的第二祖国而服务的。这就是两代人对“诚”的不同理解。一个强调坚持而长久的爱国精神，一个强调忠于自己的内心感受。

由此我们可以得知，“诚”在日本文化中代表的是一种坚持和长久的精神，是指热情地遵循着一条符合日本人原则和精神的道路。由于日语中的“诚”和美国人所理解的含义不同，因此，对于日本文献中出现的“诚”，我们应倍加重视，只有了解了“诚”的特殊含义，才能够真正理解日本人的某些行为。“诚”这个词经常被日本人用来赞扬不图私利的人，这反映了日本人的伦理道德中厌恶谋利的心理。如果一个人的财富和他的身份地位不符的话，他就会被认为是可耻的剥削者。这种人常被指责为“不诚”。“诚”也经常被用来赞扬那些能够约束自己欲望的人，这正反映了日本人的自我克制，他们不仅会对自己做的事负责，而且还会为行为的后果承担责任。因此，一个称得上“诚”的日本人决不会轻易去冒犯别人。最后，只有“诚”者才能领导众人，才能够有效地发挥自己的才干，才能远离内心的争斗。这三点以及其他的很多含义都表明，只有遵守了道德规范，只有“诚”，才能够做到思想统一、行事有效。

虽然“诚”具有如此多的含义，但它并不会简化日本的伦理道德体系。对于各项道德规范来说，“诚”更像是它们后面的一个指数。我们知道，任何一个数字后面放上一个指数的话，都会使该数字成倍增加。例如，A的二次幂（A^2），这里的A可以是9、159、b 或x等。同理，“诚”可以提高任何一项道德规范。因此，它已不仅仅是一种单独的道德，而是一种要求人们遵循各项道德规范的狂热精神。

虽然日本人一直在努力地调整和简化自己的道德体系，却很难做到。因为他们的道德体系本身就是由很多不同的道德规则构成的，他们一直都在这个道德和那个道德之间进行权衡，总想着能够找到一个平衡点，从而让自己摆脱道德困境。虽然他们的行为都是善的，却很难做到忠孝两全。在日本，做任何事都要遵循一定的原则，这就像桥牌游戏中的游戏规则，优秀的选手都能按规则出牌，他们熟知游戏规则，因此能够很好地判断出对手的出牌意向，从而有利于自己的下一步选择。用我们的话来说，他是遵循霍伊尔（Hoyle）比赛规则的人，每次出牌，都能够做到通盘考虑。游戏规则会考虑到所有可能出现的情况，计分方式也是预先商定好的。因此，日本人无论做什么都要遵循一定的规则，他们的行为和美国人所说的善良没有太大关系，因为他们认为自己的所有行为都是善意的。

要想更好地了解日本人的人生观，我们还需要谈谈他们对“自重”的看法。日本人所说的“自重”指的是一个人在做任何事情时都要保持谨慎，尽量避免那些招致非议或阻碍自己成功的事。而美国人的“自重”要求人们有意识地遵守高尚的行为准则，不谄媚、不撒谎、不作伪证等。假如一个日本雇员说“我必须自重”，并不是指他要维护自身的尊严和权利，而是告诫自己绝不要对雇主讲任何让自己陷入麻烦的话。作为政治用语使用时，“你应该自重”也具有同样的含义，意思是说一个“身负重任的人”说话一定要小心谨慎，不能轻率地谈论某些“危险思想”，那样他就是不“自重”了。而在美国，“自重”却没有类似的意思。他们做事时会更多地遵从自己的内心，而不会太在意别人的评价。

日本的父母经常用“你应该自重”来教育青春期的孩子。意思是，孩子们应该遵守礼节，不要辜负别人对他们的期望。

女孩子们被告诫坐姿要端正，男孩子们则要求会察言观色，“因为现在可以决定你的未来”。如果父母对孩子说“你的行为不自重”时，其实是在告诫孩子做事时要懂得礼法，不能莽撞行事。

还不起债的农民对债主说：“我本应自重”，他并不是在责怪自己懒惰，也并不是对债主卑躬屈膝，而是说他如果考虑周全的话，就不会让自己陷入这种困境。如果一个有地位的人说：“自重要求我这样做”，他的意思并不是说他要按照正直、廉洁等原则办事，而是说他在处理事情时要充分考虑自己的身份和地位。

公司总裁对员工说：“我们必须自重”，意思是说工作中要谨慎小心。想要复仇的人说：“自重地复仇”，并不是说要“以德报怨去感化你的仇人（见《圣经·箴言》第25章，第21至32节）”，而是说“我一定要彻底复仇”。比如报仇前制定周密的计划，考虑到所有可能发生的情况，以使自己胜券在握。在日语中最强烈的说法是“加倍自重”，意思是要加倍小心，非常慎重，不能莽撞行事，绝不轻易下结论。另外，它还意味着，要权衡各种方法和手段，恰到好处地完成自己的任务。

自重的这些含义完全符合日本人的人生观，根据霍伊尔规则，所有人都应该小心谨慎地按照规则行事。日本人认为，无论做什么事，都要事先预料到你的行为会产生什么样的后果并要对其负责。因此，即使有时你的出发点是好的，最后也会遭到别人的批评。比如，慷慨大方虽然是好事，但是因此让对方感到欠了你的人情债就不好了。批评别人是可以的，但必须准备好承担由此带来的怨恨。当那位年轻画家指责美国传教士对他的嘲笑时，尽管传教士是善意的，但仍遭到画家的怨恨，因为他根本没考虑到自己这样做会产生怎样的后果，用日本人的话说，这个人缺乏自制，不自重。

日本人之所以把谨慎与自重划等号，是因为他们总是感觉别人在注视评价自己。在他们看来，之所以要处处强调自重，是因为自己做的每件事都在别人的注视中。因此，这种以羞耻感为基础的文化更看重别人的评价。他们认为，如果不是生活在这个社会中，人就不需要自重。从这些观念中我们可以看出，是外部的力量让他们变得小心谨慎，而不是他们内心的自省。就像很多国家流行的那些夸张的俗语那样，日本人过度夸大了别人评价的力量。尽管有时日本人也会像清教徒那样，对自己犯下的过错有一种罪孽感，但在他们心中，羞耻感还是比罪恶感重要，因此他们会处处小心，以免遭到别人的批判。

人类学家在研究各种不同的文化时，一个重要的任务就是要正确区分一个国家的文化是以羞耻感为基础的还是以罪恶感为基础的。那些通过各项道德标准来呼唤人们良知的文化可以定义为“罪恶感文化”。美国就属于罪恶感文化。日本则属于耻辱感文化。但在美国，有时人们做了不得体的事时也会感到羞耻。比如，穿衣不得体，言语失分寸等。在日本的耻辱感文化中，他们会对自己的犯罪行为感到懊悔，这种懊悔感有时会非常强烈，却很难得到解脱，因为他们不会像西方人那样通过向神父忏悔坦白自己的过错来减轻自己心中的罪孽感。我们知道，罪犯可以通过忏悔来减轻自己的罪恶感，现在很多宗教团体都是用这种方法来宽慰那些有罪恶感的人。但在以羞耻感为基础的文化中，即使当众认错，甚至向神父忏悔，犯错误的人也不会得到解脱。相反，他会感到只要恶行没有公之于世就不必懊丧，因为忏悔只能是自寻烦恼。因此，在耻辱感文化中没有忏悔的说法，更没有向上帝忏悔的习惯。他们有祈福仪式，却没有赎罪仪式。

真正的耻辱感文化是靠外部的强制力来让自己行善，而真正的罪恶感文化则是靠强烈的自省意识来规范自己的行为。羞耻是对别人批评的反应。一个人感到羞耻，是因为他被当众嘲笑，或者他自己感觉被别人嘲笑了。无论是哪种情况，羞耻感对个人的行为都有很强的约束力。既然羞耻感是对外界批评的反应，那么，如果没有外界监督的话，他是不会有羞耻感的。但生活在罪恶感文化中的人就不同。即使做错了事没有被别人发现，他们也会有一种罪恶感，并受到罪恶感的折磨，但他可以通过忏悔来减轻这种罪恶感，从而得到解脱。

早期移居美国的清教徒们曾试图把一切道德置于罪恶感的基础之上，因为他们认为这种强烈的罪恶感会对人们的行为产生很大的约束力。很多美国人会因为长期遭受罪恶感的折磨而精神失常。然而，如今在美国，人们的罪恶感已经不那么强了，反而耻辱感增强了。美国人把这种现象称为道德下滑。这样说有一定的道理。但我们不能以羞耻感作为衡量道德的标准。一个人感到羞耻并不一定就意味着他有很强的道德感。

而日本人却把耻辱感跟道德扯在了一起。他们认为，如果一个日本人违背了善行标准，无法平衡各种义务或做事考虑不周全的话，他就会感到耻辱。耻辱是道德的根本。有耻辱感的人才会有善行。“知耻之人”（A man who knows shame）可译为“有德之人”（Virtuous man），有时也译成“重名誉之人”（Man of honor）。在日本的伦理道德体系中，耻辱的权威地位类似于西方道德体系里的“问心无愧”、“笃信上帝”、“避免罪恶”等。日本人不认为人死后会受到惩罚。除了那些熟悉印度佛经的僧侣外，日本人并不相信那种今生修行，来世必有好报的因果轮回观念；除了少数皈依基督教者外，他们也不相信死后会受奖惩或升天堂下地狱的说法。

就像所有对耻辱感非常敏感的部落和民族一样，日本人把耻辱感看得极其重要，因此，他们非常重视别人对自己的评价。他们在做任何事前，首先要想到别人会怎样评价这件事，从而不断调整自己的思路。当所有人都遵循同样的游戏规则并能互相合作时，生活就会变得轻松而愉快。尤其当他们感到遵守这些游戏规则是一种“使命”时，则更加狂热起来。但是，当他们试图把自己所谓的美德输出到国外去时，他们就很容易受到伤害，因为这些国家并不奉行他们所谓的善行标准。比如，他们自以为“善意”的“大东亚共荣圈”计划在中国以及菲律宾失败后，这让他们感到非常愤慨。

如果抛除民族主义情感，日本人只是到美国去求学或经商，他们也很难适应美国的生活。当他们试着在这个道德规范不那么严格的社会生活时，总会感到自己以前所受的教育同美国的生活格格不入。况且，想让美国人按照日本人的规矩那样生活是绝对不可能的，因此，他们总有一种挫败感。但是，令他们更为苦恼的是，那些在美国的中国人和暹罗人就能比他们更适应美国的生活。日本人认为自己遇到的生活困境完全是由其接受的特殊教育造成的。他们从小就要遵守各项礼仪规范，处处都要小心谨慎，他们早已习惯了这样的生活，也只有这样的生活才会让他们有安全感。但美国人不同，他们没有这么多的清规戒律，生活更随意，在交往中也不会很在意各种礼节，因此，这令日本人感到茫然不知所措。他们试图寻找西方人生活中与日本人类似的一些礼节，但结果总是令人很失望，为此，他们感到非常焦虑不安。

在所有描写日本人是如何在美国这样宽松的文化里生存的文章中，最成功的当属三岛女士（Mishima）的自传《我的狭岛祖国》，在此书中，她细致地描写了自己在美国遇到的种种困境。她一直渴望到美国留学，经过一番努力，她终于说服了保守的父母（她父母认为接受了奖学金就意味着受了别人的恩惠）去了美国，并拿到了卫斯理学院的奖学金。她说，老师和同学们对她都很友善，但这却让她感到很不安。她写道："日本人向来崇尚做一个德行完美的人，我本为此而感到骄傲，但现在却深深地受到了伤害。我对他们的规则一窍不通，也不知道如何与人相处，似乎所有的人都在嘲笑我，我感到非常痛苦。"她觉得自己就像是个来自外星球的人，与周围的环境格格不入，以前所有的规则在这里都发挥不了作用。"日本的教育要求女孩子必须举止文雅、言辞有礼，可这些礼节在这里完全没有用武之地，因此，我变得敏感而脆弱。"直到两三年后，她才慢慢适应这样的生活，身心也才慢慢放松下来，并且开始接受别人的好意。她认为，在美国，人与人之间有一种美妙的亲密感，而在她三岁的时候这种亲密感就被当做一种无礼给抹杀掉了。"

三岛女士把她在美国结识的日本姑娘和中国姑娘做了比较，她认为中国姑娘和日本姑娘在美国的表现完全不同。中国姑娘具有的“那种沉稳和社交能力是大多数日本姑娘所不具备的。在我看来，这些上流社会中的中国姑娘是世界上最温文尔雅的人，她们人人都具有高贵的气质，仿佛她们就是这个社会的真正主人。即使在这个高度机械化与高速发展的国度中，她们仍然是那么镇定自若。她们恬静和沉稳的性格与日本姑娘的怯懦、拘谨形成了鲜明的对比，这显示出她们社会背景的根本差异”。

和许多日本人一样，三岛女士感觉自己好像是一个网球高手却参加了槌球游戏，球技再高也派不上用场。她感到过去所学的东西是无法融入到新环境中的。更糟的是，那些过去所接受的行为准则现在已毫无用处，在美国根本用不着。

一旦日本人接受了美国不太繁琐的行为准则，哪怕是那么一点点，他们都很难回到原来的那种条条框框的生活中去了。有时，他们把过去的生活比喻成“失乐园”；有时会说那是一种“桎梏”；有时比喻成“牢笼”；有时又把它说成是放盆景的“小花盆”。只要这棵小松树的根在花盆里，它就是一件能为园林增色的艺术品。一旦被移植到宽阔的土地上，它就再也无法栽回到原来的花盆里了。这些生活在美国的日本人感到自己就像被移植过的小松树一样，再也无法装点日本园林了，因为他们已无法适应原来的环境和要求。这些经历了美日两种不同文化的人，也是对日本的道德困境体会最深的人。

第十一章　自我修炼

对于其他国家的观察家来说，某一国家所看重的自我修炼似乎并不那么重要。因为，在他们看来，这些修炼方法很简单，为什么要搞这么复杂呢？比如，在日常生活中，为什么要闭门思过？为什么要闭气凝神？为什么要吝啬小气？为什么在这些方面总是严格要求自我，却不去克制那些应该克制的冲动呢？在外人看来，真正应该修炼的是如何控制这些冲动。如果某个观察家来自一个不需要自我修炼的国家，那么他肯定会对很多事情产生误解。

美国人不太讲究自我修炼，因此，在这方面没有太多的技巧和传统。他们认为，只有当自己想要达到某个预定的目标时，才会进行相应的锻炼。是否锻炼完全取决于他们的理想、良知或维伯伦所谓的"职业本能"（an instinct of workmanship）。例如，你想当一个足球健将，就要接受严苛的训练；想当音乐家或想成就一番事业，就要放弃一切娱乐活动。如果你要一心向善，就要弃绝邪恶。

对于美国人来说，自我修炼更多地指的是一种技能训练，它需要实际应用。如果在美国也有这种修行的话，那也是欧洲某些教派的领袖（Cult—leaders）或传授印度修炼方法的印度教牧师（Swamis）等传授的。如今在美国，就连基督教的修女圣特丽萨（Saint Theresa）或圣约翰（Saint John）所传授的默想以及祈祷式的宗教修行，都几乎不存在了。

然而日本人却认为，无论是参加中学考试的学生，还是参加剑术比赛的运动员，或者是过着贵族般生活的人，除了学习如何应试或生活所需的各项技能外，他们还需要进行自我修养的训练。不管你考试成绩多么好，剑术多么高明，也不管你多懂贵族礼仪，你都要把这些事情暂时搁置下来，接受特殊的训练。当然，并不是所有的日本人都接受这种神秘的训练，但即使那些不参与修炼的日本人也非常认同这种修炼方式。不管是哪个阶层的日本人，都喜欢用这种公认的自我约束的观念来评判自己和他人。

日本人所谓的自我修养大致可分为两类，一类是培养超常的能力，另一类则是培养更高的一种能力。这种更高的能力，暂且称之为“通达”。这两者有很大的区别，它们的目标不同，实现的心理效果不同，依据不同，识别的标志也不同。第一类培养能力的自我修养，在本书中已有过描述。比如日军进行实地演习的那个故事。那位陆军军官在谈到士兵长达六十小时不间断的训练中，中间只有十分钟的小憩时，说道：“他们知道如何睡觉，现在需要训练的是让他们学会如何保持清醒、不睡觉。”这种要求在我们看来未免过于残酷，但他们却认为这只是在培养一种必备的行为能力。这种训练方法就是日本人普遍接受的精神驾驭法，他们认为意志可以驾驭肉体，也就是说如果一个人有坚强的意志就可以克服肉体上的一切痛苦。日本人的“情感”理论都是建立在这种观念基础之上的。当要实现某个目标，履行某项义务时，肉体必须服从意志，甚至以牺牲自己的健康为代价。无论这种自我修炼要付出多大代价，都要始终弘扬日本精神。

其实，这样表述日本人的观点有些武断。因为美国人所说的，“无论这种自我修炼要付出多大代价”（at the price of whatever self-discipline）往往具有双层含义，一是“无论做出多少自我牺牲”（at the price of whatever self-sacrifice），另一层含义是“无论受到多少委屈”（at the price of whatever personal frustration）。美国人认为，男女自幼就要通过一定的训练来使自己更好地融入社会，这种训练有可能是外部强加的，也有可能是自己自愿接受的。不论是主动接受的，还是别人强迫的，从某种意义上说，都是一种压抑。被训练者通常对这种压制个人意愿的行为感到反感，有时还会产生强烈的反抗情绪。对此，很多美国的心理学家都非常认同这种观点。而父母在教育孩子时也会有同样的感受。因此，可以说心理学家的分析是很有道理的。在日常生活中，父母通常要求孩子到睡觉的时候必须睡觉，而孩子们通常都不愿意睡，这时，父母的要求就会使孩子感到压抑。在很多家庭里，孩子们在睡前都要大哭大闹一番，以表示自己的不满，尽管他知道人是必须要睡觉的，但仍然要坚持反抗。有时，母亲会要求孩子们必须吃一些她认为是有营养的东西，比如燕麦粥、菠菜、面包或橘子汁等，但孩子不一定会喜欢吃这些东西，因此对这些食物会产生很强的抵触心理。然而，日本的孩子就不会这样，在欧洲的某些国家，例如希腊也不会出现这种情况。因此，对于美国的孩子来说，长大成人就意味着一种解放，再也不用被母亲强迫吃自己不喜欢吃的食物了，可以任意选择自己喜欢的美味，而不管这些食物到底有没有营养。

然而，与西方人关于自我牺牲的整体概念比起来，上述这些有关睡眠和食物的观念实在是微不足道。西方人认为：父母为孩子做出了很大的牺牲，妻子为丈夫牺牲了自己的事业，丈夫为维持生计而牺牲了自己的自由。对美国人来说，很难想象一些社会竟然不认同这种自我牺牲的观念。然而，这样的社会的确存在。在这种社会里，人们认为，父母自然会疼爱自己的孩子，女人自然喜欢婚姻生活，男人们养家也是从事着自己喜爱的职业，比如狩猎或园艺，这怎么能谈得上是一种自我牺牲呢？当整个社会都在强调这种观念，人们也是按照这种观念生活的话，就没有自我牺牲这个概念了。

这种在美国人看来都是自我牺牲的事在其他文化中都被认为是一种交换。它们要么被看成是一种可以换来回报的投资，要么是受恩者在偿还以前欠的人情债。

在这些国家里，连父子关系都是如此。父亲抚养孩子长大成人，那么孩子就应在父亲晚年或死后给予回报。人与人的关系更像是履行一种契约，在契约存续期间，往往要求双方对等，各自承担各自应尽的义务。只要对彼此都有利，他们就不认为这是一种自我牺牲。

日本人认为，义务都是相互的，而且不同等级的人应承担不同的责任和义务。因此，日本人总是很反感基督教传教士关于自我牺牲的说教。他们认为，一个有德行的人不应该把为别人服务看作是一种牺牲。我曾经听一位日本人说：“我们并不认同你们的自我牺牲的观点，我们之所以会那样做，都是自愿的，或者认为那样做是对的。不管我们为别人付出了多少，我们绝不会感到后悔，我们也不认为，这样做是为了提高我们的精神境界，或者认为应当为此得到回报。”像日本人这样讲究互相尽义务的民族，怎么会把自己的付出当成是自我牺牲呢？日本人认为自己的所作所为都是在履行自己的义务，因此，不会产生一种自怜或自以为道德高尚的心理。但对那些强调个人主义和竞争的国家里，人们就会认为这是一种自我牺牲。

美国人要想真正理解日本人所说的自我修养的概念，就必须转换思维，也就是将我们赋予这一概念的一些东西剔除掉，比如说“自我牺牲”（Self-sacrifice）和“压抑”（Frustration）。在日本，一个人要想成为出色的运动员就必须进行严格的训练，就像打桥牌一样，当然训练是非常艰苦的，这很正常，根本算不上是一种“牺牲”。新生婴儿虽然十分“幸福”，却没有“体验人生”的能力。只有经过精神训练（“自我修养”）才有能力去体会人生。这种说法通常被译为“只有这样才能享受人生”（Only so can he enjoy life）。自我修养能提高人的精神境界，能锻炼人的自制力，只有加强自我修养，才能拥有更广阔的人生。

日本人认为，这种以培养能力为目标的自我修养能够提高一个人掌控生活的能力。他们认为，也许在训练的初期，你会感到难以适应，但只要能坚持下来，很快这种不适感就会消失，你才能够享受到其中的乐趣，否则就不会坚持下去了。就像学徒学做生意，少年学习柔道，新媳妇适应婆婆的要求等，这些人有可能会因为刚开始的不适应而要放弃这种修养，这是可以理解的。通常，这种情况下，父亲总会教导说："你到底想干什么?要想立足于社会，必须接受一定的训练；如果现在放弃了，终究不会获得快乐。如果有一天你后悔了，也为此付出了应有的代价，别指望我会帮助你。"日本人经常说，修养就是要磨掉"身上的锈"，让自己重放光芒，这是所有人都希望的。

虽然日本人一再强调自我修养对一个人是有利的，但这并不意味着他们不会抱怨那些极端训练，也不代表他们不会产生抵触心理。只不过当他们想到这种修养会令自己更强大时，才忍受下来。这种心理与美国人玩桥牌或运动员参加比赛的心理很像。桥牌冠军绝不会抱怨为了打好牌而付出的精力和时间，也绝不会把这种牺牲看作是一种"委屈"。但是，医生们证实说，当一个人想获得赌金或争夺冠军时，精神会高度紧张，这就很容易让他患上胃溃疡。日本人也会出现这种情况，只不过由于相互义务观的制约以及人们坚信自我修养于己有利，使得日本人更容易接受许多美国人难以忍受的行为。比起美国人，日本人更注重尽力而为，当无法胜任某件事时，他们也很少为自己找借口开脱，也不会像我们那样经常把对生活的不满归咎于他人。就算享受不到美国人所谓的平均幸福（average happiness），他们也不会顾影自怜。这种训练让他们比美国人更加注重提升自我。

比起培养超常能力的训练，"通达"是自我修养的更高境界。日本有很多介绍"通达"修养技巧的著作，但西方人却很难看懂。而专门研究这些问题的西方学者们对此又不太重视。

有时候，他们甚至称之为“怪癖”。一位法国学者认为这些方法都有悖于常识，就连所有教派里最讲究修养的禅宗的许多言论也属于无稽之谈。虽然西方人对这些技巧不太了解，却知道他们所要达到的目标，况且，探讨这个问题还有助于我们更好地理解日本人的精神驾驭法。

在日语中，有很多词来形容自我修养达到了“通达”的精神境界。这些词汇有的适用于演员，有的适用于宗教信徒，有的适用于剑客，有的适用于演说家、画家或茶道宗师。它们的意思大体相同。这里我仅举其中的“无我”一词为例，这是上流社会盛行的禅宗用语。“通达”描述的是这样一种状态，不管是在世俗还是宗教环境下，人的意志与行动能够完全合一，两者之间没有任何隔阂，就像电流从阳极直达阴极。而没有进入这种状态的人，在意志与行动之间仿佛隔着一块绝缘板。日本人把这个障碍称作“旁观的自我”或“受阻的自我”。经过特殊训练消除了这个障碍之后，“通达”者就能达到一种忘我的境界。此时，人的行动就如电流在电路中畅通无阻一样，变得毫不费力。这种境界就是“心一境性”（One-pointed），即身随心动。

在日本，即使是普通平民都想达到这种“通达”境界。英国的佛学权威查尔斯·艾利奥特爵士（Sir Charles Eliot）曾讲过一个日本女学生求教的故事。

一天，这位女学生上门拜访东京的一个著名传教士，说想成为一名基督徒。传教士问她为什么，她回答说想乘飞机。于是传教士就让她说说坐飞机与基督教有什么联系，她说，坐飞机要有一颗非常镇定、遇事不慌乱的心，而这只有经过宗教训练才能获得。她认为基督教可能是最好的宗教，因此前来求教。

日本人不仅能把基督教和乘坐飞机联系起来，而且他们还把“镇定自若、遇事不慌乱”与学生应考、演讲以及从政之道都联系起来。在他们看来，培养“心一境性”的专一境界对从事任何职业都具有毋庸置疑的好处。

日本人努力通过各种宗教修养的方法来达到这种状态。尽管世界上很多文明和宗教都有这样的方法，但日本人训练的目标和方法却比较独特。日本的很多训练技巧都来源于印度的瑜伽派。比如，自我催眠、全神贯注及控制感官的技巧至今仍与印度的修行方法有相似之处。二者都强调“心无杂念”、“静坐”、“凝神”以及反复诵念同一句话。日本人还采用了很多印度的修炼术语，除了这些共同点之外，两国的修炼术就没有其他相似之处了。

印度的瑜伽派是一个奉行极端禁欲苦行的教派，它认为这种禁欲苦行是人们从六道轮回中获得解脱的方法。除了这种方法外，没有其他的解救之道了，而获得解救的障碍则是人的欲望。因此，只有消除欲望才能让自己获得最终的解脱。那么消除欲望的方法便是忍受饥饿、侮辱以及自我折磨。人可以通过这些手段来让自己超凡脱俗，达到天人合一的境界。瑜伽是一种抛弃肉欲世界，逃脱无边苦海的修炼方法，同时又是一种控制精神力量的方法。苦行越苦，就越能尽快实现目标。

在日本人看来，这种极端的苦行禁欲是一种异端学说。尽管日本是一个佛教大国，但他们并不相信轮回和涅槃之说。虽然少数僧侣接受了这些教义，但并不能左右民间习俗和大众的思想。日本人并不会因为鸟兽虫鱼有可能是人的转世而不准杀生，他们的葬礼和出生仪式也没有受到过轮回思想的影响。日本人没有轮回和涅槃的概念，就连僧侣们也对它进行了加工改造，几乎绝迹。高僧者断言，顿“悟”之人即已涅槃；涅槃就在此时此地，松树和野鸟中都能见“涅槃”。日本人从来都不会去幻想死后会怎样。他们的神话都是讲关于神的故事，从来都不涉及人死后的故事。他们更不接受佛教中关于人死后有因果报应的思想。他们认为，不管什么人，哪怕是贫民，死后都能成佛，日本人把供在佛龛中的祖宗牌位就称作“佛”。任何其他佛教国家都不会这么说。既然人人都能成佛，他们怎么还会信奉涅槃之说呢？既然无论做什么都可以成佛，那也就没有必要禁欲了。

同样，日本人也不认为人的肉体和灵魂是矛盾对立的。瑜伽是一种消除欲望的修炼方法，而欲望来自于肉体。但是日本人不这样认为。在他们看来，人类的“情感”并非罪恶之事，追求感官享受也是人生的一大乐趣，唯一的条件就是当享乐与义务发生冲突时，必须放弃享乐。日本人对瑜伽教义进行了很多修改，不仅废除了自我折磨，也不倡导禁欲。那些被称为隐士的“得道之人”也可以娶妻生子，隐居在风景秀丽的乡村，过着神仙一般的生活。他们并不认为这种俗人般的私生活会影响他们成为真正的圣人。在日本佛教的一些通俗教派中，僧侣完全可以娶妻生子。他们不认为灵与肉是对立的。这些“得道之人”完全可以通过冥想来进行自我修炼。他们认为生活应该俭朴，但也没有必要整天衣衫褴褛，拒绝自然之美、丝竹之乐。日本的圣人们过的都是吟诗作对、品茶对饮、观花赏月的闲致生活。现在的禅宗甚至要求其信徒尽量避免“三不足”，即衣不足、食不足和睡不足。

瑜伽哲学的最后一条教义也被日本人视为另类。瑜伽推崇神秘主义的修炼，认为通过修炼可以使修炼者达到天人合一的状态。世界上其他的神秘主义修行者，比如原始部族的民众、伊斯兰教的阿訇、印度的瑜伽修行者还有中世纪的基督徒，虽然他们的信仰不同，教义也不同，但他们一致认为，修行者可以达到一种“超凡入圣”的境界，能体验到“人世所没有”的极乐。日本虽然也有神秘主义的修行法，却不信奉神秘主义。这并不是说他们无法入定，不能达到入定之境，其实不然，他们也可以做到，只是他们把这种境界当做训练心专注于一境（“心一境性”）的方法，不把它描绘成“极乐”。其他国家的神秘主义者认为，人在入定时五官会处于一种暂停状态。正相反，日本的禅宗信徒却认为，人在入定时，“六官”都是极其敏锐的。通过训练位于心中的第六感官，可以使其支配其他五官，而味觉、触觉、视觉、嗅觉和听觉在入定时也要接受特殊的训练。禅宗的训练之一就是要求修行者能根据无声的足音来准确地跟踪其足迹，或者在三昧境界中仍能辨别诱人的美味。嗅、视、听、触、尝都是第六感官的辅助者，修行者要在入定状态中做到所有感官都异常灵敏。

对于任何信奉超感官经验的宗教来说，这种不超脱自身的修行方法真是不同寻常。即使在入定状态中，他们也不想超脱于自身之外。正如尼采所描述的古代希腊人那样，他们“保持自我，保留俗名”。许多日本的佛教法师都对这种见解进行了生动描写。其中最精彩的要数13世纪创立曹洞宗（Soto cult of Zen）的高僧道元，此教派至今仍是禅宗中规模最大也是最有影响力的教派。谈到自己开悟时，他说："我只知道眼睛横在鼻梁之上……（禅的体验）这没有什么可神秘的。犹如时间流逝，日出东方，月落西方一样。"一些禅学著作中也谈到了这种观点，即"入定"除了能培养修行者的自我修行能力外，并不能赋予人其他的超常能力。一位日本佛教徒写道："瑜伽派认为通过冥想可以获得超自然的能力，但是禅宗不认同这种荒谬的说法。"

因此，我们可以说，日本人几乎颠覆了印度瑜伽教派的所有基本观点。日本人非常崇尚自我克制，这点与古希腊人很相似。日本人把瑜伽修行的方法视为自我修炼的方法，实现"通达"的手段，最终让人进入一种身随心动的境界。这种方法非常有效，它能够让人轻松面对各种难题，并有效地控制自我。所以无论是身处逆境还是内心充满激情，他都能够从容应对，镇定自若。

这种训练方法不仅仅对僧侣有用，对武士也一样。日本的武士信奉禅宗，因此，他们会在禅宗的指导下进行这种训练，这种现象在其他国家很少见。日本人用神秘主义的修行法来训练武士如何进行格斗，但他们并不追求一种神秘主义的体验。禅宗更注重取得实际效果，从它创立那天起，就一直肩负着这样的使命。12世纪日本禅宗的开山鼻祖荣西的巨著就取名为《兴禅护国论》。不论是武士、政治家、剑客还是大学生都是利用禅宗的训练方法来帮助自己实现目标。正如查尔斯·艾利奥特爵士所言，人们根本不会想到中国的禅宗有一天会成为日本人军事训练的手段。“禅宗和茶道、能乐一样，完全被日本化了。也许人们能够想象到，在12、13世纪的动乱年代里，这种通过审视自己的内心来寻求真理而不是从经文中寻找真理的观念会在逃避尘世的僧院中流行，但绝不会想到它竟然能成为武士阶层的生活准则，但事实却是如此”。

日本的许多教派，包括佛教和道教都特别强调冥想、自我催眠和入定这类神秘修行法。其中有些教派把这种训练的成果看成是上帝的恩宠，其哲学基础建立在“他助”，即依靠他人的帮助，这里的他人即仁慈的上帝。有些教派，以禅宗为最，则强调“自助”。他们认为，真正的力量潜藏于自身，只有靠自己的努力才能增强。日本的武士们非常认同这种观念。因此，无论这些武士充当着何种角色，比如僧侣、政治家或者教育家，他们都利用这种修行方法来磨炼自己的意志。禅宗的教义十分明确：“修禅所追求的目的，就是要在自己身上找到发光点，从而实现自身的强大和解放，不允许有任何事物阻挡自己前进，正如他们所说的：“要清除一切障碍……遇佛杀佛，逢祖灭祖，遇圣屠圣，这是通往救赎之路的唯一方法。”

禅宗认为真理并不是从经书中得来的，而是存在于经书之外，需要通过自己的研习获得。因此，修禅者必须对佛祖教导、祖宗经典或神学加以研究，才能从中悟出真理。他们认为，“十二篇佛因缘经不过是一堆废纸而已”。这些经文，虽不能说一点用处都没有，但光研究它们并不能让自己灵光闪现，只有灵光闪现才能获得顿悟。有一本禅语对话的书中记载，一位弟子请求禅师讲《妙莲法华经》。禅师讲得头头是道，弟子却失望地说：“唉！我还以为禅师您蔑视这些经典、理论和逻辑体系呢!”禅师回答说：“禅并非一无所知，禅只相信真知存在于一切经典之外。你并未向我请教真知，你只是向我求解经文而已。”

禅师们通过传统的训练方法教给弟子如何“求知”。训练既有肉体上的，也有精神上的，但不论是哪一种，修炼者最后都要达到一种精神上的升华。剑士的修炼就是一个很好的例子。剑士首先要学习基本的剑术，但剑术的训练只是一种能力的培养，重要的是，他最后能达到一种“无我”的境地，也就是做到人剑合一。在训练之初，他被要求全神贯注地站立在一小块平地上，然后，将他站立的位置不断增高，直到他能站立在4英尺高的柱子上仍感到自己如履平地。此时，他已达到了一种顿悟之境，所以才不会有任何的恐惧之心。

日本人的这种站桩修行法是把人们熟知的西欧中世纪圣西蒙派的立柱苦行术加以改造，使之成为一种有目的的自我修炼方法。它已经不再是一种苦行了。无论是禅师的修行还是民间的各种身体训练，日本人都对它们进行了改造。在世界上的其他许多地方，像跳入冰冷的水中或站在山间的瀑布下都是标准的苦行，这样做有的是为了锻炼身体，有的是向神祈求怜悯，有的则是为了进入入定的状态中。日本人最喜欢的修行方法是在天亮之前站或坐在冰凉刺骨的瀑布下，或者在冬夜三次用冰水浇身，其目的是锻炼自我意志，直到感觉不到痛苦。只有这些能够忽略自身肉体感受的人，才能在冥想中不受外界干扰。当他感觉不到寒冷，身体也不再发抖时，他就达到“通达”的境界了。这是他们渴望做到的，其他则无所求。

同样，精神训练也需要修行者自悟。弟子可以向师父请教问题，但师父不会对他耐心教导，因为他们认为一些重要的东西只有靠他自己去领悟，别人的教导并不能让他产生顿悟。师父可以和弟子讨论，却不会温和地引导他们进入一种新的境界。为了让这些修炼者顿悟，禅师还会对他们进行一些突然的粗暴行为，以惊醒他们。在他们看来，师父的言行越是粗暴，对弟子的帮助越大。比如师父会突然打掉弟子刚送到嘴边的茶杯，或将其绊倒，或者用铜如意敲打弟子的指关节。这种突然的打击会让他们从一种自满的状态中醒悟过来。禅书里有很多这样的故事。

“心印”是师父们为了让弟子开悟而最爱用的一种方法，字面的意思就是“思考的问题”，据说这样的问题多达1700个。禅僧轶事中说，有人为解答一个问题竟然要花七年的时间，这也不足为奇。“心印”的目的并非是让修炼者找到问题的答案，而是让他们去思考一些问题，在思考的过程中达到自己心灵与这些问题的融通，从而获得顿悟。比如“如何感受孤掌之鸣”，或者“怀孕前体会母子连心的感觉”，以及“什么样的人虽生犹死”，“向我走来的人是谁”，“万物归一，一归何处”等。12、13世纪以前，中国就有此类的禅宗问题。日本人在引进禅宗的同时，也引进了这种修行的方法。但在中国，这些方法没有流传下来；而在日本它却成为实现“通达”的最重要的训练手段。“心印”是禅宗入门书的重要内容，它暗含着人生的两难困境。他们说，思考这些问题的人就像“被逼入绝境的老鼠”，“想吞下热铁球的人”或“想叮铁块的蚊子”。为了能够领悟到其中的真理，他们不断地冥想，最终隔在心灵与问题之间的那道“旁观的自我”屏障被除去，犹如一道闪电划过，将两者融为一体，也就彻底开“悟”了。

经过这些苦苦思索后，有时结果会令他们感到失望。例如，南岳（Nangaku）花了八年时间思索“向我走来的人是谁”这个问题，最后，他明白了。他的结论是：“即使此地有物，也会随即消失。”（Even when one affirms that there is something here, one omits the whole）但是，禅语的启示也有一定的通用模式，可从以下问答中窥见一斑。

徒问：“我怎样才能逃脱生死轮回?”

师曰：“是谁束缚了你?（即，是谁把你绑在了这个控制生死的轮子上）？”

修行者认为，他们修炼的方法就像中国的一句谚语所说的“骑驴找驴”。或者说他们看重的并不是用来捉鱼或兽的渔网或陷阱，而是鱼和兽本身。意思是说，所有的修行方法和要思考的问题都只是让他们最后达到顿悟的手段而已。只要能够达到顿悟的境界，一切问题就可以迎刃而解了，并不需要借助外力，只需依靠自身的力量就能够实现。

日本人并不在乎真理是什么，而只在乎寻求真理的过程。因此，这些“心印”就成为他们追求真理的“敲门砖”（bricks with which to knock upon the door）。

“门”就装在未顿悟的人性周围的墙壁上，在未顿悟前，脆弱的人性总是有一种不安全感，总是认为别人在时刻注视着自己。而这堵墙就是让日本人有切身体会的“耻辱感”。一旦用砖把门敲开，人就获得了解放，此时的砖也就失去了作用，人也就不必再去寻求答案了。功课已经修完了，日本人也从道德困境中解脱出来了。他们为了摆脱这种困境不断思索，甚至不惜变成“叮铁块的蚊子”。最后，他们才恍然大悟，所谓的道德冲突并不存在，只要激发自身的潜能，没有什么做不到的事情。“义务”与“情义”，“情义”与“情感”以及“正义”与“情义”之间并不是完全对立的，也不应把他们逼入绝境。在敲开这扇门后，他们为自己找到了一条出路并达到了“无我”的境界。

日本人认为，人在做事的时候内心会有两个自己，一个在做事，另一个在看着自己，当把看自己的那个自己消除后，就不再感觉到自己在做什么，也就真正地实现顿悟了。禅宗的权威铃木大拙认为，修行者在刚开始修炼时，内心就存在“行为的自我”与“旁观的自我”，两者必然产生冲突，因为“行为的自我”总是要摆脱“旁观的自我”的约束。一旦“开悟”，弟子就会发现，既无“旁观的自我”，也无“未知或不可知的灵体”（no soul entity as an unknown or unknowable quantity）。除了要实现的目标以及为此而付诸的行动外，其他一切都不存在。研究人类行为的学者认为以下的表述更能让我们准确地了解日本的文化特征。日本人从小就接受严格的训练，他们很注意自己的言行，而且对别人的评论也非常敏感。这样一来，“旁观的自我”就非常脆弱，极易受到伤害。而当他经过修炼而达到“无我”的境界时，那个极易受伤的“旁观的自我”就会随之消失，因此，他也不会感到自己正在做什么。此时，他的精神境界得以升华，如同练剑之人，即使站在四英尺高的柱子上也不会有任何的恐惧之心。

同样，画家、诗人、演说家和武士都想通过这种类似的训练来达到“无我”的境界。这里的“无我”并不是指“无穷无尽”，而是指一种能让修炼者体会到有限的美好事物而不受其他干扰的境界。或者是指修炼者通过不断调整自己的奋斗目标和手段，不需浪费任何时间和精力就能恰到好处地完成既定目标。

即使没有受过任何训练的人在一些特殊场合也可能会有这种“无我”的体验。比如在欣赏能乐和歌舞伎时，一个人由于完全陶醉于剧情之中而忘记了自己正在做什么，也就是说他此时失去了“旁观的自我”。甚至连手心里都出满了汗，他也没有察觉。当执行任务的轰炸机飞行员接近目标就要投弹时，也会因为高度紧张而意识不到自己在做什么。这时，他的意识中已经没有了旁观的自我。当高射炮手全神贯注瞄准敌机时，他就会因为精神高度集中而忘记周围的一切，这时，他也失去了“旁观的自我”。凡是能达到这样状态的人，都已达到“无我”的境界了。

从这些训练中我们可以看出，日本人把自我监督看成了一种沉重的负担。他们认为，只要摆脱了这种束缚，他们就会感到内心得到了释放，办事也会更有效率。而美国人则把“旁观的自我”看成是自己理性的一面，当遇到紧急情况时，这个“旁观的自我”就会提醒他们保持镇定，临危不惧。日本人却要通过不断地修炼来让自己摆脱自我监督的束缚，只有这样，他们才会感到如释重负。我们认为日本人做事总是谨小慎微，那是因为他们非常在意别人对自己的评价，一旦消除了“旁观的自我”，也就是解除了这种监督机制，他们也就获得了解脱。

日本人表达这种信条最为极端的方式（至少在西方人看来）就是他们高度赞赏“就像死人一样活着”的人。如果按字面翻译，就是“活死尸”，这个说法会让西方人感到很恐怖。我们所理解的“活死尸”，通常是指一个人的自我已经死去，在人世只空留一具躯体。日本人讲“就像死人一样活着”则是说这个人已达到了“通达”的境界。他们常用这句话来劝勉别人。比如在鼓励为中学毕业考试而苦恼的少年时，他们会说：“就当你已经死了，这样你就不必烦恼，无所畏惧了。”当商人在洽谈一笔大生意时，他的朋友会说：“就当自己死了，搏一把吧。”当一个人陷入绝望，看不到任何希望时，人们也常以“权当已死”来鼓励他坚强地活下去。战败后被选为参议院议员的基督教领袖贺川丰彦在其自传小说中写道：“我非常痛苦，每天都像有恶魔缠身一样，整天躲在屋子里以泪洗面。我当时已到了崩溃的边缘，就这样持续挣扎了一个半月，最终我战胜了自己……我不断鼓励自己，就当自己已死……要像死了一样继续战斗……我决心要当一个基督徒。”战争期间，日本军人常喜欢说：“我决心就像已死者一样奋战到底，以谢天皇之恩。”于是，他们会在出征前为自己举行葬礼，发誓把自己的身体“变成硫黄岛上的一抔黄土”，决心让自己的生命“如同缅甸之花一样为国凋零”等。

日本人以“无我”为理论基础的哲学观同样体现了他们希望“像已死之人一样生活”的人生观。一旦达到了“无我”之境，就意味着消除了一切自我监督，一切恐惧和谨慎。他不需要再三思量自己的行为是否恰当。作为活着的死者，他们的内心获得了自由，也不用再报“恩”了。因此，“像已死之人一样生活”，这句话意味着终于从各种困境中获得解脱，换句话说，“我可以将自己全部的精力和注意力锁定在即将实现的目标上了”。“旁观的自我”及其伴生的压力已经不再阻隔在我和我的目标之间了，曾经困扰过我的紧张和沮丧也随之消失。现在，我可以放心大胆地去实现我的愿望了。

在西方人看来，日本人在“无我”和“就当已死”的训练中消除了自我反省的机制，也就消灭了自己的良心。他们所谓的“旁观的自我”、“搅扰的自我”其实是评判他们自身行为的监督者。一旦消除了这种监督，日本人也就变得不再懂得羞耻。在这点上，西方人和东方人的观点有很大不同。当我们讲到一个没有良心的美国人，是指他在作恶时没有罪恶感。而日本人在说某个人没有良心时，他是指这个人不再感到紧张不安和受到困扰。同一个词，在美国指坏人；在日本则指好人，有教养的人，能最大限度地发挥其潜能的人，是指能够完成最困难的工作、无私奉献的人。美国人行善的原动力就是罪恶感，如果一个人的良心泯灭，那他就会成为一个反社会的人。日本人对这个问题的分析则不同。按照他们的哲学，人的心灵本来都是善的，如果他的行为和他的内心是相符的，那么他就是有德之人。因此，他们想通过修炼来实现“通达”的境界并消灭“羞耻感”的自我监督。只有达到这种境界，才能消除“第六感”的障碍，才能从自我意识和矛盾冲突中彻底解脱出来。

要想透彻地了解日本人自我修养的哲学观，就先要了解日本人独特的的生活观念，否则，就很难找到答案。日本人一直将“旁观的自我”监督下的羞耻感看作沉重的负担。但是要想弄明白为什么他们会有这样的人生观，还要从他们幼时的教育说起。我们知道，在任何文化中，道德规范总是代代相传的，因此，一个国家对儿童的教育方式直接决定他们长大后的道德观念，因此，通过研究他们的育儿方式，我们才能够真正理解他们的人生观。迄今为止，我们一直都是从成人的角度描述日本人的各种人生观，对日本人育儿方式的研究将使我们对这些观点有进一步的了解。

第十二章　子女教育

日本人教育子女的方式并不像西方人设想的那样。他们的教育方式与美国人有很大不同。美国父母虽然在教育子女时不会像日本父母那样谨小慎微，但他们也会对孩子严格要求，因此，美国的孩子在很小的时候就知道自己的愿望并不是至高无上的，父母不会轻易满足。他们为婴儿规定哺乳和睡眠的时间，只要时间未到，无论孩子如何哭闹，他们都不会妥协。如果婴儿吮吸自己的手指或用手触摸身体的其他部位，母亲就会敲打他的小手来加以制止。母亲不会总是守着婴儿，如果她要出门，婴儿则留在家里。当婴儿渐渐长大，母亲就会给他们强制断奶，或不给他们奶瓶，尽管他们不愿意吃其他的食物。有些对身体有益的食物，不论孩子喜欢与否，都必须吃。否则，就要受到惩罚。因而，美国人就会猜想日本小孩的教育应该会更加严厉。因为成年后的日本人自制力都非常强，而且做事时处处小心谨慎。

然而，事实并非如此。日本人的人生轨迹与美国人正好相反。日本人的童年和老年比较自由轻松，对于他们没有太多的约束。但是随着孩子慢慢长大，他们的自由就会慢慢地被剥夺，对他们的约束也会越来越多，壮年时期最甚。直到60岁以后，他们才能重新过上自由的生活，不为名誉所累，不再担心被别人耻笑。而美国人恰好相反。他们在孩子很小的时候要求比较严格，随着孩子的成长，他们会逐渐放松要求，直到他长大成人，自谋职业，成家立业。这时，他享有充分的自由，几乎所有的事情都可以自己决定了。而当他们进入暮年，随着精力的日益衰退，生活自理能力的减退，就会受到很多约束。美国人认为日本人的生活方式简直令人难以想象，也是不符合现实的。

虽然美国和日本的教育方式不同，但所达到的效果却是相同的。那就是孩子在长大成人后，尤其是壮年时期都能更好地适应社会，为国家贡献力量。在美国，为了达到这个目的，在孩子成人后会给予他们充分的自由，让他们有自主权，他们认为只有这样，才能充分发挥他们的创造力，才易获得成功。而日本人的观念是只有最大限度地约束个人的行为才能让他们更好地适应社会的要求。约束是最好的精神训练。尽管人的青壮年时期是体力最充沛、欲望最强的时期，却不能主宰自己的生活。日本人深信，只有合理的约束才能起到修身养性的效果，而过度自由散漫是干不成大事的。但这并不意味着日本人的一生都是在各种管制之中度过的。往往日本人在壮年时期受到最大的约束，而他们的幼年和老年生活却比较自由。

日本人非常宠爱孩子，他们跟美国父母一样，认为抚养孩子能够给自己带来无穷的乐趣。但日本人要孩子却不仅仅只是为了获得某种情感上的满足，更主要的是因为孩子可以延续香火、传承家业。如果因为没有孩子而断了家里的香火的话，自己就会成为人生的失败者。每个日本男人都要有一个儿子，以便自己死后有人能在厅堂供上自己的牌位，每天为他上香祭拜。他们认为只有这样才能使家族的香火得以绵延，才能有人来维护家族的名誉和财产。由于传统的社会原因，父亲需要儿子，就跟幼儿需要父亲一样。儿子将来会取代父亲的地位，但这并不是说从此就撇下父亲不管，而是为了让父亲能老有所依。在一段时期内，父亲仍然是家里“总管”，等到儿子长大后才会让他正式接手。如果儿子没有子承父业的话，这个父亲就会感到自己很失败。这种根深蒂固的延续意识使得日本男子在成年后的很长一段时间里都会服从和依赖自己的父亲。但对于西方人来说，传宗接代的意识比较淡薄，因此，孩子长大成人后父母就会选择放手，让他们走向社会去开拓自己的事业。在他们眼里，一个长期依赖父亲的儿子是最没有出息的。

父亲喜欢孩子是因为他能延续香火，而母亲喜欢孩子除了能够获得情感上的满足外，最重要的是，只要有了子女，尤其是有个儿子，她在这个家族里的地位就能稳固。一个没有儿子的女人在家里没有任何地位，即使不被休掉，也别指望哪天能当上婆婆，对儿子的婚姻指手画脚、或是对儿媳颐指气使。为了延续家族的香火，她的丈夫可能会收养一个儿子。但是按照日本人的观念，即使有了养子，这些不能生育的妻子仍然是失败者。日本人普遍期望妇女多生小孩。20世纪30年代前半期，日本的人口平均出生率是31.7‰，远远高于东欧那些人口出生率较高的国家，而美国在20世纪40年代的出生率仅为17.6‰。日本女人的生育年龄都很早，多数人在19岁就有了孩子。

在日本，分娩与房事一样被看成是很私密的事情。分娩时，无论多么疼痛，妇女在产房都不能大喊大叫，以免让外人听到。母亲要提前给婴儿准备新被褥和小床，因为新生婴儿必须睡上新床才会吉利。如果穷人家买不起新床，也要把被褥清洗干净翻新一下，看上去像“新”的一样。小孩的被褥不能像大人的那样厚重，一般要轻便柔软些。这样，婴儿才会在自己的小床上睡得更香。他们之所以让新生儿单睡，还有一个重要的原因是他们相信一种“感应巫术”，即新生命必须睡新床。婴儿的睡床一般都和母亲的床靠得很近，但母亲不会搂着他睡，只有等婴儿长大一些，大概在一周岁左右，孩子伸出小手让妈妈抱时，妈妈才会搂着他睡。

在日本，婴儿出生后的头三天是不喂奶的，因为他们觉得那不是真正的乳汁。三天后，婴儿就可以随时衔着妈妈的奶头了，有时是在吃奶，有时只是在玩耍。日本女人也喜欢给孩子喂奶，她们认为哺乳是女人一生中最快乐的事情之一，母亲的这种快乐，婴儿也会感受到。乳汁不仅能供给小孩营养，同时它还能传递喜悦和快乐。婴儿出生后的头一个月，不是躺在自己的小床上睡觉，就是躺在妈妈怀里。孩子满月后，母亲会抱着他去参拜当地的神社。他们认为婴儿只有在参拜神社后才能生命力更旺盛。这时，他们才可以把婴儿抱出门。满月之后，母亲就用一条背带把婴儿从腋下和臀部固定在自己背上，肩带绕过她的肩膀和腹部，然后在腰间打个结。天冷时，母亲就用自己的外罩把孩子全部裹上。家里年龄大点的小孩，不管是哥哥还是姐姐，都要负责看管婴儿，甚至玩垒球或跳房子的游戏时也要背着婴儿一起玩。尤其是农民家庭或贫困家庭，多数是靠大孩子来照看小孩。这样，“由于日本的婴儿从小就生活在孩子圈中，因而很小的时候他们就显得非常机灵、充满好奇，似乎也能享受到那些大孩子玩游戏的乐趣”。日本人通常把婴儿四肢展开绑在背上，这种做法与太平洋诸岛及其他地方流行用披肩裹婴儿的方式非常相似。用这种方法让婴儿趴在自己背上，虽说婴儿会有些被动或不舒服，但等孩子长大后，他们就能够随时随地、不拘姿势地睡觉。但是，日本人的绑带法并不会像披肩包裹法那样让婴儿完全处于被动。婴儿“会像小猫一样贴在妈妈背上……背带拖住他们的身体保证足够的安全，但婴儿……可以活动一下自己的身体，很快，他就能找到一个最舒服的姿势，而不只是被动地绑在别人肩上”。

母亲忙时则会把婴儿放在他自己的小床上，上街时就会把他背在背上。闲暇时，母亲会逗逗婴儿，为他哼唱小曲，还会教他一些简单的礼貌动作。比如别人跟她们打招呼时，母亲就会让婴儿晃动他的小头或小手来还礼。母亲无论做什么都要带着婴儿，每天下午，母亲都要抱着婴儿一起洗个热水澡，然后把他放在膝上逗着玩。

三四个月以前，婴儿要用尿布，通常这种尿布比较厚重。因而日本人常抱怨说他们的罗圈腿是尿布造成的。等婴儿长到四个月以上时，母亲就会有意识地训练他们养成定时大小便的习惯。当发现婴儿的表情异常要小便时，母亲就会把他抱到屋外，用手拖住婴儿的屁股，嘴里吹着口哨，把着他小便。时间一长，母亲就慢慢掌握了婴儿撒尿的间隔时间，因此，每隔一段时间，就把他们。当母亲一吹口哨，婴儿就像条件反射一样撒起尿来。很多人都认为，日本的婴儿和中国的婴儿一样，很早就学会了如何撒尿。如果婴儿尿床了，母亲通常会拧他的小屁股。但对于记性差的婴儿，他们则先要训斥一下，然后再多把几次，这样就很少尿床了。如果婴儿便秘的话，母亲就会给他洗肠或吃泻药。母亲们认为这样能让孩子舒服些。学会大小便后婴儿就可以不用尿布了。这种尿布之所以不舒服，不仅仅是因为它粗厚，更主要的是因为每次尿湿后母亲都不能给他们及时更换，因此，这种湿漉漉的感觉会让婴儿感到烦躁不安。但婴儿还太小，他并不知道自己学会撒尿就不需要这些尿布了，所以只能被动地接受母亲的安排。此外，母亲在把孩子小便时，会尽量让婴儿离自己的身体远些，但手会抓紧他。这种强制性的训练使日本人长大后更易于接受日本文化中的繁文缛节。

日本的婴儿通常都是先学说话，后学走路。大人不喜欢让婴儿爬行。日本人传统的观念是，婴儿在未满周岁前是不适合站立或行走的，也许他们认为过早学走路会影响婴儿的腿部发育。因此，在过去，母亲们从不让婴儿在周岁前学走路。只是在最近一二十年，政府低价发行了一份鼓励婴儿早走路的育儿杂志《母亲杂志》后，这种思想才逐渐被接受。母亲们一般会在刚刚学走路的小孩的胳膊下系根带子，或者用手扶着婴儿让他蹒跚地向前走。即使是这样，婴儿说话还是比走路早。当婴儿开始学话时，大人们会在逗弄孩子时有意识地教他们一些词语，比如，一些简单的词、生活用语或礼貌用语，而不会让他们去随意模仿别人说的话。婴儿的牙牙学语会给整个家庭带来无尽的欢乐，每个人都乐在其中。

婴儿学会走路后就会在房间里到处走动、捣乱。例如他们会用手指捅破窗户纸，或者掉到放在屋子中间的火炉里。大人们为了防止这种情况发生，就会夸大一些危险。由于日本的房屋都是靠梁柱支撑的，因此，大人担心孩子踩在门槛上会让房屋变形，他们总是对孩子说："那样做很危险。"不仅如此，孩子们也不能踩在或坐在两张榻榻米的连接处。榻榻米的尺寸是固定的，房间会按它实际的面积大小分为"三铺席房间"或"十二铺席房间"。大人经常给孩子讲这样的故事：古代的武士会躲在地板下，然后从铺席的连接处用剑把人刺死。因此，只有坐在厚厚的、柔软的榻榻米上才是最安全的。平时，大人们总会把"危险"或"不行"挂在嘴边以作警示。日本人非常爱整洁，因此他们总会告诫孩子要注意卫生，保持整洁。"脏"字也成了他们的口头禅。

日本的婴儿断奶比较晚，一般要到下一个孩子出生前才会断奶。近年来，由于政府通过《母亲杂志》不断呼吁婴儿最好在八个月时断奶，一些中产阶级的妇女才迫不得已停止母乳喂养，但这种做法并没有被普及。日本人认为，母亲最大的快乐就是哺育自己的孩子。即使那些接受了新观念的母亲们，他们也认为提前给孩子断奶就是一种自我牺牲。但她们也认同一种新说法，即"长期吃奶的孩子体质弱"。因此，她们会批评那些继续给孩子喂奶的妈妈们，说她们"故意不给孩子断奶，下不了断奶的决心，寻求心理上的自我满足"等等。正是由于有一大批不愿断奶的妈妈，八个月断奶的做法才难以普及。除此之外，断奶晚还有另外一个原因。那就是，日本人没有专门给刚断奶的孩子准备辅食的习惯。本来刚断奶的孩子应该吃些米粉、果泥或菜泥之类的辅食，但他们没有。因此，只要孩子一断奶，就要吃跟大人一样的食物，婴儿很难一下子适应。另外，日本人日常饮食里也不包含牛奶，也没有为婴儿准备特制的蔬菜。这样的话，很多人反对提早断奶就不足为奇了，而且她们也有理由对政府所宣传的“长期吃奶的孩子体质弱”的说法产生质疑。

一般来说，母亲都是在婴儿能听懂话时给他断奶。这时，母亲吃饭时就会让婴儿坐在自己膝上喂他点大人吃的食物，慢慢地他就能适应了，而且食量不断增加，这时就可以顺利断奶了。但是这个过渡期很难，婴儿刚开始时还是比较恋奶。因此，想要二胎的妈妈们这时更得下决心断奶了，当婴儿因为吃不到奶而哭闹时，妈妈通常用一些甜点哄哄他。为了彻底断绝婴儿吃奶的念头，妈妈经常会在乳头上涂上胡椒面进行强制断奶。虽然刚开始断奶的婴儿会烦躁不安，哭闹不止，但时间一长，他们也就忘了。对于那些稍大一点的孩子还要吃奶的话，母亲则嘲弄他们说：“这么大了还吃奶，简直羞死了！看你表弟，他才是个真正的男子汉呢，和你差不多大，早不吃奶了。你要是再吃奶，连你的小伙伴都会笑话你的。”孩子虽小，但也知道大人在嘲笑自己。那些两三岁甚至四岁还恋奶的孩子，只要看见大一点的孩子走过来时，则会立刻放开奶头，装作若无其事的样子。

除了断奶家长会用这种嘲弄的方法，从孩子能听懂话起，在很多场合都会用这种方法。比如当男孩子哭鼻子时，母亲就会说：“你又不是女孩子，你是男子汉啊!”或者说：“你看，那个小孩都不哭，你怎么老哭。”当客人带小孩来串门时，母亲就会当着自己孩子的面，抚摸着那个小孩说："我要这个宝宝，我喜欢乖乖的、听话的宝宝，你总是那么淘气。"这时，她自己的孩子就会飞奔到她的面前，一边用拳头捶着妈妈，一边哭着说："不，不，我们不要这个宝宝，我听妈妈的话。"当一两岁的孩子特别爱闹或者听不进大人的话时，母亲就会对男客人说："你快把这个孩子带走吧，我们可不想要他了，这么不乖。"客人就会假装同意，站起身来就要把孩子带走。这下孩子信以为真了，可吓坏了，哭喊着要妈妈救救他，死活都不肯跟着客人走。母亲见方法奏效了，也达到效果了，就转身把孩子抱过来说："那你以后可要听妈妈的话，否则我真不要你了。"当然，有时父母也用这种方法吓唬吓唬五六岁的孩子。

大人们还会用其他的方式来逗弄小孩。比如，当孩子不听话时，妈妈就会抱着孩子的爸爸说："我不喜欢你，我喜欢爸爸，他太好了。"这时，孩子就会非常嫉妒，迅速地跑过来要把爸爸妈妈分开。妈妈又接着说："爸爸可不像你，他从来不在家里乱喊乱叫，也不乱跑。"孩子听到妈妈这样说，则更加恼火了，扯着嗓子喊道："你骗人，你骗人，我没那么做，我是好孩子，你不要喜欢爸爸，你要喜欢我。"孩子着急的样子，逗得爸爸妈妈哈哈大笑。

这样的经历使得日本孩子从小就害怕被人嘲弄和排斥，等到成年后，他们更会对这种嘲笑感到非常敏感，这点我们可以从日本成人身上明显地感受到。虽然我们不敢确定小孩多大后会明白大人们是在拿他开玩笑，但他早晚会懂得的。一旦懂得了，当被人逗弄或嘲笑时，他们就会感到失去了安全感，甚至产生恐惧。这种童年时留下的阴影依然会影响他长大后的人生。

对于二至五岁的孩子来说，这种嘲弄会让他们产生更大的恐慌，因为对他们来说，家一直都是一个充满安全、宠爱的天堂。由于在日本的家庭中等级分明，因此，父亲母亲之间，无论从家务上还是感情上都分工明确，在孩子面前，他们很少产生争吵。一般由母亲或奶奶来承担家务，教育孩子。她们共同服侍孩子的父亲，对他们毕恭毕敬。孩子们也渐渐了解到，在家中年长者有特权，男人的特权比女人多，兄长的特权比弟弟多。虽然在家中，尊卑长幼位阶分明，但这个年龄段的孩子会受到全家人的宠爱，尤其是男孩子。无论是男孩子还是女孩子，母亲在他们眼中，永远都是温温顺顺，能满足他们任何要求的人，因此，他们经常把自己的无名火发泄到她身上，但对父亲却不敢有任何的反抗。有时，他会把父母的嘲弄以及要把他“送给别人”产生的怨恨情绪一股脑地发泄到母亲或奶奶身上。当然，并不是所有的小男孩都这么爱发脾气。但是，无论是在农村还是上层社会的家庭里，爱发脾气几乎成了这个年龄段小孩的通病。他们往往是对母亲又哭又闹、捶打母亲，甚至扯开母亲精心挽起的发髻。他们知道，妈妈是女人，即使他们再小，也是男人，有时甚至以这种攻击为乐。

孩子对父亲则要毕恭毕敬。因为在家里，父亲享有最高权威。孩子从小就要学习如何尊敬父亲，这也是他们对孩子所谓的训练之一。和西方国家的父亲相比，日本的父亲很少管教孩子。教育孩子的事完全交给母亲。父亲对孩子有什么要求，只需要用眼神示意或简单地训诫几句。由于父亲不经常训诫孩子，只要喝令一声，孩子就会马上听从。空闲下来时，父亲会给孩子制作些玩具。孩子会走路后，父亲偶尔也会像母亲那样背背孩子。这个时期，父亲也会帮助母亲照顾孩子，而美国的父亲则把这个任务都交给了妻子。

虽然也要尊敬爷爷奶奶，但孩子在他们面前会更自由。爷爷奶奶通常不教育孩子，只有当他们觉得孩子的父母管教太松时，才会插手。但这样会引起很多家庭矛盾。婆婆一天二十四小时都在家，因此，在照顾孩子上，婆媳之间肯定会产生很多矛盾，这种现象在日本很普遍。对于孩子来说，这是件好事，因为他能获得奶奶和妈妈的双重爱护。对于奶奶来说，她则可以利用孙子来指使儿媳。对于日本的年轻媳妇来说，她们一生中最重要的事就是讨婆婆欢心。无论婆婆如何宠溺孩子，她都不能反对。有时，妈妈不让小孩再吃糖了，奶奶却偏要给孩子吃，还要刻意加上一句："我这糖里可没有毒。"由于奶奶有更多的时间陪着孩子，因此，有些奶奶能给的妈妈却做不到。

除了父母宠爱孩子外，哥哥姐姐也要宠爱自己的弟弟妹妹。在新宝宝出生前，父母也会意识到孩子有可能会因为失宠而感到失落。比如，孩子会认为，只要弟弟或妹妹一出生，就要把妈妈的乳汁和被窝让给他。为了避免孩子产生这种失落的情绪，在新宝宝出生前，妈妈就会告诉他们："以后你就不用玩假娃娃了，妈妈送给你一个真娃娃好不好？以后你就能跟着爸爸睡了。"让孩子听起来好像是获得了一种特权似的。通常，孩子们会跟着爸爸妈妈一起为新宝宝的出生做各种准备。新宝宝刚出生时，他们会感到非常激动和兴奋，但有时也难免会感到失落，这都是预料之中的事。失宠的孩子有可能会抱着新宝宝对妈妈说：“把这个宝宝送给别人吧。”妈妈则回答说：“那怎么能行呢？这是我们家的宝宝呀！我们要爱宝宝，他多喜欢你呀，我们一起来照顾宝宝好吗？”可能会在很长一段时间里，孩子都不能适应新生儿的到来，但妈妈们对此并不在意，她们认为过一段时间就好了。如果一个家庭有很多孩子的话，就比较好办。比如他们可以让老大照顾老三，老二照顾老四，这种年龄间隔会让他们更容易相处，也更亲密。在七八岁之前，孩子们的性别意识不强，所以并不会影响他们之间的玩耍。

日本的孩子都有玩具。父母和亲戚朋友都会送给孩子们一些玩具或小物件，这些玩具有的是他们自己做的，有的是买的。穷人家的孩子买不起玩具，都是由父母亲手做。这些玩具也就成了他们的好伙伴，孩子们通常拿它们做各种游戏。比如模仿大人做家务、过家家、庆祝节日等等。在玩游戏之前他们会先定游戏规则，讨论一下大人在这方面是怎么做的。当意见不一或拿不准时，则向母亲请教。当孩子们吵架时，母亲就会说“大人有大量”，要大孩子让着小的。母亲还常常教育孩子“有失才有得”。意思是说在玩游戏时，大孩子应该把玩具先让给小孩子玩，过一会儿他玩腻了，自然就想玩别的，那玩具不又归你了。听了妈妈的解释，三岁大的孩子也都明白了。在玩主仆游戏时，母亲也是让年龄大点的小孩当仆人，小点的孩子当主人，并开导大孩子说，如果大家都玩高兴了，你也会体验到游戏的乐趣。即使成年后，日本人仍然很推崇这种“有失才有得”的处事原则。

除了训诫与嘲弄之外，转移孩子的注意力也是日本人比较推崇的育儿方法。其中给孩子糖果吃就是转移注意力的一个很好的方法。当孩子快到上学的年龄时，父母就会采用各种各样的方法来“治疗”孩子的一些坏毛病。如果一个孩子爱发脾气、不听话或特别闹的话，母亲就会把他带到神社或寺院里去。对孩子来说，这更像是一次短途旅行，母亲会告诉他：“我们让神佛帮帮忙吧。”通常，寺庙里的神官或僧侣会非常严肃地与孩子交谈一番，询问他的生辰以及遇到的问题。然后僧侣就退到后屋进行祈祷，祈祷完毕后，回到屋里告诉母亲已把孩子的毛病改过来了。有时僧侣会对淘气的孩子说，他们身上的毛病已变成虫子被取出来了，以此来转移孩子的注意力，孩子们通常会信以为真。日本人说这种方法“很有效”。因为被驱虫或洁身后的孩子很长一段时间都不再犯同样的错误。还有一种很严厉的惩罚叫“艾灸”，但日本人不认为这是对孩子的惩罚，他们认为这只能算是一剂“苦口的良药”。僧侣们会把一种盛满干粉的小型圆锥形容器放在小孩的皮肤上，点火燃烧，斑痕会终身留在孩子的身上。用艾叶做成艾柱烧灸是东亚传统的疗法。这种方法在日本也很流行，大多是用来治疗各种疾病。日本人认为艾灸可以治好坏脾气和倔强，因此，母亲或奶奶经常给六七岁的孩子烧灸“治病”。一般两次就能见效，再淘气的孩子也不会超过三次。在日本人看来，这种艾灸算不上是对孩子的惩罚，这和美国小孩犯错后挨打不同。但艾灸远比挨打痛苦，这让他们很容易记住淘气的教训，下次就不敢了。

除了用以上方法管教淘气的孩子外，日本的父母还会让孩子接受一些必要的技能训练。学校的老师必须手把手地教孩子各种动作，孩子必须认真模仿。首先，是训练坐姿。孩子不到两岁时，父亲就会教他如何盘腿端坐，必须把两条腿盘在一起，脚面紧贴地板。端坐时身子要稳，不能乱晃，这对于一个不到两岁的孩子来说实在是太难了，所以孩子经常会仰面朝天地倒在铺席上。日本人说，掌握端坐的诀窍就是全身放松，父亲常常会按着孩子的腿使其端坐，孩子完全处于被动。小孩不仅要学坐姿，而且还要学睡姿。日本妇女非常注意自己的睡姿，这就像美国妇女不愿让别人看到自己的裸体一样。尽管日本人并不以公开裸浴为羞，但他们却对妇女的睡姿十分在乎。后来，日本政府为了得到外国人的认可，才宣布裸浴为陋习。他们对男孩的睡姿没有过多要求，但女孩睡觉时，必须双腿并拢，身体伸直。这也是最早的男女有别的训练之一。日本的上层阶级对于女孩子睡姿的要求要比下层阶级严格得多。杉本夫人（悦子）出生于一个武士家庭，她在谈及自己所受的教养时说："自我记事时起，每天晚上我都要小心谨慎地、静静地躺在我的小木枕上……作为武士的女儿，必须要做到在任何场合都要从容镇定、身心不乱，即使睡觉时也是如此。男孩子睡觉就可以四肢叉开，呈'大'字形。但是女孩子睡觉就必须规规矩矩的，身体呈'kinoji'（日文'自制'的读音）形，意思是要控制自己的睡姿。我曾听一些日本女人说，她们小时候睡觉时，母亲或保姆会盯着她们把手脚摆放好。"

老师在教孩子学习写字时，也是手把手一笔一画的教，这样做是为了让孩子感受到各个笔画的不同。在孩子还不会写字甚至还不认字之前，老师就会让他们去体会那种有张有弛、行文流畅的运笔方法。现代教育由于都是大班上课，人数众多，因而这种教课方法也不像以前那么常见了，但仍然可以见到。行礼、用箸、射箭以及把枕头当婴儿背在背上，老师都是手把手地教孩子应如何做，怎样才是正确的姿势。

日本的小孩通常在上学前都会跟邻里的小伙伴们一起自由玩耍，但上层阶级的小孩不可以。在农村，不满三岁的孩子们就开始拉帮结派。在乡镇和城市里，他们甚至还在行人拥挤、车水马龙的街头自由嬉戏。他们可是有这种“特权”的小家伙。他们在街上窜来窜去，听着大人们说话，或玩跳房子和手球游戏。他们还会跑到村子的神社里玩耍，大人们相信神祇一定会保护他们的安全。在上学前或刚入学的头两三年，男孩和女孩都是打成一片的。但更多情况下还是同性之间更亲近一些，特别是同龄的孩子最容易成为真心朋友。这种从小就培养起来的友谊是非常稳固的。尤其是在农村，这种友谊甚至可以延续一生。在须惠村，那些上了年纪的人，“由于性欲的逐渐减退，人们更愿意与同龄人在一起分享人生的真正乐趣。须惠村有句俗语说‘同龄密友比老婆还要亲’”。

学龄前的儿童在一起玩耍时总是无拘无束。他们在一起玩的很多游戏在西方人看来是很不可思议的，比如他们小小年纪竟然玩一些性游戏。日本的孩子性意识都比较早，一是由于大人们在谈论有关性的话题时并不避讳孩子；二是日本的居室比较狭小，男女同住；另外一点就是母亲在哄孩子玩或给孩子洗澡时总是会拿小孩的生殖器来逗乐，尤其是男孩子。正因为这样，孩子在玩性游戏时，只要能注意场合和对象，大人们一般不会对他们加以指责。家长们对孩子的手淫也不会有太多干涉，他们并不认为这是件危险的事情。另外，孩子在一起玩时，有时也会相互指责叫骂，这种指责对于成年人来说就是一种侮辱。有时，孩子们也会互相攀比，炫耀一番，如果大人也这样炫耀的话肯定会被认为是一种羞耻，但小孩子则无所谓，日本人会宽容地说："孩子们这么小，哪知道什么是羞耻呀？正因为他们什么都不懂才会玩得这么开心。"这就是孩子与成人的区别，如果你说哪个成年人"不知羞耻"的话，那就等于骂他脸皮太厚、令人鄙视。

这个年龄段的孩子们都喜欢互相攀比家庭和财产，他们还特别喜欢炫耀自己的父亲。比如他们经常说："我爸爸比你爸爸强壮"，"我爸爸比你爸爸聪明"，有时甚至还会因此而打起来。对于这些行为，美国人认为不值一提。但这也从一个侧面反映出在日本，儿童的言行与大人们的言行是完全不同的。比如大人都会谦称自己家是"敝宅"或"寒舍"，尊称对方的家为"府上"或是"贵府"；日本人承认，小孩从结伴玩耍到小学三年级，亦即九岁左右的时候，所有的孩子都是以个人为中心，性格张扬的。有时他们甚至会说"我当主君，你当家臣"，而另一个说"不行，我不当家臣，我要当主君"。他们经常会这样炫耀自己，贬低别人。总之，他们想说什么就说什么，毫无顾忌。随着年龄的增长，他们就知道有些话是不能说的。于是，他们再也不会夸大自己，贬低别人了。

除了学习各项技能外，日本的孩子还要接受神灵教育。但孩子们最早对超自然神灵的认识都是在家里学到的。神官和僧侣是不会"教"孩子们这些的。一般来说，只有在一些民族节日或重大的祭日里，大人才会带孩子去神社或寺院参加宗教仪式。在那里，他们和其他的参拜者们一起接受神官的洗礼。但孩子经历的最频繁也是最深刻的宗教仪式是以自家佛坛和神龛为中心的家庭祭祀活动。孩子们印象最深的总是祭祀家族祖先牌位的佛坛，那里供奉着鲜花、香火及榧树枝，每天都要更换供奉的食品。祭拜前，家长要向祖先报告家里发生的一切大事，然后大家再一起跪拜。晚上还要点上小小的油灯。日本人一般都不愿意在外面过夜，因为离开家里这一套祭告他们心里总觉得不踏实。神龛由一个简单的搁架组成，中间供奉着从伊势神宫请来的神符之类的东西，也可摆放其他的供品。厨房里供奉着带着烟灰的灶神。窗户和墙壁上也都贴上护符。这些都是为了让神灵保佑全家的平安。村里的镇守神殿也被认为是最安全的地方，因为那里有仁慈的众神镇守，因此，母亲们都愿意让孩子去神殿内玩耍。孩子们并不怕神，因为他们认为这些神都正义威严，不用刻意讨好。神灵赐福人间，因此会得到众人的崇拜与供奉。

儿童在入学两三年后，真正的训练才开始，为的是让他们能够慢慢地适应成人那种谨慎的生活模式。在这之前，他已学会了控制自己行为的一些基本技能。对于那些难以管教的孩子，大人们会用各种办法来“治愈”他们的毛病。比如，上文提到的分散孩子的注意力，温和的劝导或嘲弄的方式等。但那时父母还能容忍他的任性，甚至容忍他对妈妈大吼大叫。这种宠溺让他们变得非常自我，这种状况一直会持续到上学之初。上学的前三年，不论男老师还是女老师对孩子都非常爱护，甚至与他们打成一片。这时，学校和家长就开始教育孩子，让他们懂得羞耻感了。虽然孩子们年龄尚小，还不知道什么是“羞耻”，但他们必须要知道，如何避免使自己“难堪”。比如，就像“狼来了”那个故事中的小男孩一样，本来没有狼，可他却喊“狼来了!狼来了！”以此来“愚弄别人。如果你也那样，就不会有人再相信你了，那就很难堪了”。这个时候，如果孩子做了错事的话，会遭到同学们的嘲笑，老师或家长并不会嘲笑他，因为在孩子成长的这个阶段，家长的主要任务并不是嘲笑他们，而是以这种难堪的事情为例，让他们懂得个人对社会应负有的责任和义务等道德价值观念。孩子到了六岁左右时，大人们就会给他们讲些忠义献身的故事，通过这些故事，来督促他们自觉地用这种思想来规范自己的行为。比如前文我们引用的六年级课本中义犬报恩的故事就是一个很好的例子。现在，这些要尽的义务对他们来说都逐渐变成了各种约束。比如长辈经常对孩子说，“如果你再这样或那样做的话，世人都会笑话你”。不同的场合要遵守不同的规矩，这些规矩就是我们平常所说的礼仪。随着年龄的增长，儿童对邻居、家庭及国家的责任也不断增加，因此他必须学会对自己的行为加以约束，必须学会自制，必须认识到自己背负的恩情。他慢慢地变成了一个“债务人”，为了还清所欠的“债务”，他必须谨慎行事。

儿童的角色之所以会发生这种转变，主要是由于家人不再以嘲弄的方式教育他了，取而代之的是一种更加严肃的方式。小孩到八九岁时就不再受宠了，父母更多的是对他进行约束和处罚。如果老师向家长反映他不听管教，不尊重老师或不遵守纪律的话，他就会受到家人的排斥和惩罚。如果某个店主指责他行为不端，那就意味着他“玷污了家族的名声”，全家人都会指责他。我认识的两个日本人，他们小时候就被父亲赶出过家门。由于感到很丢人，他们也不敢去亲戚家。学校老师也处罚了他们。他们只好待在户外的窝棚里，后来被母亲发现，向父亲说尽了好话才让他们回家。很多小学的高年级孩子犯了错误后，经常被关在家里“闭门思过”，还必须写悔过日记。总之，家里人都把他看成是自己家族在社会上的代表。如果他受到外人的批评，全家人都会反对他。如果他没有履行“对社会的情义”，他就别指望家人会支持他，也别指望自己的朋友会理解他。如果他冒犯了别人，同学们都会疏远他，只有他承认了错误并发誓改过，他们才会重新接纳他。

正如杰佛里·格拉所说的那样：“从社会学角度来说，日本人对孩子约束和惩罚的严厉程度是非常少见的。在其他国家，如果某个大家族的人受到了其他家族的责难或攻击的话，本家族的人会支持和保护他。由于得到了本族人的支持，他就有足够的勇气与外族人对抗。日本人则正好相反。日本人要求自己家族成员的行为首先要得到外族人的认可，才能得到本族人的支持。如果他的行为被外族人批评、指责的话，本族人就会排斥他、惩罚他，更别指望获得本族人的支持了，除非他能使外族人改变对他的看法并不再对他加以指责。由此可见，日本人非常注重外界对自己行为的认可，这是其他国家所没有的现象。”

在这之前，男孩和女孩所受的教育基本上差不多，只是在一些细节上有些差别。女孩子从小在家里受到的约束要比男孩子多些。虽然男孩子有时也要照顾弟弟妹妹，但这种工作主要由女孩子来做。在所得到的礼物以及获得家人的关心上，女孩子总比男孩子得到的要少得多。她们也不能像男孩子那样乱发脾气。但是，和亚洲其他国家的女孩比起来，日本的女孩已经享有很多的自由了。比如，她们可以穿着鲜艳的衣服与男孩子一起到处疯跑，有时甚至还会跟男孩子打架，而且从不认输。小时候，她们也和男孩子一样，不知道什么叫“羞耻”。从六岁到九岁左右，她们也像男孩子那样逐渐懂得自己对社会也要承担一种责任。九岁以后，学校里男女生开始分班，这时，男孩子们比较喜欢拉帮结派，内心开始排斥女孩子，更不愿意被人发现自己和女孩子说话。而母亲也告诫女孩子不要与男孩子交往，说这种交往不合礼仪。据说，这个年龄段的女孩子通常沉默寡言，闭门不出，也很难沟通。由于受到男孩子的排斥，因而日本女人都说这就意味着女孩无忧无虑的童年生活结束了。在她们以后的人生道路上，要时刻谨记“自重再自重”这一教诲，无论是订婚还是结婚以后。

即使男孩子已经懂得了“自重”和“对社会的情义”，也并不意味着他们已经懂得了男人应该承担的全部义务。日本人说：“男童从十岁起开始学习‘对名誉的情义’。”意思是说，从这个时候起，他就要学会维护自己的名誉，并懂得为自己的名誉而战是一种美德。他们还必须知道，什么时候可以直接还击对方，什么时候用间接的方式为自己洗刷污名。但这并不是说要让他们学习如何攻击别人。这种攻击对于他们来说并不需要再学习，因为从小他们就会对母亲动粗，有时也会与小伙伴打得不可开交。这些少年要学的是如何以公众认可的方式来维护自己的名誉。同时，也要学会控制自己的情绪。如前所述，现代的日本人感到受辱后，通常不会对别人直接施以暴力，而是把这种报复的念头深藏心底，从而不断地经受着精神上的折磨，其实这是一种自虐行为。那么，这些学童也不例外。

六年小学毕业后，他们就要面临着一场非常激烈的中学入学考试，大概只有15%的学生能够顺利通过考试，其中男生所占的比例较高。为了能够在考试中获胜，维护自身的名誉，他们个个都要卷入到这场无情的竞争中。对于这种竞争，他们从来没有任何经验，因为从小他们都是生活在一个没有竞争的环境里。这种突然而来的竞争令他们感到手足失措、忧心忡忡。大家每天都为名次而争，互相猜疑对方是否作弊。虽然这种竞争如此激烈，但在他们记忆中留下最深印象的并不是这些，而是中学里高年级学生对低年级学生的欺辱。高年级学生会随意使唤低年级学生，对他们颐指气使，还想出各种方法捉弄他们。对此，低年级学生会非常恼火，因为他们觉得自己受到了侮辱。如果一个男孩被迫在高年级学生面前卑躬屈膝，被当做仆人呼来唤去的话则会怀恨在心，伺机报复。由于不能立即报复，他就会更加耿耿于怀。他们认为这是事关名誉的大事，维护自己的名誉是每个日本人应该具有的美德。从此，他会寻找各种机会为自己报仇雪恨，也许若干年后，他利用家族势力让对方丢掉工作；或者刻苦练习剑术或柔道，毕业后在大庭广众之下羞辱对方。总之，只要仇不报，心事就未了。这就是日本人的复仇情结。

那些没有上中学的孩子，如果去当兵，他们在军队里也会有同样的经历。和平时期，每四个日本青年中就有一个会被征兵入伍。在军队里，老兵总是欺负新兵，比在中学里高年级学生欺负低年级学生还要严重。军官们对此基本上是不闻不问，就连士官也很少插手此事。日本军规的第一条就是：向军官告状是丢脸的。士兵间的争端由他们自行解决。军官们会认为这是一种“锻炼”士兵能力的方法，因而很少过问。一般老兵会把自己刚入伍时受到的所有委屈和怨恨一股脑儿地向新兵发泄，并想方设法侮辱新兵。虽然新兵遭到侮辱后非常愤怒，但他们也只能把这种愤怒深藏心底，由于内心埋下了仇恨的种子，这使他们判若两人，慢慢地，他们也变成了真正的黩武主义者。这种转变并不是极权主义国家理论教育的结果，也跟忠于天皇的思想无关，而是军营中的各种屈辱让他们变得如此无情。由于这些年轻的士兵从小接受的是典型的日本式家庭教育并且极其看重自己的尊严，因此，当受到侮辱时，他们很容易变得残忍无情。他们也绝不能忍受这种屈辱。

很显然，现代日本中学和军队中之所以会出现这些侮辱事件，其实是与日本人传统的对嘲笑和侮辱的看法分不开的。这种情况也并非只有学校或军队才有。由于日本人非常看重自己的名誉，因此，当受到侮辱后，他们的反应就会比美国人强烈得多。这些受到欺负的人不但会找个替罪羊来发泄一下自己的愤怒，比如上文中提到的他们会把低年级学生或新兵当成替罪羊，更重要的是，他们会想尽一切办法向自己的仇人直接报仇。这点和西方人不同，西方人在受到侮辱后，通常只会找个替罪羊来发泄一下自己的怒火。例如，在波兰，如果一个新学徒或年轻的雇工遭到别人的嘲弄后，他不是向嘲弄者泄恨，而是对自己的徒弟或新雇工发泄。在日本，受辱者也会用这种方法来消除怨恨，但他们更多的是选择直接复仇。只有真正报了仇，他们心里才会“痛快”。

在日本战后的重建工作中，那些关心日本前途的领导人应该高度重视这种战前在学校和军队中普遍存在的侮辱新同学、欺负新兵的现象。他们应该提倡一种“爱校精神”，鼓励人们重视“校友关系”，尽力消除以大欺小、以强凌弱的恶习。在军队中应切实贯彻禁止虐待新兵的政策。虽然各级军官或老兵都应该对新兵进行严格训练，但要坚决反对以训练为借口侮辱、嘲弄新兵。无论是在学校还是在军队中，如果迫使新生或新兵模仿小狗摇尾巴、学蝉鸣，或者在其他人吃饭时让他们练习“倒立”，这些行为都要受到严厉处罚。这些措施将会对日本的再教育产生深远的影响，这比否定天皇的神圣性或是把军国主义的内容从教科书中删除更有效。

日本的女孩子并不会像男孩子那样特别看重对于“名誉的情义”。她们也没有在中学和军队中受辱的经历，也不会有类似的体验。因此，女孩子的生活比男孩子要稳定得多。从记事起，父母对她们的教导就是：无论什么事情都应男孩优先，不应与哥哥或弟弟争抢礼物或父母的宠爱，不能公开发表自己的看法等。尽管如此，在孩提时代，她们还是和男孩一样享有同等的特权，可以自由自在、无忧无虑地生活。小时候，她们可以穿着鲜红的衣服同男孩一起玩耍。但长大成人后，她们就不能再穿如此鲜艳的衣服了，只有等到了老年，大概六十岁左右时，她们才能重新穿红戴绿，这时，她们又拥有了特权。在家中，尽管妈妈和奶奶总是不和，但女孩子也会和男孩一样得到双重关爱。兄弟姐妹都争着想跟她亲近，并抢着要和她一起睡。她也会时常把奶奶给她的小恩小惠分给两岁左右的弟妹。

日本人不喜欢自己一个人睡觉，晚上小孩们喜欢挨着自己喜欢的哥哥或姐姐睡。和谁挨得近就证明和谁关系最亲近。虽然女孩子长到九岁或十岁以后会遭到男孩子的排斥，也不能再和他们一起玩了，但总有一些事情能弥补一下这种失落，那就是她们会弄些新潮的发型来博得别人的关注和喜爱。14岁到18岁间日本女孩的发型是最讲究的。这个年龄段的女孩子可以穿丝绸之类的衣服了，而以前她们只能穿布料的。她们被父母打扮得漂漂亮亮、优雅动人，也真正成为大姑娘了，这多多少少能排遣一下她们被男孩排斥的落寞心情，心理上也会得到一些满足。

女孩子要遵守各项礼仪约束，但父母不会强迫她们去遵守这些礼仪，更不会用体罚的方式，而是耐心地引导她们，希望她们不要辜负父母的期望。尽管父母对待她们并不像对待男孩子那样严格，也不会采取专制的手段，但她们依然能感受到一种无形的压力。以下就是日本父母教育女儿时最典型的一个例子。稻垣钺子（即杉本钺子，婚前姓稻垣）从六岁起就开始学习中国古典文学，教她的是一位博学的儒学大师，她回忆当时自己学习的情景时写道：

> 在整整两个小时的授课过程中，除了双手和嘴唇外，老师坐在那里纹丝不动。我坐在老师面前的榻榻米上，也必须同样正襟危坐，纹丝不动。有一次正在上课，我也不知道什么原因突然有些躁动不安，于是就稍微挪动了一下身子，双腿换了一个稍微舒服一点的姿势，老师脸上立刻显出惊愕的神色。他轻轻地合上书本，慢条斯理而又很严

肃地说："小姐，你今天的心情显然不适合学习，你先回房好好思考思考吧。"老师的话让我感到羞愧难当、无地自容。我当时感到不知所措，只好向孔子像行了个礼，并向老师道了歉，这才毕恭毕敬地退出书房。平时上完课我总要告知一下父亲自己学习的情况，但今天当我小心翼翼地走到父亲跟前时，他感到很惊讶，因为还没到下课的时间，他装作毫不在意地说："你学得可真快啊!"父亲的话深深地刺伤了我幼小的心灵，这也成为我心中永远无法抹去的痛。

杉本夫人在另一本描写她的祖母的书中，概括了日本父母教育子女的典型心态：

在我的印象中，祖母总是那样安静祥和，她希望每个人都能按照她的意愿行事。虽然没有训斥和争辩，却没有人敢违抗她的意愿，她对我们的期望就像丝线一样柔软而坚韧，牵着我们每个人走向她认为正确的方向。

这种"像丝线一样柔软而坚韧"的期望之所以能牵制每个人，原因之一就是日本人从小就要接受各项礼仪与技能的训练。在日常生活中，他们要遵守各种规矩，时间一长，这些规矩也就演变成了一种习惯。因此，家庭中的每个成员都能按照长辈们的意愿行事。比如他们从小就要学习如何使用筷子，进入房间的正确姿态。成年后他们还要学习茶道和按摩。所有这些都是大人们手把手教的，要反复练习这些技能，直至非常娴熟，成为一种习惯为止。大人们认为如果不手把手地教他们，孩子不可能“自然而然地”形成正确的习惯。杉本夫人在书中还描述了她14岁订婚后大人们是如何教她服侍未来的丈夫用餐的。当时，她还没有见过自己的未婚夫，他在美国，而她在（日本的）越后。“在母亲和奶奶的监督下我亲自下厨，一遍一遍地反复练习据哥哥说松雄（未来的丈夫）特别爱吃的几道菜。我假想他就坐在我旁边，每次总要先为他摆放好餐具，并让他品尝饭菜。就这样，我慢慢学会了如何小心翼翼地服侍未来的丈夫用餐。奶奶和母亲说话时也总是假装松雄在场。我也很注意自己的言行举止和着装，好像他真的就在房间里一样。最后，这些都成为一种习惯，我也慢慢学会了如何照顾自己的丈夫以及如何成为一个合格的妻子”。

男孩子也要接受各种训练，但对他们的要求没有像对女孩子那样精细。他们学会了各项礼节后，就必须按照要求去做，不能有任何托词。然而，父母不会教给他们所有的东西，比如，对于那些处于青春期的男孩子来说，父母或长辈不会教给他们如何去追求女孩子。男孩子也不敢在家里公开谈论自己的爱情。通常，他们到九岁或十岁时，除了有亲属关系的女孩子外，他们很少有和其他女孩子单独接触的机会。日本父母通常在这些男孩子对性产生兴趣前就给他们订婚，他们认为这是最佳时期。由于男孩子在这个时候对这个话题比较敏感，因此，父母认为他们与女孩子交往时应该比较“害羞”。在农村，人们常常会拿这个话题来逗男孩子，有时这些逗笑的话确实会让他们感到“害羞”。但是处于青春期的男孩子仍然渴望追求这种懵懂的爱情。过去，很多偏远农村的姑娘都是未婚先孕。

对于这种婚前性行为，父母并不会过多干涉。但是现在，这种事情是绝不容许发生的。正如须惠村一位村民对恩布里博士说的那样："就连女佣都知道要保持贞洁。"上了中学的男生，也被禁止与女生交往。日本的教育和舆论都反对男女婚前有过密行为。在很多日本电影中，那些对女孩子主动示好的男孩子通常被视为"坏人"，而对女孩子态度粗暴无礼的人则被视为"好人"。他们认为，那些爱与女孩子主动搭讪调情的男人一定是行为放荡之人，更会混迹于艺伎、妓女或咖啡女郎中。艺伎馆通常是学习示爱的"最佳"场所。在这里，"她会教你如何去做，你只要放松下来观看就可以了"。当然，他们也不用担心自己动作笨拙，因为他们不会与艺伎发生关系。但艺伎馆对于很多日本青年来说都消费不起，他们更多会光顾咖啡馆。在这里，他们可以观察男孩子是如何接近女孩子的，这和他们以前所接受的训练都不同，需要他们自己去学，没有人会教他们。由于缺乏这方面的经验，男孩们总是会怕别人笑话自己笨手笨脚。对于青年男女来说，性方面的知识只能靠他们自己去学，大人们不会像教授其他习惯或礼节那样教授他们。那些有教养的家庭总会在儿女大婚时送给他们一本《新婚必读》和一些绘有各种姿态的画卷。正如一位日本人所说："看书就可以学会，就像布置庭院一样，父亲并不会教你如何布置一个日式庭院，长大成人后，它自然会成为你的爱好。"日本人竟然把性与布置庭院相提并论，并认为这两者都可以通过看书习得，这种想法真是很有趣。不过大部分的日本青年都是通过其他途径了解性的，大人们是不会教给他们这些东西的。由于家长让这些年轻人自己学习性知识，因此，他们深信性是无关于人生大事的一个特殊领域，在这个领域中，他们有一定的自主权，不需要大人亲自指教，而是靠自己学习来获得一种满足，尽管刚开始他们都有些紧张和不安。这种教育方式使得日本人认为性和婚姻属于两个不同的领域，因此，婚后男子依然可以在外寻欢作乐，他们认为这样做并不会侵犯妻子的权利，也不会威胁到家庭的稳定。

妻子却没有同样的特权，她必须对丈夫保持忠贞。即使有偷情的机会，她们也只能偷偷摸摸地进行，但这种男女关系很难长期维系下去。正是由于丈夫的不忠，所以日本妇女经常会出现神经过敏或情绪不稳的症状，他们称这样的妇女为"歇斯底里症"患者。"在日本，妇女最大的困扰并非来自社交生活，而是性生活。很多精神不正常的妇女以及大多数歇斯底里症患者都是由于性生活不和谐造成的"。"妇女只能从丈夫那里得到所谓的性满足"。须惠村的村民们说，很多妇女都是从妇科病开始，进而发展到精神疾病。如果丈夫钟情于其他女人的话，这些妇女只能求助于日本传统认可的自慰方式来解决自己的性需求。无论是贵妇人还是普通村妇，她们都藏有一些传统的情趣用具。在农村，只有生过小孩的妇女才能露骨地谈论性。但在生孩子前，她们是不可以讲黄色笑话的，只有当了母亲后，随着年龄的增长，也就变得对此无所顾忌了，因此，她们通常在男女聚会时开些黄色玩笑。在聚会上，她们还会大跳艳舞，不停地扭动自己的腰肢，这些动作通常会引来一阵浪笑。在须惠村，士兵服役期满回乡时，村里的人都会跑到村外去迎接。这时，妇女们就会女扮男装，说着下流话，对小姑娘动手动脚，假装要强奸她们。

因而可以说，日本妇女就是通过这种方式来释放自己的情欲的，而且身份越卑微，享有的自由度越大。她们一生要遵从许多禁忌，但是情欲却是无法掩饰和限制的。平时，她们都要设法满足男人的性欲，在性生活中很少顾及自己的感受，也很难得到满足。一旦到了一定的年龄，她们就可以抛开禁忌，大胆表达自己的需求，那些出身卑微的妇女更可以像男人一样风流。日本人会根据不同的年龄段和场合对妇女提出不同的要求，而不像西方人那样简单地把女人分为“贞女”或“荡妇”。也许在某个年龄段或场合，他们希望这个女人越纯洁越好，但到了一定的年龄或换了一个场合，他们则希望她越放荡越好。

男人们也是如此，有时他们可以放荡不羁，有时却需节制谨慎。日本男人最大的乐趣就是一边与友人喝酒聊天，一边欣赏艺伎表演。日本人喜欢醉酒，因为他们没有节制饮酒的概念。通常在推杯换盏之间，他们会一扫平日的拘谨，开始相互倚躺，亲密无比。日本人醉酒后，除了极少数“难伺候的人”会吵吵嚷嚷外，很少会出现打架斗殴等暴力事件。除了喝酒的时候他们可以抛开禁忌外，在其他方面他们必须要节制谨慎。一旦他们做出违反常规之举，就会被人耻笑为傻瓜、混蛋。

西方人所描述的日本人的矛盾性格，是与他们的童年教育分不开的。这种独特的教育方式造就了他们人生观的两面性。这两面都值得我们高度重视。他们在幼儿时期享受种种特权，过着轻松自由的生活，尽管长大成人后，他们要经历各种繁琐的训练，但他们内心始终怀念那种无忧无虑、天真无邪的童年时代。他们无需为自己描绘一个未来的天堂，因为童年的生活就是天堂。童年的美好回忆让他们坚信“人之初，性本善”，相信众神慈悲，更相信作为一个日本人是一件无上光荣的事。这样，日本人就很容易产生一种极端的思想，即认为人人都可以成佛，人人死后都能成神。这些观念使得他们固执己见、盲目自信、有时甚至会无限夸大自己的能力。他们会为了证明自己观点的正确性，不惜与政府抗衡，甚至会以死力谏。这种盲目的自信造就了其狂妄自大的性格特征。

六七岁以后，他们就要慢慢地学会谨言慎行、懂得羞耻了。如果犯了错，他就成为全家人排斥的对象。这种压力跟普鲁士式的纪律不同，对他们来说，这是一种无形的压力，无法逃脱。日本人之所以会非常看重自己的名誉，这和他们小时候受到的教育有关。比如，在他们很小的时候，父母就坚持训练他们大小便的习惯，并纠正他们的各种姿势；父母常常逗弄孩子或假装要抛弃他，并告诉他们不听话的孩子会受到别人的嘲笑和排斥。因此，为了不被人嘲笑和排斥，他们慢慢养成了遵守各项规则的习惯，这也为以后他们能更容易接受各种约束奠定了基础。长大以后，他们就不能像在幼儿时期那样毫无顾忌、畅所欲言了，他们必须学会克制自己，去认真地面对生活。随着童年的特权被逐渐剥夺，他们也享受到了很多童年时代无法享受的快乐和满足，但童年那些美好的记忆从未消失过，这对他的人生观产生了很大的影响。比如在“情感”上，由于“情感”被看做是没有约束的“自由领域”，因此，在这个“自由领域”中，他们完全可以像童年那样，无拘无束、尽情地放纵自己。

在日本孩子的整个童年生活中，如何获得身边同伴的认可对他们来说是最重要的，这比道德标准对他们的约束力都要强。很小的时候他就会要求跟妈妈一起睡。后来，他会通过比较自己和兄弟姊妹得到糖果的多少来判断是不是最受妈妈的宠爱。他害怕被别人冷落，因此，经常会问姐姐："你最喜欢我吗？"随着年龄的增长，为了得到其他人的接受和认可，他们会不断放弃很多要求。如果不按照大人的要求去做的话，他就会受到别人的嘲笑和讥讽。虽然有些国家也是通过这种方式来教育孩子的，但没有像日本人那样过分重视别人对自己的评价，也感受不到那么大的压力。日本人总是害怕被别人排斥、抛弃，这种思想和小时候母亲经常吓唬他不听话就把他送人有很大关系。在他们心目中，遭到别人排斥比挨打都要可怕。日本人对嘲笑和排斥都异常敏感，尽管有时仅仅是心理作用而已，因此，他们会尽力迎合别人的需要，做事小心谨慎，唯恐惹来别人的嘲笑和排斥。由于日本人在平时的生活中不善于保护自己的隐私，因此，如果一个人做错了事的话，很快就会妇孺皆晓、邻里皆知，这样，他就会遭到很多人的反对和排斥。再加上日本房屋的构造也不利于保护隐私，墙壁非常薄又不隔音，白天还要敞着门。对于那些没有钱修筑围墙和庭院的人家来说更没有什么隐私可言了。

由于日本人童年所接受的教育与他们成人后所接受的训练有很大差别，这就造成了他们性格中的两面性。而他们使用的某些象征物品也有助于我们更好地了解这种双重性格，镜子就是其中之一。他们在幼年时期不懂羞耻，过着无忧无虑的生活。成年以后，他们喜欢时常照照镜子反省自己，看看镜中的自己到底还保留多少童年时的纯真。他们认为，镜子能够"映射出永恒的纯洁”。镜中的自我既不是虚荣的自我，也不是谨慎的自我，而是灵魂最深处的自我，即那个天真无邪、不谙世事的纯真自我。眼睛是心灵的窗口，在镜子中，他们仿佛又看到自己像童年时那样无拘无束地活着，也仿佛又看到那个宠爱自己，放纵自己的父母。正因为如此，有些日本人喜欢随身携带一面小镜子。甚至有人在自家的佛龛上供上一面特别的镜子，以静观自身，反省自己的灵魂。这有些像是在祭奠自己失去的童真。照镜子对于日本人来说几乎成为一种习惯，因为所有的家庭都会把镜子视为神圣之物供奉在神龛上。战争期间，日本的广播电台还特意播放过一首歌，这首歌主要是赞扬几位女生买了一面镜子放在教室里。谁也不会认为她们的这种行为是一种虚荣心的表现，而是高度赞扬她们能够重新找回自己，保证了自己内心的安宁。经常照镜子的人应该是一个追求高尚品德的人。

在小孩还没有“观我”的意识之前，日本人就对镜子产生了一种特殊的感情。在镜子中，他们看到的并不是那个“观我”，而是童年时那个天真率直，不拘礼节的“自我”。这个“自我”也是他们通过潜心修炼所努力找寻的“自我”。在修炼过程中，他们坚持不懈地去消除“观我”，从而达到一种“通达”的境界，这种境界需要他们能够摆脱一切束缚，努力回归到童年时天真无邪的状态。

尽管日本人向往童年时期那种拥有特权的生活，但他们对成年后建立在羞耻感基础上的种种道德规范并不完全排斥，也不认为这些约束完全剥夺了他们的自由。前面我们曾谈论过，日本人一直都很反感基督教所宣扬的自我牺牲精神。他们认为很多事情并不是自我牺牲。即使要付出自己的生命，他们也认为这是为了“尽忠”、“尽孝”或为“情义”自愿去死，而这种行为并不属于自我牺牲的范畴。日本人认为只有这种心甘情愿地去死才会死得其所，否则就是“犬死”（a dog’s death），是毫无意义的。这与英语中的“dog’s death”意思是不一样的，在英文中，“dog’s death”指的是因贫困潦倒而死。在英文中，一些具有奉献精神的行为也被称为“self-sacrificing”（自我牺牲），而在日文中则属于“自重”的范畴。他们认为“自重”就是要克制自己，要想成就一番大事必须要学会约束自己，学会自制。美国人认为自由是实现目标的前提条件，而日本人认为光有自由是远远不够的，人们还必须学会克制自己，这样才能获得最后的胜利，也才能更好地体现人生的价值。否则的话，人们怎能控制住经常会产生冲动的危险的自我呢?只有学会自我克制，生活才不会一团糟，就像一位日本人所说的那样：

> 一件经过工匠们精心打造的漆器，它的外层越厚，越能经受住岁月的侵袭，就越贵重。一个民族也是如此，历经岁月的洗礼才能成为今天的模样。人们在谈到俄罗斯人时会说：“如果剥开俄罗斯人的外衣，我们看到的是鞑靼人。”在评论日本人时，也许有人会说：“脱掉日本人的外衣，除去外面的漆层，他们就是强盗。”但千万不要忘记：日本的漆是非常珍贵的，是用来制作工艺品的材料，而不是用来掩盖瑕疵的涂料，它没有丝毫杂质，如同坯质一样精美。

西方人眼里的日本人是矛盾的，这种矛盾的性格主要是由他们童年时所接受的教育造成的。在他们小的时候可以无拘无束、为所欲为，大人们会尽力满足他们的所有要求。因此，在童年的小小世界里，他们像神仙一样逍遥自在。这种美好的童年生活早已深深地刻在了他们的脑海中，挥之不去。后来，随着年龄的增长，他们要接受各种严苛的训练，也要勇于承担各种责任。这些成年后的训练也对他们的人生产生了很大的影响。正是由于这两种不同的教育方式使得他们形成了性格的两面性，也造成了他们的矛盾行为。因此，这种性格的两面性使得日本人成年后既沉浸于浪漫的爱情，又可以乖乖地接受父母的包办婚姻。既可以尽情享乐，又可以为了承担义务而牺牲一切；严谨的教育使得他们做事时表现得小心谨慎、畏畏缩缩，但有时他们却又勇猛无比；在森严的等级制下，他们有时候会表现得极为顺从，有时又难以驾驭；他们有时谦恭有礼，有时又傲慢自大；在军队里，他们可以接受疯狂的训练，却又不服管束；他们既保守又愿意接受新事物，因此，他们既能吸收中国的传统文化又能接受西方的新思想。

日本人的矛盾性格使得他们经常处于一种焦虑之中。因为他们要努力调和童年时期与成年时期的不同生活经验。他们努力在自由与束缚之间寻找一种平衡，却很难做到。不同的人会采取不同的方式来缓解这种矛盾。比如有些人会像老学究一样规规矩矩地生活，不敢有丝毫的放纵，唯恐扰乱了自己的生活。一想到自己会有放纵的念头，再加上童年的记忆又是那样的深刻，他们就会感到非常恐惧。为了克制这种情绪，他们总是让自己表现得很冷漠，严格遵守为自己设定的各项规则，以期更好地控制自己的行为。有些人则让自己生活得比较压抑，他们害怕自己心中郁积的反抗情绪有一天会突然爆发，于是只能以表面的温顺来加以掩饰。他们让自己沉溺于日常的生活琐事中，从不表露自己的真实情感，每天都只是机械地重复那些毫无意义的生活琐事。还有一些人由于过分留恋童年时的幸福生活，因此，对成年后所要接受的各项道德规范感到无所适从，焦虑万分。他们试图在别人身上寻找依靠，可发现自己早已过了依靠别人的年龄。每当他们失败时，就会认为自己的行为违背了常规，这种想法会令他们感到焦虑不安。他们在努力维持着一种平衡，过着循规蹈矩的生活，他们害怕面对生活中的任何变故。

由于日本人过度在意别人的评价和指责，因此，他们总是很努力地让自己的行为符合他人的期望，这很容易让他们陷入一种困境之中，也失去了原本应有的自由。如果日本人能够放松心态，压力不那么大的话，他们完全可以像其他国家的人一样，既享受生活，又遵守礼节，与其他人友好相处。日本人童年的生活，让他们对自己充满了信心，即使做错了，也没有什么负罪感。后来为了得到小伙伴们的认可，才会受到一些限制，但其他人也要受到这些限制，而且义务是相互的。成年以后，尽管某些个人愿望会受到他人的干涉，但在一些“自由领域”中，他们仍然可以尽情地做自己喜欢做的事。日本人一向以享受自然乐趣而闻名。比如观赏樱花、赏月、赏菊、远眺新雪，在室内悬挂虫笼子以听虫鸣，以及咏和歌、俳句，修饰庭院、插花、品茗等等。我们很难将这个充满闲情逸致的民族与一个充满焦虑和侵略思想的民族联系起来。他们追求享乐，但不会沉迷于此。在日本没有挑起这场灾难性的战争之前，日本的农民像其他国家的农民一样乐观，对生活充满了希望。他们辛勤地劳作，享受着闲暇时的幸福时光。

但是日本人对自己的要求过于严格。为了避免遭受别人的排斥和诽谤，他们必须放弃自己的个人享受。在面对一些人生重大事情时，他们也必须学会克制自我，抑制冲动。那些违背这些规矩的极少数人也就意味着失去了自尊。日本人认为，一个自尊或自重的人，不用去明辨什么是“善”，什么是“恶”，他只需将自己的个人需求深藏内心而努力去迎合他人的期望就可以了。只有这样，他才会被人们看成是“知耻”而谨慎的好人，他才能为自己的家族、家乡和国家争光。这种时刻怕遭到别人排挤的思想使得日本人一心想要称霸亚洲，称雄世界。但是对于个人来讲，这种紧张的情绪是一种沉重的心理负担。他们总是要小心谨慎，唯恐自己失败，也唯恐遭到别人的鄙视。有时他们也会突然爆发极端的攻击性行为。爆发的原因并不是像美国人那样因为自己的原则或自由受到了挑战，而是认为自己受到了侮辱或诽谤。于是，这个危险的自我就被激怒了，如果条件允许，他们就会攻击诽谤者，否则，他们就把矛头指向自己，自我折磨。

日本人为他们的这种生活方式付出了高昂的代价。他们失去了很多在美国人看来如同空气一样必不可少的自由。我们应该注意到，自战败以来，日本人也开始追求自由民主了。对日本民众来说，如果有一天他们能够无所顾忌地自由行动，该有多高兴啊!杉本夫人就曾描绘过这种喜悦的心情。她在东京一所教会学校学习英语时，学校分给了她一小块地，然后又分给她一些种子，她可以在这块地里种一些自己喜爱的花。

> 这是一块可以随意种植的苗圃，它给了我一种全新的感觉……这真是太幸福了……我竟然可以随意种植自己喜欢的东西，而不会违背传统，不会玷污家名，也不会让父母、老师或邻居感到震惊，不会伤害到其他事物，这简直太神奇了，我终于可以自由行动了。

其他女生都种了花，而她打算种植马铃薯。

> 没有人会理解这种近乎荒诞的行为给我的心灵带来的冲击，啊，自由之神在叩响我的心扉。

它为她开启了一个全新的世界。

> 我家的花园中有一块空地一直闲置着……但总有人会去修剪松枝，剪齐树篱。每天早晨老园丁都要清扫石阶，把松树下这块空地打扫干净，然后再仔细地把从树林里采集来的新鲜松针精心地洒在上面。

正如刻意营造一种自然景象一样，在杉本夫人看来，日本人一直接受的教育就是要隐藏自己的真实情感，学会伪装自己。这种伪装在日本随处可见。日本庭院中有一些看似天然的巨石，其实都是经过修饰的。这些巨石从别处经过精心挑选运来后，为了看起来更加逼真，便将其半嵌在地上，然后在四周铺满小石子。巨石的布置也很讲究，要与周围的流泉、屋宇、矮丛、树木相衬。菊花也都是养在盆里，准备参加每年日本各地举行的花展。每朵花瓣均要经过栽培者的细心摆放，并用细不可见的金属丝加以支撑，以保持完美的形态。

当杉本夫人亲自为菊花摘掉金属丝时，心情无比喜悦与欢畅。这些被修饰过的菊花终于回归到自然状态中，它们应该也很欢快吧。但对于日本人来说，想要获得一种自由的生活并不那么容易，因为他们很难改变那些固有的观念和传统。比如，他们做事时总是要小心翼翼，在意别人对自己的评价，所以会尽量迎合别人的需求，如果让他们抛弃这些传统理念，殊非易事。对于自由这个新概念，日本人很难在短期内接受，更不用说他们会全盘吸收了。但也不能悲观地认为日本人永远都不可能建立一种新的充满自由和宽容的道德体系。比如，生活在美国的第二代日本移民，他们就对日本的伦理道德比较陌生，那些固有的传统和道德规范对他们也没有任何约束力。同样，生活在日本本土的日本人，在新的国际环境影响下，也有可能会建立一种新的生活方式，抛开过多的约束，去享受一种相对自由的生活。不经过人工修饰的菊花依然是那样的美丽动人。

在这个追求精神自由的过渡时期，日本人必须利用其传统的美德来保证其生活的安稳。其中一种美德就是“自我负责”。日本人把自己的身体比喻成一把刀，而“自我负责”就是要通过自己的努力及时除去自己“身上的锈”。就像持刀人应保持刀的光洁一样，人也应对自己的行为负责。他必须勇于承担自己行为产生的一切后果，这些不良后果有可能是由其自身缺点造成的，也有可能是因为他意志不坚定或能力不够。

日本人对自我负责的要求远比讲究自由的美国人要严格得多。从这个意义上来说，刀已不再是进攻的标志，而是用来比喻那些能够自我负责的人。在一个追求个人自由的社会，这种美德将起着最有效的平衡作用。而且，日本的儿童教育和处世哲学已经把这种自我负责的品德融为了日本精神的一部分。也许，在西方人看来，日本人会完全抛弃原来的生活，而开始一种全新的，追求自由的生活。而日本人却认为，无论以后开始什么样的生活，他们始终有责任让这把刀保持光洁，免遭生锈的威胁，只有这样，他们才能生活在一个相对自由、和平的世界里。

第十三章 投降后的日本人

日本战败后，美国行使对日的管理权，我们有充分的理由为自己在战后日本的改造中所发挥的巨大作用而感到自豪。1945年8月29日，电台发布了由美国国务院、陆军部和海军部联合下达的对日政策的指令，并由麦克阿瑟将军全权负责实施。然而，由于美国各党派意见不一，因此，报刊和电台中对这些对日政策也是褒贬不一，这就使得我们本应引以为豪的理由变得模糊不清。而且只有极少数熟知日本文化的人才能够判断目前美国的对日政策是否合理与恰当。

日本投降时的一个重要问题是盟军对日本占领的性质问题。战胜国是利用现有政府或天皇来帮助自己进行管理，还是将其废除？是否应在美国军政府官员的指挥下对日本各个市县进行行政管理？盟军在占领意大利和德国时采取的方式是在当地建立盟军军政府（A. M. G）总部，这个总部也是战斗部队的一部分，而地方事务的行政管理权则交到了盟军的行政官员手中。在日本刚刚投降时，那些负责太平洋地区的盟国军政府官员们以为盟国也会采用同样的方式来占领日本。而日本人自己也不知道他们到底还可以保留多少行政权。《波茨坦公告》上只是说："盟国必须对日本领土上部分指定的地点进行有效占领。只有这样，才能确保盟军基本战略目标的实现。对那些企图煽动日本国民发动世界战争的残余势力必须予以彻底清除。"

美国国务院、陆军部和海军部就以上问题联合向麦克阿瑟将军发出指令，这一指令得到了麦克阿瑟将军司令部的完全认可，他们将全力执行这一指示。指令指出：日本战后的重建和行政管理工作将主要由日本国民自己负责。"只要能更好地落实美国的对日政策，最高司令官将通过日本政府和组织以及天皇来行使其权力。日本政府将接受最高司令官麦克阿瑟将军的指示，对国内事务进行管理。"由此可见，盟军对日本的占领方式和对德国或意大利的占领方式是完全不同的。最高司令部只是一个指挥机构，它是利用日本政府的各级机构代替自己进行自上而下的管理，它直接将指令下发给日本政府，而不是普通民众。它的主要工作职责就是制定日本政府的工作目标，如果哪位日本内阁大臣对这个目标存在异议的话，他可以提出建议或直接请辞，如果他的建议可行的话，司令部也会对工作目标进行修改。

这种管理方式确实是一次大胆的尝试。对于美国来说，这个政策的好处是不言而喻的。正如当时希德林将军（General Hilldring）所说的那样：

> 充分利用日本本国政府进行管理会有诸多好处。如果不让日本政府直接行使权力，那我们势必要重新组建各种

管理机构来统辖这个拥有7000万人口的国家。而他们的语言、习惯、态度与我们都截然不同，所以很难实施有效的管理。通过对日本政府的整肃并加以合理利用，我们可以节省大量的时间、人力和物力。换言之，我们是在让日本人自己整顿自己的国家，而我们只需提供具体的指导意见即可。

当在华盛顿起草这个指令的时候，很多美国人还很担心，他们怕遭到日本人的反抗和报复，因为日本是一个报复心极强的民族，他们有可能会抵制一切和平计划。但后来事实证明，这种想法是多余的。这主要是由日本的独特文化决定的，和当时日本作为战败国所处的政治和经济情况无关。也许没有任何一个民族能够像日本这样顺理成章地接受这种“善意”的政策，也不会像在日本这样产生如此大的成效。在日本人看来，让他们自己管理自己的国家意味着一种信任，这种信任抹去了他们作为战败国的耻辱，也为他们提供了一种动力，促使他们实行新的国家政策。而日本人之所以能够欣然接受这一政策，和其特殊文化熏陶下的特殊国民性格息息相关。

在美国国内，人们一直在争论在对日政策上是应该采取强硬的态度还是温和的态度，其实问题的关键并不是政策的强硬程度，而是看这种政策是否符合日本的国情，是否能彻底消除一切潜在的危险。至于采取何种手段则完全取决于日本人自身的性格以及传统的社会秩序。在德国，由于普鲁士式的专制主义思想已经深植于每个德国人心中，因此，在制定对德政策时也应充分考虑该因素，只有这样，才能制定出适用于德国的媾和条件。而在制定对日政策时，就不能完全套用德国的模式了，因为日本和德国这两个国家有很大不同。德国人不像日本人那样认为自己亏欠社会和历史的恩情。他们努力工作不是为了偿还无休无止的债务或恩情，而是不愿沦为社会的弱势群体。在德国，和其他身居高位的人一样，父亲也是权威的代表，人们常说，父亲就是“强迫别人尊敬他”的人。他要是得不到别人的尊敬就会觉得不舒服。在德国每一代人中，儿子总会在青春期反抗独断专行的父亲。但长大成人后，他们最终也会像父母一样过着单调无味、没有激情的生活。对于德国人来说，他们一生中最光辉的岁月就是那个充满叛逆的青年时代。

日本文化中并不存在那种所谓的极端的专制主义问题。日本的父亲比较关心和喜爱自己的小孩，这让很多西方学者感到很惊讶，因为这样的现象在西方很少见。日本的孩子会认为跟父亲亲近是很正常的事，有时他们还会在别人面前炫耀自己的父亲。因此，如果父亲想让孩子做什么事的话，只需要一个眼神或改变一下说话的腔调，孩子就能马上领会父亲的意思。父亲在孩子眼里并不是一个严厉的形象。那些处于青春期的孩子也不会像德国孩子那样总是在反抗父亲的权威。相反，在世人眼里，这个时期的日本青年作为家庭名誉的代表，反而变得更有责任心，更顺从。正如日本人所说的那样，他们尊重自己的父亲是为了把自己修炼成一个德行良好的人。父亲已演化为一个等级制的象征，孩子尊重自己的父亲是一种普遍的道德规范。

日本孩子的这种态度是其早年在父亲的言传身教下形成的，这也成为整个日本社会的一种模式。在等级制中享有最高地位并受人爱戴的人并不一定掌握实权，也不会轻易行使自己的特权。上自天皇下至各级官员，都有顾问或幕后力量在为其出谋划策。20世纪30年代初期，日本爱国主义团体黑龙会的首领在接受东京一家英文报纸记者的访问时，曾对日本的这种现象进行了生动贴切的描写。他说："社会（当然是指日本）就像是一个三角形，它的一角被大头针固定住了。"换句话说，三角形在桌面上是大家都看得见的。而大头针在下面则是大家不易察觉的。三角形有时往右偏，有时往左偏，但都是围绕着一个隐蔽的支点在摆动。正如西方人常说的，所有的事情都好像被一种力量支配着，虽然无形却很强大。日本人非常反对独断专行，他们认为人们应该完全效忠于国家的最高领袖，尽管他并没有什么实权。如果有人独断专行的话，他们就认为这种行为很卑劣，与整个日本社会都格格不入。这种看法如同日本人对高利贷者和暴发户的看法一样。

既然日本人具有这种观念，因此，他们深信，不通过革命就可以消除社会上存在的剥削和不公正现象。他们从未想过要彻底摧毁旧制度，而是希望在不完全抛弃现有的社会制度的情况下进行一次彻底的变革，就像明治维新时期的日本那样。他们把这种变革称为"复辟"，即重回过去，对现状进行改良的意思。日本人从来就不愿做革命者。一些西方学者在他们的著述中错误地估计了当时日本所面临的形势：他们有的认为日本会发起一场大规模的意识形态运动；有的则过分高估了战时日本的地下势力，认为他们会在日本投降后夺取政权而统治整个日本；还有的认为日本战后的激进力量能够在选举中获胜，然而，他们都预想错了。日本保守派首相币原男爵在1945年10月组阁时发表的演说最能准确表达日本人的想法：

> 新的日本政府奉行民主，尊重国民的意愿……自古以来，天皇之意志就是国民之意志，这是明治天皇宪法的精神。而我所说的民主政府正是这种精神的具体体现。

在美国人看来，上述日本政府对民主所做的解释简直毫无意义。但是，对于日本国民来说，这样的解释更符合日本国情，更容易理解和接受。毫无疑问，日本政府想通过这种方式来让国民享有更多的自由和获得更多的福利。

当然，日本也会尝试引进一些西方的民主政治体制。但是西方的制度并不一定适用于所有国家，也不可能解决所有问题，即使在美国也是如此。虽然普选和由选举产生的立法机关能解决一些问题，但也带来很多弊端。当新的问题不断出现时，日本人就会对我们赖以实现民主的方式加以修改，这时，有些美国人就会说这场战争是白打了。美国人一向都对自己的民主体制深信不疑。但是，在战后日本重建的漫长时间里，普选充其量也只能发挥次要作用。自19世纪90年代日本第一次试行选举以来，它并没有给日本带来多少变化，而小泉八云在书中记述的那些传统问题在今后的生活中还会重新出现。

> 在激烈的竞选活动中，有些人甚至丢掉了性命。他们之间其实并没有什么个人恩怨。他们在议会中争论不休，有时甚至会大打出手，这让外人感到惊讶不已。这种争论也不是个人之间的对抗。政治斗争并不是个人之间的

斗争，而是各宗族、各党派之间为了争取自己的利益而展开的斗争。每一宗族或党派的忠诚追随者都会把这种新的政权斗争看成是一场新的战争——一场效忠自己领袖的斗争。

在20世纪20年代一些近期的选举中，村民们在投票之前常常会说："我已做好随时被砍头的准备了。"他们认为，选举就意味着得罪一些人，肯定会遭到报复，就像过去武士为了争夺各自的利益而欺负农民一样。直至今日，日本人所理解的选举仍然与美国人所理解的选举有很大差别。不管日本以后是继续推行危险的侵略政策还是实行民主，这种差异都无法改变。

日本要想真正实现和平，关键在于它要敢于面对现实，敢于承认自己过去的军事政策是"失败的"，只有这样，他们才能迅速地将精力转移到其他路线政策上。日本民族是一个善变的民族。他们试图通过战争在世界上为自己赢得一定的地位，但他们却失败了。于是，他们马上改变了自己的态度，因为从小到大，日本人所接受的教育就是要能根据环境的变化而做出改变，所以他们才能如此从容地接受战败。而那些打着"为原则、为正义"旗号而战的专制主义民族在向敌人投降时总会自欺欺人地说："我们失败了，正义也就不复存在了。"自尊心要求他们还要继续努力准备再战，争取下一次"正义"之战的胜利。要么他们就捶胸顿足，忏悔自己有罪。而日本人绝不会这样。投降后的第五天，美军尚未登陆日本，东京著名的报纸《每日新闻》就开始发表社论，评论日本的战败以及由此可能带来的政治变化。评论中说："日本接受投降，这对最终解救日本国民还是大有好处的。”这篇社论还一再强调，每个人都必须明白，日本已经彻底失败了。既然试图依靠武力来谋取大国地位的计划已经宣告破产，那么，今后日本就应该选择走和平国家的道路。另外一家东京大报《朝日新闻》也在同一星期发表文章，认为日本近年来“过分相信军事力量”是日本内外政策的“重大失误”。“过去的陈旧思想让我们一无所获、损失惨重，我们必须要弃旧图新，走一条国际合作与和平的发展道路”。

西方人认为这种转变是一种原则上的转变，因而对此心存疑虑。而这种转变是由日本人的性格决定的，不论是在处理人际关系上还是国际关系上他们都是如此。如果日本人采取了某项行动而未能达到既定目标的话，他们就认为自己犯了“错误”。如果失败了，他们就会马上放弃原来的政策，因为在他们看来，固守着失败的政策是一种愚蠢的表现，日本人常说：“噬脐莫及”（不要让自己追悔莫及）。20世纪30年代，日本人普遍认为只有武力才能赢取世界各国的认可和钦佩，而这一切都需要强大的军事实力，于是，军国主义在日本迅速蔓延，日本卷入战争，他们也为此付出了沉重的代价。当1945年8月14日，日本天皇用他那神圣的声音向世人宣布日本战败的消息时，日本人竟然能够坦然地接受这一事实以及战败所带来的一切后果。既然选择投降就意味着美军将要占领日本，这时日本人却能以友好的态度欢迎美军的到来；同时，这也意味着日本侵略战争的失败，于是他们就迅速放弃原来的战略路线，转而去主动配合美军司令部制定一部摈弃战争的新宪法了。日本投降后的第十天，一份名叫《读卖报知》的报纸就以《新艺术与新文化的起步》为题发表了社论，其中写道："我们必须坚定地相信，军事上的失败与一个民族的文化价值观没有任何关系，应当把军事失败作为一种动力……因为，只有在付出了惨重的代价之后，日本国民才能提高认识，重新面对一个新的世界，才能摈弃过去所有非理性的想法……现在，我们必须拿出勇气来正视战败这一残酷的现实。同时，我们也必须对日本文化的明天充满信心。"这就是说，过去他们的政策失败了，现在，他们要做的就是要忘记过去，展望未来，向一条和平的道路迈进。日本舆论也在反复强调："日本必须在世界各国中赢得尊重。"要想达到这个目的，需要全体日本国民一起努力。

这些报纸的社论不仅仅是少数知识分子的心声。东京的市民以及偏远山区的村民也产生了巨大的转变。美国占领军简直不敢相信如此友好的国民就是曾经发誓要用竹枪抗战到底的人。虽然日本人的伦理道德观中有很多东西是美国人所批判的，但是，美国占领日本期间的经验充分证明，日本人的伦理道德观中也包含许多值得赞扬的方面。

麦克阿瑟将军领导下的美国当局认为日本人可以自己实行新的管理。他们并没有用羞辱的手段来对待日本人，因此，一切都进展得比较顺利。按照西方的伦理道德标准，这种羞辱的手段在文化上是可以被接受的。因为在西方人看来，侮辱和惩罚是让那些犯错误的人认识到自己罪孽的有效社会手段。这种认罪是一个人改过自新的第一步。如前所述，日本人对此则有不同看法。按照他们的伦理观念，一个人必须对自己行为的一切后果负责，一切过失所产生的自然结果都会使他谨记以后不再这样做。战败投降就是这次战争的自然结果，他们可以正常接受，并不认为这是一种屈辱，也不会产生怨恨的情绪，所以才会友好地欢迎美军的到来。按照日本人的说法，某人或某国对他人或他国进行侮辱应该采用诽谤、嘲笑、轻蔑、贬损或诋毁等不光彩的手段。如果日本人认为自己受到了侮辱，那么他们就会选择复仇，这时复仇对于他们来说就是一种美德。美军占领日本后，并没有强迫他们，日本人自己也认识到了自己的错误，并做到了知错就改，协助美国共同治理自己的国家，也没有产生任何的抵抗情绪。虽然西方人无法理解日本人的这种伦理道德观念，但美军要想顺利实现其占领日本的目的，必须依赖日本人这种自我克制的特点。这是因为，日本人非常憎恶被嘲笑，他们可以接受战败所带来的一切后果，比如说解除武装、承担战争赔款等，但他们绝不能接受任何羞辱和嘲笑。

日本人非常看重战争中的羞辱，即使作为战胜国，他们在接受敌人的投降时依然会以礼相待。例如，在1905年的日俄战争中，日本最终战胜了俄国。日本人认为俄国并未嘲笑过日本，因此，在俄国战败后，日本人并未羞辱他们。在日本，有一张非常著名的照片，它是俄军在旅顺口投降时所拍。照片中，战胜者和战败者的区别只是军服的不同，日本人并未收缴俄国人的武器，他们仍然佩戴着军刀。俄军投降的故事在日本广为流传：当俄军司令官斯提塞尔将军表示同意日方提出的投降条件时，一位日本上尉和一名翻译官带着一些食物来到了俄军司令部。当时，“除了斯提塞尔将军的坐骑以外，所有的军马都已被宰杀吃掉了。因此，日本人带来的五十只鸡和一百个新鲜的鸡蛋受到了热烈的欢迎”。斯提塞尔将军和乃木将军的会见定在了第二天。“两位将军见面后亲切地握了握手，斯提塞尔将军赞扬了日本军队的英勇……乃木将军则称颂俄军长期的英勇防御。斯提塞尔将军对乃木将军在这次战争中失去了两个儿子表示了深切的同情……斯提塞尔将军把自己最心爱的纯种阿拉伯白马送给了乃木将军。乃木将军说，虽然他非常希望从将军手中得到这匹马，但必须首先献给天皇陛下。他相信天皇一定会把这匹马赐给他的。他承诺，如果得到了这匹马，他一定会像爱护自己的马那样爱护它”。后来，人尽皆知，乃木将军在自己的住宅前院，为这匹马修建了一个马厩。据说，它比乃木将军自己的住宅还要讲究，将军死后，这个马厩则成为乃木神社的一部分。

有人说，自上次日俄战争后，日本人对待战败国的态度发生了彻底的改变。例如，他们占领菲律宾后，烧杀劫掠，非常残忍，令世人震惊。对于一个极易视情况而改变自己行为方式的民族来说，我们不能过早地对他们下这样的结论。首先，美菲联军在巴丹战役（巴丹半岛战役发生于1945年1月31日至2月8日，是美军及菲律宾游击队从日本帝国手中解放菲律宾群岛中吕宋岛之巴丹半岛的战役，是解放菲律宾之战役中的一部分，目的是占领马尼拉湾之西海岸，以使用马尼拉之港口设施及开辟供应线以支援进行中的马尼拉战役）之后并未投降，只有局部地区投降了。尽管后来随着战争局势的改变，日军一步步溃败，但他们仍然在负隅顽抗，并未向美菲联军投降。因此，战争一直处于持续状态，并没有所谓的战败。其次，日本人从未认为俄国人在本世纪初曾经“侮辱”过他们，所以在日俄战争中俄国战败后，日本人才会友好地对待他们。与此相反的是，在20世纪二三十年代，几乎所有日本人都认为美国实行的是

“蔑视日本”的政策，用他们的话来说就是“根本没有把日本放在眼里”。比如美国制定的排日的移民法案、美国人在《朴茨茅斯和约》以及在《海军裁军条约》中所扮演的角色都让日本人感觉受到了侮辱。另外，美国在远东经济影响的扩大以及对世界上有色人种的种族歧视态度更加剧了日本人的仇恨情绪。因此，日本对待俄国以及对待在菲律宾的美国的两种截然不同的态度，充分显示了日本人行为中明显对立的两面性格：遭受侮辱时他们就会采取残忍的报复手段，未受侮辱的话则会表现出友好。

美国的最终胜利再次改变了日本人的处境。尽管日本人战败了，但他们认为这种失败是由于自己决策的失败，因此他们会在投降后立即放弃以前所坚持的方针政策。日本人这种独特的伦理道德观，使他们能够自行洗清侮辱，忘记过去。况且，美国的对日政策以及麦克阿瑟将军对日的管理都避免让日本人感到耻辱，因此，他们能很快接受战败所带来的自然结果，美国的这种占领政策取得了良好的效果。

保留天皇具有非常重大的意义，这件事处理得很好。天皇认为美国不但没有废除自己，还为其保留了原位，甚是感动。于是，他首先去拜访了麦克阿瑟将军，而不是麦克阿瑟将军首先拜访他。天皇的这一举动为日本人指明了方向，其意义是西方人难以估量的。西方人认为日本人一直把天皇当做神一样来供奉，这样不利于日本的发展，因此，建议天皇取消他的神性宣传。据说，刚开始时，天皇并不赞同这项建议，因为他认为日本人并未把他看作西方意义上的神，所以，让他放弃他本来就没有拥有过的东西，这让他感到很为难。但是麦克阿瑟司令部劝慰他说，西方人对于天皇仍具有神性的看法将影响日本的国际声誉。于是天皇忍辱负重，同意发表否认神性的声明。天皇在元旦发表了声明，并要求把世界各国对此事的评论全部拿给他看。读了这些评论后，天皇致函麦克阿瑟司令部表示满意，因为他从各国评论中看出，外国人并不知晓他的尴尬处境，对他的声明也给予了很高的评价，这令他感到很宽慰。

美国在日本的政策还有效地推动了劳工组织的发展。由国务院、陆军部、海军部三部联合发布的指令中特别指出："对于在民主基础上组织起来的各个劳工、工业和农业团体，应鼓励其发展并给予支持。"日本许多产业中的工人都成立了工会组织。不仅如此，曾经在20世纪二三十年代活跃一时的很多旧的农民团体也被重新组建起来了。对于许多日本人来说，他们如今能够主动地要求改善自己的生活条件了，这也证明了日本在这次战争中还是有所收获的。一位美国的记者说，他曾看到东京的一位罢工工人笑容满面地对美国士兵说："日本'胜利'了!不是吗?"如今，日本的罢工与过去日本的农民起义有很多相似之处，比如他们都不想推翻现有的制度。不同的是，过去的农民是因为赋税和徭役过重揭竿而起，这种起义常常会影响正常的生产，而现今的日本各地的罢工并没有影响生产，反而促进了生产的发展。罢工者比较喜欢采取的方法就是由工人"占领工厂，照常工作，增加产量，让那些经营不善的管理者丢脸"。在三井集团的一家煤矿中，罢工工人把管理人员全部赶出矿井，此后，矿井的日产量从250吨提高到了620吨。足尾铜矿的工人也在'罢工'期间增加了生产，工资也提高到了原来的两倍"。

当然，不管美国的对日政策多么明智，对战败国的管理依然会面临很多问题。比如，粮食、住宅以及国民再教育等问题都很严峻。假如当初不利用日本政府进行管理，情形只会比这更糟。复员军人问题一直是美国当局最棘手的问题，虽然日本政府发挥了一定的作用，但想彻底解决这个问题并非易事。日本人也意识到了这种困境。去年秋天，日本各家报纸在谈到这些复员军人时深感同情，他们说："对于那些曾经浴血奋战却战败了的士兵来说，他们心里肯定会苦闷不堪，在此恳求他们重新振作精神，勇于面对新的生活，而不要让自己丧失了'判断力'，误入歧途。"总体说来，被遣返回国的军人大多开始了正常的生活，但仍有一些人因为失业和战败转而参加了一些信奉国家主义的秘密社团。他们经常对自己的现状感到不满，因为他们再也享受不到以前的待遇了。在过去，受伤的士兵都身穿白色的衣服，路上的行人会向他鞠躬致敬。就连和平时期的新兵入伍，村里都会为他举行欢送会，复员时又举行欢迎会。宴会上，他们坐在首席，享用着美酒佳肴，还有歌舞助兴。如今的退伍军人再也没有这种优待了。除了家里人接纳他，再也没有其他人在意他们了。在许多城市和乡镇，他们都受到了冷遇。不难想象，这种心理上的巨大落差对他们的打击有多大，他们多么怀念以前与战友相聚的时光，多么希望回到从前那个把日本的名誉寄托在军人身上的时代。而且，一些老战友可能会煽动他说："那些幸运的士兵已经在爪哇、山西、满洲与盟军作战了，你为什么还要绝望呢?你将重新回到战场。"以国家主义为目标的秘密社团在日本由来已久，他们的旗号是"为日本洗清污名"。那些因复仇愿望没有了结，而感到“世界不平衡”的人极有可能参加这种秘密社团。这类社团如黑龙会、玄洋社等皆使用暴力来履行所谓的对“名誉的情义”，这在日本的伦理道德中是被允许的。因此，要想彻底消除这种黑恶势力，日本政府必须长期强调履行“义务”，而抑制对“名誉的情义”。

因此，仅仅呼吁这些退伍军人要有正确的“判断力”是远远不够的，日本政府必须重建本国的经济，才能让那些二三十岁的年轻人找到谋生的出路，才能“各得其所”。另外还必须改善农民的生活状况。每当经济不景气时，很多人就会被迫返乡，但农村很多地方土地狭小，各种苛捐杂税已让他们负债累累，生活更是难以为继。工业也必须发展起来。由于在日本家庭中，只有长子才有继承权，因此，其他的孩子只能离开农村到城市去谋生，这也进一步加剧了就业问题。

无疑，日本的重建道路是艰辛而漫长的。但是，如果国家预算不再包括重整军备的费用，他们就有机会提高国民的生活水平。珍珠港事件前十年间，国民收入的一半都用在了购买军备以及军队建设上。如果停止这类军费开支并逐步减轻农民赋税的话，他们的经济是有可能慢慢恢复的。如前所述，日本农产品的分配比例是60%属于耕种者，其余40%用于支付赋税和佃租。这与同是水稻生产国的缅甸、暹罗相比，形成了极大的反差。在这些国家，农产品的90%都归耕种者所有。由此可见，日本耕种者所交纳的巨额税金都被用在了战争机器上。

任何欧洲或亚洲国家，只要在今后十年不扩充军备，就会具备潜在的优势，因为他们可以把这部分军费用来建设健康、繁荣的经济。美国就不会面临这种情况。虽然在推行亚洲政策和欧洲政策时，花费了大量的军费，但我们并不担心会为此而陷入困境之中，因为我们没有遭受到战争的重创，也不是一个以农业为主的国家。我们所面临的主要问题是工业生产过剩。我们的大规模生产和机械设备已非常完善，除非通过开展军备建设、奢侈品的生产、福利事业以及研究设施的建设来创造更多的就业机会，否则很多人就要面临失业。资本盈利投资的需求也十分迫切。其他国家的情况和我们则完全不同。即使是相对发达的西欧和我们也有很大差距。德国虽然要承担巨额的战争赔款，但根据战败条约，十年内不能再进行军备扩充，因此，德国可利用这个时机来发展本国的经济，为自己奠定雄厚的经济基础。如果法国继续扩大军费开支的话，其发展则很难超过德国。同理，日本也可以利用同样的优势超过中国，因为中国当前的目标是实行军事化，并且得到了美国的支持。日本的财政预算中如果不包括军事化目标，在不久的将来它就会经济繁荣，成为一个东方的贸易大国。在这种和平的环境下，日本人的生活水平也会得到不断提高。和平的日本也将受到世界各国的尊重。如果美国能利用自己的影响力继续支持日本这项计划的话，将是对日本的莫大帮助。

但是美国不能强迫日本成为一个民主、自由的国家，其他国家也同样做不到。对于这样的要求，任何一个被占领国都不会屈从。没有任何一个国家可以强迫一个习俗和观念都和自己不同的民族按照自己的方式生活。任何立法都不能使日本人接受当选者的权威，他们是不会放弃等级制中的“各安其位”思想的。同样，任何立法也不能让日本人像美国人那样在人际交往中如此轻松随意；他们也不会像美国人那样具有强烈的独立自主思想；他们也不能完全按照自己的意愿去选择配偶、职业、住所以及应承担的各种义务。但是，日本人已认识到这点，并开始朝着这个方向努力了。在宣布投降后，一些很有影响力的社会公众人物就多次谈到日本应鼓励国民按照自己的意愿生活，要凭良心行事。虽然他们没有指明，但每个日本人心里都明白：他们已开始质疑原来所信奉的一些伦理道德，比如“羞耻感”等。他们也希望过上一种相对自由轻松的生活，再也不用像以前那样时刻在意别人的批评和指责了。

虽然日本人极力想改变自己，但是需要承受巨大的社会压力，因为过去日本社会对个人的要求实在是太多了，比如他们要隐藏个人情感，放弃个人欲望，一切要体现家庭、组织或国家的利益。日本人认为他们可以通过自我修炼承受住这些压力，但这些负担实在是太沉重了。为了得到社会的认可，他们必须极力克制自己。由于长期遭受压抑却又无法释放自己，他们最终被军国主义引上了一条不归路，也为此付出了高昂的代价。他们曾经盲目自信、自以为是，鄙视所有追求民主、自由的国家。

现在，日本人已迈出了社会变革最关键的一步，即承认这场侵略战争是错误的，也坦然接受了必然失败的事实。他们希望通过和平之路重获世界各国的认可和尊重。这就必须实现世界的和平。在未来的几年间，如果俄国和美国致力于扩充军备，日本也会加入这个行列。但是，虽然日本有参战的可能，但并不意味着他们会放弃和平，这完全取决于整个世界的形势，日本人完全会根据环境的变化而做出改变。他既有可能成为一个和平爱好者，也有可能成为一个黩武者。

现在，日本人已经认识到了军国主义的失败，但他们的好战之心并不会完全消失。他们还将继续关注军国主义在其他国家的动向。如果这些国家成功了的话，必将再次点燃日本的战争狂热。如果军国主义在其他国家也失败了，日本就会向世人证明，自己已吸取了教训，并认识到帝国主义的侵略战争绝不是通往荣誉之路。

《国民阅读经典》（平装）书目

论语译注　杨伯峻译注

诗经译注　周振甫译注

楚辞译注　李山译注

孟子译注　杨伯峻译注

庄子浅注　曹础基译注

周易译注　周振甫译注

山海经译注　韩高年译注

大学中庸译注　王文锦译注

战国策译注　王延栋译注

道德经讲义　王孺童讲解

金刚经·心经释义　王孺童译注

人间词话（附手稿）　王国维著　徐调孚校注

唐诗三百首　蘅塘退士编选　张忠纲评注

宋词三百首　上彊村民编选　刘乃昌评注

元曲三百首　吕玉华评注

诗词格律　王力著

经典常谈　朱自清著

毛泽东诗词欣赏（插图本）　周振甫著

中国通史　吕思勉著

三国史话　吕思勉著

中国史纲　张荫麟著

中国近百年政治史　李剑农著

中国近代史（增订本）　蒋廷黻著　徐卫东编

乡土中国　费孝通著

中国哲学史大纲　胡适著

中国哲学简史　冯友兰著

东西文化及其哲学　梁漱溟著

世界美术名作二十讲（插图本）　傅雷著

谈修养　朱光潜著

谈美书简　给青年的十二封信　朱光潜著

朝花夕拾　鲁迅原著　周作人解说　止庵编订

查拉图斯特拉如是说　［德］尼采著　黄敬甫、李柳明译

蒙田随笔　［法］蒙田著　马振聘译

宽容　［美］房龙著　刘成勇译

希腊神话　［俄］尼·库恩著　荣洁、赵为译

物种起源　［英］达尔文著　谢蕴贞译

圣经的故事　［美］房龙著　张稷译

人类群星闪耀时　［奥地利］茨威格著　梁锡江、段小梅译

菊与刀　［美］鲁思·本尼迪克特著　胡新梅译

沉思录　［古罗马］马可·奥勒留著　何怀宏译

理想国　［古希腊］柏拉图著　刘国伟译

国富论　［英］亚当·斯密著　谢祖钧译

名人传（新译新注彩插本）　［法］罗曼·罗兰著　孙凯译

拿破仑传　［德］埃米尔·路德维希著　梁锡江、石见穿、龚艳译

君主论　［意］马基雅维利著　吕健忠译

新月集　飞鸟集　［印度］泰戈尔著　郑振铎译

论美国的民主　［法］托克维尔著　周明圣译

旧制度与大革命　［法］托克维尔著　高望译